부자는 결코 천재가 아니다

富爸爸的52个忠告

부자는 결코 천재가 아니다

방 원(方圓) 지음 · 최자경 옮김

The Rich Are Not
Necessarily Genius

아이디북

부자는 결코 천재가 아니다

초판 인쇄 2004년 3월 25일
초판 발행 2004년 3월 31일

지은이 방 원
옮긴이 최자경
펴낸이 김철수
편 집 최봉식
디자인 김현민
마케팅 김진태 · 김규형
관 리 최경석

펴낸곳 아이디북
등 록 1988년 2월 27일 제8-44호
주 소 서울시 마포구 상수동 231번지 호수빌딩 301호
전 화 (02)322-9822~5 | 팩스 (02)322-9826

ISBN 89-903510-5-7 03320

당신은 종종 줄을 서서 복권을 사는 사람들을 보고 의아해하며 그들에게 다음과 같은 질문을 하고싶지 않았는가?

"복권을 사는 것이 부자가 되는 방법입니까? 그것이 경제적으로 성공하는 지름길입니까?"

그들은 이렇게 대답할 것이다.

"부자가 되는 건 모두 운이오. 그러니 복권을 사는 것이 백만장자가 되는 가장 빠른 길이 아니겠소."

그러나 이러한 사람들 중에는 한 사람도 백만장자가 된 사람이 없다. 오히려 많은 사람들이 돈에 쪼들리고 있다.

그리고 당신은 은행에 가서 부자가 되는 지름길에 대해 물어본다. 은행 직원의 대답이란 돈을 아껴 쓰고 저축을 많이 하라는 말이 고작이다.

당신은 다시 성공학 강의실로 발길을 돌릴 것이다. 당신이 강의실에 도착하면, 책상 앞에 서 있던 강사들이 모두 이런 말을 한다.

"경제적인 성공이란 모두 학교 공부에서 결정된다. 애초에 우등생이나 천재 소리를 듣던 사람들은 모두 큰 성공을 이뤘다."

"돈버는 데 가장 중요한 건 시험점수이다. 높은 점수를 받으면 일류 대학에 들어가고, 그러면 좋은 직업을 얻을 수 있고 부자가 될 수 있다."

이 말을 바꿔 생각하면 열등생은 성공한 사람의 대열에 낄 수 없다는 말이 아닐까? 그러나 성공하지 못한 수많은 사람들도 우등생이었다. 반면에 성공한 사람들 중에는 열등생도 많았다. 그렇다면 그들은 성공법칙의 예외자들일까? 당신은 부를 쌓는 성공의 기본요인이 무엇이라고 생각하는가?

인생은 단거리경주가 아니라 마라톤이다. 만약에 실패를 암시하는 평가에 상관하지 않고 자기가 성공할 것이라고 굳게 확신한다면 당신은 마라톤에서 승리를 얻을 수 있다. 수많은 부자들이 인생의 전환점에서 열등생이라거나 총명하지 못하다라는 평가를 받았다. 그러나 그들은 비평가들이 자기에게 내린 예견을 믿지 않았으며 자기의 노력으로 이런 평가를 극복해 냈다. 이것이 바로 이 책이 당신에게 주는 충고이다.

대다수 백만장자들은 많은 시간과 무수한 기회를 통해 성공을 이루어 냈다. 그들은 여러 방면에서 일을 잘 한다. 당신이 부자가 되기 위한 가장 좋은 방법은 여러 가지 기술과 품성을 갖추는 것이다. 열심히 일하고 사교활동에도 적극적으로 참여하라. 이러한 경험이 당신의 성공에 중요한 주춧돌이 될 것이다.

부자들은 어떻게 돈을 벌까? 이 문제에 대한 가장 좋은 대답은 부자들에게 듣는 것이다. 부자 아빠는 말한다. '돈이 많은 사람은 결코 아이큐가 높은 천재가 아니다. 당신에 대한 부정적인 평가를 과감히 벗어나고, 당신의 일과 사업에 적극적으로 투자하라' 고.

이 책은 단순한 돈 많은 부자가 아닌 돈 위에 군림할 줄 아는 부자, 자기의 능력을 개발하고 시간을 관리할 줄 알며, 인간관계의 중요성을 알고 사회 발전에도 관심을 가질 줄 아는 부자, 그래서 인생의 행복을 거머쥘 수 있는 진정한 부자가 될 수 있는 방법을 알려 주고 있다.

누구에게나 인생의 제2막을 열 권리가 있다. 생각을 바꾸고 인생의 모든 가능성을 기꺼이 받아들인다면, 당신도 부자가 될 수 있다. 더 이상 많은 말들이 필요 없다. 계속해서 이 책을 읽어보기 바란다.

2004년 방 원

부자는 결코 천재가 아니다

만약 당신이 평범한 사람들에게 어떻게 해야 백만장자가 될 수 있느냐고 물으면 그들은 아마도 재산상속이나 운, 주식투자 등을 예로 들 것이다. 그리고 사람들은 보통 백만장자들이 높은 아이큐와 뛰어난 성적을 받았고 일류대학에 진학했다고 믿고 있다. 이것은 잘못된 상식이다.

통계에 따르면 백만장자 가운데 단지 소수의 사람만이 비교적 높은 성적을 받았거나 유명대학에 진학했다. 이런 요소들은 소수의 백만장자에게만 해당하는 말이다.

대다수 백만장자들은 결코 이렇게 '자본'을 사용하여 높은 수준의 경제이익을 얻는 것이 아니다. 그들은 남들이 모르는 부단한 노력과 고통을 거쳐 부자가 된 것이다.

그렇기 때문에 부자 아빠는 돈이 많은 사람들이 결코 천재가 아니라고 말한다.

⁝ 당신은 천재입니까?

백만장자 가운데 절대다수는 남보다 두드러지게 뛰어난 점이 없다. 어쩌면 그들은 자신에 대한 일종의 열등감을 가지고 있다. 부자 아빠가 알고 있는 백만장자들은 자신의 생활경험을 이렇게 털어놓았다.

"나는 대학에서 C학점 학생이었다."
"나는 학습능력테스트에서 사람들의 주목을 끌지 못했다."
"나는 심리학에서는 D를 받았다."
"나는 학습능력이 부진했다."
"나는 시험성적 미달로 퇴학했다."
"나는 뒤에서 6등이었다."
"나는 단지 고등학교와 동등한 학력의 졸업장을 가지고 있다."
"어느 대학 법대도 나를 받아주려 하지 않았다."

어떻게 백만장자들이 이처럼 평범할 수 있는가? 그들은 막 인생의 길로 접어들었을 때 선생님, 부모, 상담교사, 고용주 및 재능테스트 조직과 같은 권위자들에게 이런 말을 들었다.

"너는 천재가 아니다."

아이큐를 연구하는 로버트 J. 스타인버그 교수의 말이다.

"나는 예일대학에서 평생교수의 직위를 얻었다. 나는 많은 상을 수상했으며 600여 편의 논문을 발표했고, 많은 저작물을 출판했다. 아울러 1,000만 달러의 과학연구비를 받았다. 또한 미국 예술과학원의 회원이며 《미국 명인전》에 올랐다……. 그런데 아마도 내 생활 중에서 가장 큰 운은 '실패'일 것이다. 어렸을 때 내 아이큐테스트는 아주 엉망이었다. 그렇다면 왜 운이었다고 말하는가? 나는 초등학교 때 벌써 내가 만약 성공하게 된다면 그것은 아이큐 때문이 아니라는 것을 알고 있었기 때문이다."

스타인버그 교수가 대다수 백만장자와 똑같을 수는 없다. 그렇지만 그들은 막 인생의 길로 들어섰을 때 혹은 학생시절에 모두 어떤 사람이나 어떤 일 때문에 실패를 겪어 본 적이 있었던 것이다.

스타인버그 교수는 각종 아이큐테스트의 기준을 제시한 독창적인 책을 4학년 때 선생님에게 바쳤다. 스타인버그 교수의 좋은 스승이자 유익한 친구였던 알렉사 선생님은 아이큐테스트 점수를 개의치 않았다. 그녀는 그가 열심히 노력하여 A학점 학생이 되기를 희망하였고 그때부터 그는 줄곧 기대를 저버리지 않았다. 스타인버그 교수는 우수한 성적으로 예일대를 졸업하고 문학학사학위를 받았다. 그 뒤 스탠포드대학에서 철학박사 학위를 받았다.

부자 아빠는 시간을 내어 조지아대학에 가서 스타인버그 교수의 강연을 들었다. 화창한 봄날 금요일 강연은 오후 3시 30분에 시작되었다. 금요일 오후에는 보통 많은 학생이나 졸업생이 와서 강연을 듣지 않는다. 주말을 즐기기 때문이다. 그러나 여느 때와 다르게 많은 사람들이 강의실 자리를 메웠고 앉을 자리가 하나도 없었다. 어느 누구도 스타인버그 교수의 강연에 실망하지 않았다. 그는 매우 우수한 저자일 뿐만 아니라 일류 연설자였다.

그는 대다수 성공한 사람들처럼 자기가 선택한 직업에 대해서 깊고 두터운 애정을 가지고 있었다. 또한 그는 '창조성'을 가지고 있었기 때문에 600여 편의 논문을 발표할 수 있었던 것이다. 스타인버그 교수의 다양한 창조적 관점은 여러 대학에서 10개의 철학박사학위를 받기에 충분했다.

성공에는 여러 가지 원인이 있다고 부자 아빠는 말한다. 단지 하나의 기준이나 한 가지 방면에서 성공을 해석할 수는 없는 것이다. 특히 운으로 해석할 수는 더욱 없다. 사람들은 자기 재능을 충분히 이용하면 성공할 수 있다. 스타인버그 교수는 어떻게 해야 성공의 가능성을 증강시킬 수 있는가에 대해서 많은 귀중한 의견을 제시했다. 그의 경험은 하나의 중요한 이치를 잘 설명해 주었다. 그것은 바로 대다수 백만장자가 결코 아이큐테스트나 학교성적에 의해서 결정되는 천재가 아니라는 사실이다.

: 부모의 부정적 영향

많은 부모들은 아이가 그럴 듯한 졸업장을 얻지 못하면 훌륭한 사람이 되는 데 어려움이 있을 것이라고 여긴다. 사실상 많은 백만장자들이 중고등학교 때의 우등생이 아니며 대학에서 A학점을 맞는 학생이 아니었다. 또한 학습능력테스트에서 높은 점수를 받지 못했으며 선생님은 그들이 미래에 성공할 수 있다고 여기지 않았다. 이런 잘못된 생각이 졸업장의 의미를 부풀려 왔다.

어떤 부모들은 성공에 대해 다른 견해를 가지고 아이가 훌륭한 인사가 되기를 희망한다. 지위가 높은 의사나 변호사, 과학자가 되기를 바란다. 그렇기 때문에 높은 점수와 등급을 받아 의과대학이나 법대 과정을 이수해야 한다고 생각한다. 재미있는 점은 백만장자 가운데 소수만이 지위가 높은 이러한 직업을 가지고 있다. 물론 돈이 전부가 아니며 더욱 높은 직업목표도 필요하다. 그러나 대부분 아이가 의과대학에 들어가기를 희망하는 부모들은 오히려 명성과 수입, 그리고 부에 중점을 두고 있다.

부자 아빠는 고수입이 결코 경제적인 독립과 자주성을 주지 않는다고 말한다. 지위가 높은 직업은 여유로운 생활을 보장해 주지 않는다. 대부분 사람들은 높은 지위상의 책임으로 오히려 더 많은 노력과 시간을 투자해야 하기 때문이다.

어떤 부모들은 친구나 친척, 이웃에게 "내 아이들은 하버드, 예일, 콜럼비아 대학에 진학한다."라고 말할 수 있는 것을 매우 중요한 일이라고 생각한다. 부자 아빠는 이것을 일컬어 점수학이라고 말한다. 부모는 자기 신분이 높아지려면 높은 점수를 받는 아들과 딸을 키워내야 한다고 생각하는 것이다.

사람들은 과거를 회상하는 것을 좋아하고, 전에 어떠했다면 지금은 어떻게 되었을까 하고 생각한다. 예를 들면 "만약에 내가 당시에 높은 점수를 받았다면 어떻게 되었을까? 아마도 오늘 나는 틀림없이 성공했을 것이다."라고 말이다. 그들은 자신의 역사를 거꾸로 돌릴 수 없다는 것을 알고 있다. 하지만 한 번의 기회가 더 있다. 바로 자식은 잘 해낼 수 있다고 믿는 것이다. 이런 부모들은 오로지 아이를 위해서 살아간다. 그들은 자기가 어떻게 친구보다 우수했고 졸업장을 얻었는지, 자식의 학습 능력과 대학입시의 성공에 대해서 크게 부풀린다. 이러한 불필요한 허풍은 아이가 평범한 미래로 갈 수도 있다는 것을 알지 못한다.

경제적 성공의 원인을 해석하기는 매우 어렵다. 그러나 한 가지 확

신할 수 있는 점은 중고등학교와 대학의 학습 성적이 결코 한 사람의
부의 척도를 설명할 수는 없다는 것이다.

⫶ 무엇을 배워야 하는가?

부자 아빠는 백만장자들에게 중고등학교와 대학교의 경험을 물어
본 적이 있다. 그들은 모두 대학교에서 1%의 우수한 졸업생이었을까?
단지 2%의 응답자가 자신이 1%의 우수한 졸업생에 속했다고 말했다.

백만장자들은 대학에서 A학점 학생이 아니었다고 말한다. 단지 10
분의 3의 응답자만이 자기 학점은 A가 B, C, D, F보다 더 많다고 말했
다. 그들은 대략 90%가 대학을 졸업했고 성적 평균치는 2.9로 괜찮은
편이지만 결코 뛰어난 것은 아니었다. 오히려 대부분의 백만장자들은
학교생활의 '경험'이 성공한 사람이 되기까지 많은 영향을 미쳤다고
말한다. 어떤 경험들은 매우 중요하며 특히 성적과 아이큐보다 더욱
더 중요하다.

많은 백만장자들은 경험이 자신의 경제적인 성공에 영향을 주었다
고 주장한다. 이것은 단지 수업 중에 배운 것만을 얘기하는 것은 아니
다. 많은 사람들은 학교에 다닐 때 여가시간에 아르바이트를 했으며
또한 오랜 시간을 들여 어떻게 하면 정확하게 사람을 판단하는지를
배웠다. 이러한 학습과정은 주로 그들이 많은 교내외의 서클활동에
참가함으로써 이루어낸 것이다.

어떤 사람들은 이러한 사회활동에 참가하는 것이 학업에 도움을 주
지 못한다고 여긴다. 그러나 그것은 학생이 정확하게 타인을 판단하

는 능력이 있는지 없는지를 구분하는 중요한 요소가 될 수 있다.

대다수 경제적으로 성공한 사람은 여러 방면에서 일을 잘 수행해낸다. 또한 분석 방면에서 천재적인 능력을 보이기도 한다. 그러나 사람을 대하는 면에서는 어느 정도 결점이 있다. 만약에 당신의 목표가 자산을 얻는데 있다면, 가장 좋은 방법은 여러 가지 기술을 익히고 여러 품성을 갖추는 것이다. 열심히 일하고 사교활동에도 참여하고 다른 사람을 칭찬해야 한다.

많은 백만장자들은 이러한 경험이 그들의 성공에 중요한 주춧돌이 되었다고 믿는다. 그것은 학교와 대학에서 배운 전공교육과정, 높은 등급과 석차를 얻는 것, 학습능력테스트에서 높은 점수를 받는 것보다 더욱더 중요한 것이다. 가장 큰 영향은 행동 도덕관 확립, 시간이나 자원의 분배, 판단의 능숙함, 강한 의지와 참여정신이다. 이것이 바로 부자 아빠가 당신에게 알려주려고 하는 것이며, 학교에서 당신이 반드시 배워야 할 것들이다.

02

부정적 평가를 거부하라

백만장자들은 살아오면서 자기에게 다가온 장애물에 대해 개의치 않거나 경험으로써 결함을 보완했기 때문에 결국 성공을 얻을 수 있었다. 대다수 백만장자는 일생 중에 하나 혹은 여러 개의 장애물과 직면하게 된다. 만약 이러한 잠재적인 걸림돌을 제거하지 않았다면 경제적으로 성공한 사람이 될 수 없었을 것이다.

대다수 백만장자들은 권위 있는 인물이 자기에 대해 말한 부정적 평가를 받아들이지 않았다. 많은 사람들은 아이큐와 학습능력테스트, 기타 평가에서 실패했다면 그것을 운명으로 받아들이려고 할 것이다. 하지만 성공한 사람들은 다른 길을 선택했다. 그들은 자기를 낮게 평가하는 권위 있는 인물돌의 말을 믿지 않았다. 그들은 선견지명과 용기를 가지고 배짱 있게 선생님, 교수, 비평가와 교육테스트센터가 내린 평가에 대해 도전했다.

그들은 비평가의 부정적인 말을 뒤집을 수 있는 후천적인 능력이 있었다. 이러한 투구와 갑옷은 그들의 청소년기에 단련된 것이다. 얼마의 시간이 지나면 그들의 면역시스템은 더욱더 저항력을 가지게 된다. 왜냐하면 백만장자들은 성공한 이후에도 여전히 각종 비평가와 권위 있는 인물의 부정적 평가에 끊임없이 시달리기 때문이다.

⠿ 확고한 결심

성공한 사람들은 어떻게 청소년 시기에 투구와 갑옷을 만들기 시작했을까?

사람들이 떨어지는 성적을 극복하는 능력에는 몇 가지 원인이 있다. 대다수 일세대 백만장자의 부모는 서로에 대한 사랑, 관심, 그리고 이해를 가지고 있었다. 때문에 법정에 가서 이혼소송을 하는 사람들은 매우 적었다. 또한 대다수는 백년해로하였다. 대중매체가 보여주는 것과는 달리 대다수 백만장자들은 억압된 가정환경에서 성장하지 않았다. 그렇기 때문에 경제적으로 성공한 사람들은 부모에게 다음과 같은 말을 들은 적이 없다.

"이렇게 형편없는 성적으로는 앞으로 어떤 일도 해낼 수 없다."

"만약에 학교에서 좋은 성적을 받지 못하면 결국에는 실패자가 될 것이다."

"지금과 같은 학습능력 테스트 점수로 갈 수 있는 유일한 대학은 하류대학뿐이다."

경제적으로 성공한 부모는 더 진보적이고 적극적이다. 부모의 지지와 건전한 의견은 아이에게 투구와 갑옷을 만드는데 기초를 제공한다. 또한 이러한 부모들은 미래에 다가올 성공에 대해 아이들에게 심리적인 부담을 주지 않았다. 그들은 아이들을 질책할 리도 없으며 인상을 쓰며 남보다 앞서라고 강요하지도 않을 것이다.

오늘날 성공한 사람들은 오래 전에 좋지 못한 성적표를 가지고 집에 돌아갔을 때 부모에게 이런 말을 들었을 것이다.

"너는 잘할 수 있다."

"계획을 세워서 정상적인 궤도로 다시 돌아가라."

"나와 함께 이 문제를 같이 해결하자."

"나는 아주 유명한 지도교사를 아는데 너를 도와 이 문제를 해결해 줄 수 있을 것이다."

"계산방법을 발견해 낸 수학천재도 많은 시간을 소비해야 한다. 만약 네가 수학천재라고 해도 하룻밤 사이에 정답을 생각해낼 수 없을 것이다. 너무 실망하지 말아라."

시장경제에서 당신은 일년 내내 밤낮으로 부지런히 일한다. 그러나 미래의 파산을 피할 수는 없다. 시장경제에서 당신은 참신한 창업계획을 제출하고 대출신청을 할 수도 있다. 그러나 은행에서 거절당하는 것을 면하기는 어렵다. 그렇다. 은행의 대출관리 직원은 어느 백만장자가 말한 것처럼 '안 된다.' 라고 거절만 하는 사람이다. 그러면 어떤 사람들이 은행대출 직원의 부정적 평가를 더욱 잘 이겨낼 수 있고, 얼굴에 철판을 깔고 은행이 대출을 허락해 줄 때까지 계속 요구할 수 있을까?

부자 아빠는 백만장자들이 마음에 들어 한 생각은 늘 자주 거절당했다는 것을 발견했다. 그들은 어렸을 때부터 종종 그들의 미래에 성과가 없을 것이라고 말하는 비평가들에게 대항해야 했다. 그들에게 있어서 현명하고 진보적인 신용대출업자를 찾는 것은 단지 시간과 노력의 문제일 뿐이었다.

‘최고자’에 대한 새로운 사고

누가 성공할 가능성이 많은가? 누가 가장 재능이 많은가? 누가 가장 천재인가? 백만장자들이 학교에 다니는 동안 ‘성공할 가능성이 높다’, ‘가장 재능이 많다’라는 칭찬을 받은 사람은 거의 없다.

부자 아빠는 백만장자들에게 ‘최고자’에 관한 질문을 던진 적이 있었다.

“당신은 중고등학교 때 선생님이 당신에게 어떠한 판단과 평가를 내렸다고 생각하십니까?”

선생님이 ‘성공할 가능성이 있는 사람’이라고 평가하였다고 대답한 응답자는 거의 없었다. 또한 ‘가장 아이큐가 높은 천재’ 혹은 ‘가장 성공할 확률이 높은 사람’이라고 평가된 적도 없었다. 그런데 지금 백만장자가 된 사람들은 어떻게 가장 성공할 가능성이 높았던 동창들을 초월할 수 있었을까?

백만장자들의 말에 따르면 선생님의 평가로서 미래의 성공을 예측하는 것은 두 가지 문제가 생긴다.

첫째, 선생님이 경제적으로 성공한 사람이 아니기 때문에 미래에 경제적으로 성공할 사람에 대한 예측을 잘 할 수 없다. 그렇기 때문에 백만장자들은 선생님이 내린 평가에 대해 개의치 않는다.

둘째, 선생님은 종종 잘못된 기준에 근거하여 이러한 예측을 한다. 성적이 출중하거나 그에 상응하는 상을 받은 학생은 미래에도 여전히 다른 사람을 초월할 수 있다고 말하지만 현실은 그렇지 않다.

대다수 백만장자들은 높은 아이큐에 의해서 경제적인 성공이 이루어지는 것이 아니고 열심히 일을 함으로써 얻는 것이라고 믿는다. 또한 자기가 경제경쟁에서 총명한 사람을 초월할 수 있다고 확신한다. 부자 아빠는 말한다.

"대다수 백만장자들은 결코 낮은 성적이 성공에 대한 집념과 꿈을 막지 못한다는 것을 알고 있다."

성공을 이룬 사람들은 상반된 것들을 모두 일시적 현상이라고 여긴다. 부자 아빠는 말한다.

"많은 백만장자들은 일찌감치 중요한 목표를 향해 분투하고 경쟁하는 것을 배웠다."

왜, 무엇 때문에 그렇게 평범했던 학생이 기업주가 되고 백만장자가 되었을까? 그들은 일찍이 아이큐가 높은 천재로 여겨지지 않았으며 최고자에도 속하지 않았고 법과대학에 들어갈 수도 없었다. 어떤 백만장자는 대학에서 공부할 만한 인재가 아니기 때문에 대학에 갈 필요가 없다고 여겨졌다. 어떤 사람은 성적이 좋지 않기 때문에 중도에서 퇴학했다.

이처럼 '아이큐가 뛰어나지 못한 사람'이 이후 성공한 기업을 가지거나 기업을 관리할 뿐만 아니라 백만장자가 되었다는 사실은 그들에 대한 '등급'이 중요하지 않았다는 것을 증명한다.

한 기업을 소유하는 것은 독립적이고 자주적인 부자가 되기 위한 필수적인 기초이다. 최근 한 백만장자가 부자 아빠에게 대학생활에 대해 말해 주었다.

그는 기껏해야 C학점의 학생이었다. 그 사실은 그에게 많은 상처를 남겼다. 그는 일자리를 찾지 못한 사람이었다. 처음에는 좋은 일자리를 찾았지만 얼마 후에 실패하였다. 긴 시간이 지난 후, 오직 한 사람만이 자기를 고용할 것이라는 사실을 깨달았다. 그는 바로 창업을 준비했다. 그는 실패를 매우 두려워했다. 그러나 결국 성공한 창업자가 되었다.

그는 선생님이 말한 아이큐가 높은 천재가 아니라는 것을 인정한다. 현재 그는 아이큐 높은 천재가 아니었고 대학에서 A학점 학생이 아니었다는 것을 다행스럽게 여긴다. 그는 일류대학의 MBA학위를 받지 못한 것을 다행스럽게 여긴다. 그는 열심히 일해서 부를 축적하거나 창업의 위험을 무릅쓰는 것이 당연한 일이라고 생각한다.

돈에 대한 생각을 바꿔라

⁝ 재경아이큐 높이기

돈이 좋다, 나쁘다는 평가와 상관없이 주변 환경의 접촉에 따라 당신에게 주는 영향이 달라진다. 만약 당신이 돈을 벌 때 순조롭지 못한 경험을 했다면 돈과의 관계는 가난한 아빠의 모습을 반영할 것이다.

돈은 일종의 파생된 경험에 속한다. 즉 당신과 재정경제아이큐(재정경제에 관한 지식 : 이하 재경아이큐라 함)의 관계에서 나온 것이다. 당신의 재경아이큐가 명백하고 생산적이라면 당신과 금전 사이의 관계도 자연히 이처럼 될 것이다.

우리들은 모두 지나치게 자기가 옳다고 여기며 자기 생각에 따라 살아간다. 그렇기 때문에 합리적이고 객관적인 판단을 하지 못하고 느낌에 의지하게 된다. 그러나 부자가 되기 위해서는 느낌에만 의지해서는 안 된다. 재경아이큐의 능력을 기르는 것은 여러 방면에서 많은 훈련이 필요하다. 그 이유는 우리가 재경아이큐에 대한 객관적인 것을 믿지 않고 자기 느낌과 직관에만 의지하기 때문이다.

우리가 돈을 처리하는 여러 가지 복잡한 방식, 예를 들어 달러의 환거래, 선물거래, 신탁, 주식 등을 살펴보면 이러한 일들이 얼마나 머리를 많이 써야 하는 일인지를 쉽게 알 수 있다. 사실상 이러한 일들은 마음속으로 생각만 한다고 할 수 있는 것들이 아니다.

만약에 어떤 사람이 약간의 재무지식도 없다면 어떻게 돈을 벌 수 있겠는가? 이러한 문제에 대해서 많은 답안이 있다.

대부분의 사람들은 일찍부터 결제수표계정, 수입예산편성 등과 같은 기본적인 개인 재정관리 지식을 알고 있다. 이러한 간단하고 쉬운 재정관리 이외의 복잡하고 어려운 일들에 대해서는 회계사와 기타 전문가가 당신에게 조언을 해 줄 것이다. 그렇지만 재무방면의 일과 부딪칠 때 가장 중요한 것은 당신의 재경아이큐이다. 재정관리의 기교가 아무리 세밀하고 복잡하더라도 재경아이큐가 가져오는 긍정적 효과와는 비교할 수 없다.

당신의 의식적인 두뇌 활동이 생산할 수 있는 가치는 유한하다. 그렇기 때문에 당신의 마음을 어느 단계나 범위 내로 한정시켜야 한다. 물론 이것은 큰 돈을 벌 수 없다고 말하는 것이 아니다. 단지 부자 아빠가 강조하는 것은 돈에 대한 '인격성'이다. 그것은 당신이 돈에 대해 마음을 열 수 있는 정도와 돈을 벌기 위해 얼마만큼의 노력을 들였는지에 의해 결정되어진다.

당신이 알고 있는 것과 같이 돈 자체는 아무런 힘도 가지고 있지 않다. 돈이 저 혼자서 한 끼의 저녁식사를 만들거나 정원에 화초를 심을 수는 없다. 이런 일들은 사실상 당신이 만들고 이루어내는 것이다.

⋮ 빌게이츠의 돈 관리

부자 아빠는 돈에 대해 냉정해야 하며 미혹되지 말라고 말한다. 미국인들이 가장 숭배하는 것은 '자수성가한 사람(Self-made man)'이며 이것은 부모나 윗사람에게 기대지 않는 자아분투를 의미한다. 즉 개인의 노력과 운에 의해서 부자가 되는 것을 의미한다.

흔히 말하는 아메리칸 드림은 바로 벼락부자의 꿈이다. 그러나 이 벼락부자의 꿈은 결코 "사람은 부당하게 모은 재산이 없으면 부자가 되지 못한다."는 식의 부자가 아니다. 미국인들이 추구하는 것은 부자가 되겠다는 강한 의지와 하느님의 보살핌뿐이다. 불법적인 교묘한 수단이나 힘을 사용하여 국가와 타인의 재산을 침해하는 등 남에게 손해를 끼치고 자기 이익을 도모하는 행위는 인정받지 못한다.

그렇기 때문에 미국에서 스스로 성공한 인물들은 부자가 되기 전후에 어떠한 현저한 변화가 있었는지를 찾기 어렵다. 록펠러나 포드, 레이건 대통령 모두 이러하다. 그렇다면 가장 빨리 부자가 된 빌 게이츠는 어떤가? 혈기 왕성한 그가 돈에 미혹되었을까?

사람들에게 부와 지혜와 새 시대의 상징으로 간주되는 빌 게이츠는 이미 세계에서 가장 부유한 사람이라는 것을 생각하지 않는다.

빌 게이츠는 부자라고 해서 일부러 지나치게 꾸미거나 치장하지 않는다. 여전히 젊은 시절의 모습을 유지하고 있다. 그를 이해하는 사람들은 모두 이렇게 느낀다. 많은 사람들은 부자가 되면 곧 돈 있는 티를 내거나 허장성세로 이목을 끌기를 좋아한다. 그러나 빌 게이츠는 그렇지 않다.

사람들은 부자가 된 후의 빌 게이츠를 비행장에서 가끔씩 만난다.

그러나 그는 여전히 평상시 입는 바지에 편한 셔츠와 운동화차림이었고 모두 유명 메이커도 아니었다. 그는 여전히 자유롭게 행동하는 것을 좋아하고 많은 사람들의 이목을 끄는 것을 좋아하지 않는다. 사람들은 어떤 변화가 있었는지를 그에게서 발견하기 어렵다. 친한 사람을 만날 때도 "잘 있었어? 우리 핫도그랑 커피 한 잔 어때?"라며 여전히 거리낌이 없고 자연스럽게 행동한다.

마이크로소프트사의 업적으로 말한다면 빌 게이츠는 미국 전체에서 최고의 수입을 받을 수 있을 것이다. 그러나 빌 게이츠의 임금은 중간 정도에 속한다. 1991년 그의 수입은 대략 27만 달러였다. 마이크로소프트회사 내에서 그는 서열 5위일 뿐이다. 가장 많은 수입을 받는 사람은 1992년 빌게이츠에게 해고된 전직 사장인 마이클 할맨으로 1991년 그의 수입은 60만 달러였다.

빌 게이츠가 돈을 쓰는데 얼마나 보수적인가에 대해서는 몇 가지 재미난 일화가 있다.

하루는 그와 로이젠이 회의에 참석하기 위해 함께 차를 타고 시애틀 중심가에 있는 쉐라톤호텔로 갔다. 주차할 공간이 눈에 띄지 않자 회의에 늦었다고 생각한 로이젠이 호텔의 귀빈용 주차장에 차를 세우자고 건의했다.

빌 게이츠는 "음, 거기에 세우려면 12달러가 들어. 그건 적당한 가격이 아니야."라고 강조했다. 로이젠은 "그럼 내가 낼게." 하고 말했다. 그러자 빌 게이츠는 "그게 중요한 게 아니야.그들은 주차비에 바가지를 씌우고 있어."라고 대답했다.

이것이 바로 빌 게이츠의 다른 점이다. 그는 돈에 인색한 것이 결코 아니다. 빌 게이츠가 손님을 초청해서 식사를 하는 등의 일에는 매우 대범하다. 그는 단지 부당한 가격을 싫어할 뿐이다.

빌 게이츠는 적절하게 생활하고 있다. 그렇기 때문에 자기 보유주식을 매각할 필요도 없었고 오히려 그의 주식은 배당금으로 인해 점점 더 많아지게 되었다.

돈이 돈을 낳는다

돈 버는 것에 집중하라

부자 아빠가 젊었을 때 그의 집안 형편은 어려웠다. 그러나 비록 경제적으로 부유하지 않다 할지라도 어머니는 늘 온갖 노력을 기울여 가능한 한 그에게 특별한 대접을 해주었다. 그녀는 항상 여윳돈이 생기면 아들을 위해 특별한 것을 해주고 싶어 했다. 부자 아빠에게 새로 나온 오락기를 사주거나 노천극장에 데리고 가서 영화를 보기도 했다. 부자 아빠는 이러한 소비가 어머니 자신에게 즐거움을 주는 하나의 방법이라고 생각했다. 또한 그는 생활에 필요한 곳에 돈을 쓰는 것은 참는 것보다 낫다고 생각했다. 부자 아빠는 항상 돈이 생기면 그 돈을 모두 써버렸기 때문에 저축할 만한 여분의 돈이 없었다.

그런데 부자 아빠가 많은 돈을 벌기 시작하였을 때 이상한 현상을 발견했다. 지출하기에 충분한 돈이 있었지만 월말이 되면 여전히 한

푼도 남지 않았던 것이다. 부자 아빠는 이미 어머니의 소비습관에 젖어버렸던 것이다. 매번 여분의 돈이 생길 때마다 바로 그 돈을 향락에 써버렸다. 예를 들어 주말휴가에 새로운 비디오를 사거나 시내에서 사치스럽고 화려한 밤들을 보냈다. 부자 아빠는 여러 차례 재정곤란에 빠진 자신을 발견했다.

당신은 월급이 인상되면 여윳돈이 생길 거라고 여길 것이다. 그러나 월말이 되면 결코 그렇지 않다는 것을 발견하게 된다. 당신은 예전과 똑같은 재정 상태일 것이다.

얼마 후, 부자 아빠는 처음으로 투자해서 부동산을 사려고 했다. 그러자 최소한 3만 달러의 현금이 필요하다는 것을 알았다. 그러나 부자 아빠는 그렇게 많은 돈을 저축한 적이 없다. 그래서 시간표를 만들어 6개월 이내에 돈을 저축하기로 했다. 한 달에 5천 달러를 모아야 한다는 계산이 나왔다. 이 금액은 아주 멀게만 느껴졌다. 그러나 부자 아빠는 자신감을 가지고 시작했다. 부자 아빠는 스스로 '5천 달러'라고 부르는 새로운 청구서를 만들었다. 매달 5천 달러를 저축하는 것은 쉬운 일이 아니었다. 사실 부자 아빠는 처음 한두 달은 그 청구서를 생각하기도 싫었다. 그러나 계획에 따라 실천했고, 새로 생긴 청구서와 기존의 청구서를 함께 낼 수 있는 다양한 방법을 모색했다.

부자 아빠는 매달 돈을 벌고 5천 달러를 지켜내는 데만 몰두했다. 부자 아빠는 이전에 자신이 돈을 경솔하게 소비한 것을 점점 더 뉘우치게 되었다. 그리고 돈이 생길 수 있는 기회에 대해 관심을 쏟기 시작했다. 예전에 일할 때는 약간의 노력만으로 일을 했다. 그러나 이제부터는 초과 수입을 위해 일을 하는데 더 많은 노력을 쏟아부었다. 부자 아빠는 고객들이 자기 서비스에 대해 더 많은 대가를 지불하도록 요구했다. 그리고 새로운 시장을 개척하기 위해서 시간과 금전, 인력을 이용하는 방법을 찾게 되었고 더욱 짧은 시간 내에 많은 일들을 해낼 수 있게 되었다.

만약에 당신이 몸을 단련한 적이 있다면 한번 단련한 근육을 다시 단련시키는 것은 쉽다는 것을 알 것이다. 돈 버는 것도 마찬가지이다. 당신이 부를 늘였다 줄였다 할 때 당신은 새로운 도약의 경험을 쌓게 될 것이다. 당신의 생각이나 안목, 방법 등이 모두 새롭게 바뀔 때 돈도 그 뒤를 따라올 것이다.

록펠러 가족의 발전사는 사실상 미국 200년 역사의 축소판이다. 미국의 달러제국과 록펠러의 이익은 일치한다. 록펠러 재단은 미국의 '달러열차' 에 있어 필수불가결한 기차이다. 록펠러 재단의 창시자인 존 데이비슨 록펠러(Rockefeller, John Davison)는 자기가 출생한 작은 마을에서 3년을 살고 부모를 따라 뉴욕서부 모르비아의 작은 마을로 이사했다.

록펠러는 유년시절 종종 아버지와 촛불을 켜고 마주앉아 커피를 끓이며 이런저런 세상사에 대해 이야기했다. 그럴 때면 늘 어떻게 장사를 해야 돈을 벌 수 있는지에 대한 화제가 빠지지 않았다. 록펠러는 어렸을 때부터 머릿속에 아버지가 전수해 준 장사 비결로 가득 차 있었다.

일곱 살이 되던 해 록펠러는 우연히 숲 속에서 놀다가 칠면조 둥지를 발견했다. 이때 문득 좋은 묘안이 떠올랐다. 그는 모두가 좋아하는 육류식품인 칠면조를 키워서 판다면 돈을 벌 수 있을 것이라고 생각했다. 록펠러는 그 후 매일 이른 아침 숲에 가서 칠면조 새끼가 부화하길 기다렸다. 그리고 얼마 후 어미 칠면조가 잠시 둥지를 비우는 틈을 기다렸다가 새끼 칠면조들을 안고 도망쳤다. 그는 새끼 칠면조들을 자기 방안에서 세심하게 보살피며 키웠다. 추수감사절이 되었을 때 그는 성장한 칠면조들을 부근의 농장에 내다 팔았다. 그래서 록펠러의 저금통 안에는 백동전과 은화가 점점 쌓이게 되었고 이 동전들은 나중에 한장 한장 녹색 지폐로 바뀌었다.

록펠러는 또한 돈을 불릴 수 있는 묘책을 생각해냈다. 그는 이 돈을 소작인들에게 빌려주고 그들이 수확한 뒤 원금과 이자를 합쳐서 거두어 들였다.

일곱 살짜리 아이가 칠면조를 팔아서 돈을 벌 수 있다는 생각을 해낼 수 있다는 것은 사람들에게 감탄을 자아내게 한다. 아버지와 어머니는 장남의 행동에 대해 완전히 상반된 반응을 보였다. 독실한 기독교신자이자 마음씨 착한 어머니는 이 일로 화도 내고 고민도 하면서 한 차례 호되게 그를 때리기도 했다. 그러나 아버지는 이렇게 말했다.

"일라이저, 그렇게 할 것까진 없잖아. 이 나라에서 현재 가장 중요한 것은 돈! 돈! 돈인데."

그는 아들의 행동에 대해서 오히려 크게 칭찬하면서 더 없는 기쁨을 느꼈다. 존 록펠러는 기독교신자인 어머니에 의해서 정성스럽게 길러졌고 아버지에게서 실제적인 경제지식과 처세술을 배웠다.

모르비아에 정착한 이후 록펠러의 아버지는 하인을 고용하여 자기 토지를 경작하게 하고, 그는 직업을 바꾸어 목재장사를 시작했다. 사람들은 아버지를 '빅빌' 이라고 불렀다. '빅빌' 은 매우 부지런히 일해서 사람들의 칭찬을 받았다. 그는 그 밖에도 사회와 학교를 위해서 기부금을 거두는 등 공익사업에도 열심이었다. 심지어 금주운동에 참가해서 한동안 좋아하던 술을 끊기도 했다.

'빅빌'은 목재장사를 하는 동시에 때때로 아들에게 경험을 전수하는 데도 주의를 기울였다. 훗날 록펠러는 이렇게 회상했다.

"우선 아버지는 나에게 묶음으로 된 땔나무를 직접 사와서 집에서 쓰도록 했다. 나는 어떤 것이 최상의 너도밤나무와 단풍나무인지를 알게 되었다. 아버지는 나에게 단단하고 곧은 목재만을 고르고 썩은 나무를 골라내는 방법을 가르쳐 주셨다. 이것은 나에게 매우 좋은 훈련이 되었다."

어린 록펠러는 마치 지평선에서 막 솟아오르는 태양처럼 장사 방면에 두각을 나타내기 시작했다. 아버지는 록펠러에게 가끔 이렇게 물었다.

"지금쯤 네 저금통에 많은 돈이 모였겠지?"

"저는 50달러를 이웃집 농부에게 빌려주었어요."

"그래? 50달러나?"

아버지는 매우 놀라워했다. 그 시대에 50달러는 적지 않은 금액이었다.

"이자는 7.5%예요. 내년이면 3.75달러의 이자를 받을 수 있어요. 그리고 제가 아버지의 감자밭에서 일을 도와 드렸으니 한 시간당 임금이 0.37달러예요. 내일 제가 금전출납부를 보여 드릴게요. 사실 이렇게 제 품을 파는 것은 수지가 맞지 않아요."

록펠러의 아버지는 막 열두 살이 되어 대출 방법을 이용해서 돈을 버는 아들을 보면서 장래에 큰 인물이 될 것이라고 확신했다.

⋮ 돈은 유익한 것

돈은 사회나 사람에게 모두 중요한 것이다. 돈은 유익한 것이며 인간에게 의미 있는 활동을 할 수 있게끔 해준다. 돈은 개인의 부를 창출할 뿐만 아니라 타인과 사회에 공헌한다.

사람들은 현실 생활에서 돈이 모든 일을 해결해 주는 것은 아니지만 결코 없어서는 안 된다는 것을 인정한다. 우리는 넓은 집, 현대적인 가구, 전자제품, 유행하는 옷, 승용차 등 일정한 재산을 영유하는 것이 필요하다. 이런 것들은 모두 돈으로 구매하는 것이다. 사람들의 소비는 끝이 없다. 당신은 늘 갖고 싶어 하던 것을 가지게 되면 그것에 만족하지 않고 더 새로운 것을 얻기를 갈망할 것이다. 현대 사회에서 돈은 교환의 수단이다. 돈은 곧 힘이다. 그러나 돈은 나쁜 일에 사용될 수도 있고 좋은 일에 사용될 수도 있다.

부자 아빠는 돈은 좋은 것이라고 생각한다. 돈을 존중하는 것은 훌륭한 인격을 키우는 것이다. 그러나 지나치게 그 속에 빠져서는 안 된다. 재물을 탐해서도 안 되고 또한 인색해서도 안 된다.

존 록펠러는 클리블랜드에서 고등학교 2학년까지 공부하고 중퇴했다. 가정형편이 빈곤해서 그의 공부를 받쳐 주지 못한 것은 아니다. 중요한 원인은 아버지가 그에게 돈과 상업 의식을 반복해서 주입시켰기 때문이다.

"인생은 자기에게 달려 있고 장사를 하려면 일찌감치 서둘러야 한다. 인생은 돈이 있어야 한다! 돈!"

아버지는 매번 집에 돌아와서 록펠러에게 이렇게 일렀다. 그는 아버지의 영향을 받아 학교를 중퇴하고 사업을 시작하기로 결심했다.

젊은 록펠러는 자기 노력으로 부자가 되고 싶었다.

한 번은 친구와 함께 산책할 때 친구가 물었다.

"존, 넌 커서 뭘 하고 싶니?"

"나는 10만 달러의 가치를 지닌 사람이 되고 싶어. 난 반드시 성공할 거야!"

록펠러는 조금도 주저하지 않고 말했다. 겨우 열 몇 살의 소년이 이러한 원대한 포부를 가졌다. 그렇지만 그 자신도 이 금액보다 훨씬 큰 부를 얻을 수 있다는 것을 생각지 못했다!

비록 고등학교 교육이 그를 박학하게 하지는 못했지만 그에게 신중하고 좋은 습관을 단련시켜 잠재능력을 발휘할 수 있게 해주었다. 그가 막 사회에 발을 디뎠을 때 이렇게 배운 것들을 유용하게 쓸 수 있었다.

상대적으로 가정교육은 뒷날 존이 두각을 나타낼 수 있는 주요한 요소가 되었다. 고생을 이겨내고 검약하며 근면한 인품과 독실한 믿음을 가졌던 어머니는 록펠러의 일생에 커다란 영향을 주었다. 아버지는 아들이 훌륭한 인물이 되기를 바라며 그에게 경제의식을 주입시켰을 뿐만 아니라 상업 문서를 어떻게 작성하고, 어떻게 정확하고 신속하게 돈을 지불하는지, 또한 어떻게 가계부를 쓰는지 등 실제적인 경제지식을 가르쳤다. 그는 아들이 세심함과 근면함, 책임감을 가질 수 있도록 훈련시켰다. 그는 사회가 냉혹하며 현실적이라는 것을 알고 있었기 때문에 아들이 사회에 발을 디디기 전에 강인함과 총명함으로 무장하기를 요구했던 것이다.

05 돈 버는 것이 인생의 유일한 목표가 아니다

돈의 노예가 되지 말라

돈은 일종의 도구이지 인생의 목적이 아니며 돈의 노예가 되지 말라고 부자 아빠는 말한다.

일본에서 '경영의 신'이라고 평가받는 마쓰시다 고노스께의 경영 업적은 세상 사람들에게 주목 받고 있다. 그의 경영철학은 배울 점이 많다. 그는 마쓰시다 전기의 창업자이며 총 자산은 1천조 엔이 넘는다. 총 매출액은 5조 엔에 이르고 직원 수는 25만 명이다.

마쓰시다는 "돈은 윤활유와 같다."는 생동감 있는 비유를 했다. 기계가 돌아가고 자동차가 달리기 위해서는 윤활유가 없으면 안 된다. 그러나 윤활유는 사람이 추구하는 목적이 아니다.

마쓰시다는 "목적에 도달하기 위해서 일을 해야 한다. 목적에 도달하기 위한 업무가 더욱더 효율적이기 위해서는 반드시 윤활유가 필요하다. 돈은 일종의 도구이며 가장 중요한 목적은 사람들의 생활수준을 향상시키는데 있다."라고 말했다.

마쓰시다의 인품은 재물을 모으는 것이지 재물을 지키는 것이 아니다. 그는 사람이 재산의 노예가 될 수 없다고 여긴다.

"재산이라는 물건은 믿을 수 없는 것이다! 그러나 사업을 하는 데는 반드시 돈이 필요하다. 이런 의미에서 말한다면 재화를 소중하게 여겨야 한다. 그러나 소중히 여긴다는 것과 노예가 된다는 것은 다른 문제다. 돈은 정확하게 다루어야 한다. 그렇지 않으면 재산은 곧 무거운 짐이 될 것이다. 당신이 돈을 가지고 있는 것 같지만 돈이 오히려 당신을 구속한다."

마쓰시다의 이런 사상은 깊이 생각해 볼 만한 것이다. 그는 사람들이 돈의 노예가 되어서는 안 되며 항상 원대한 목표를 생각해야 한다고 말한다. 그는 내일의 생활은 오늘의 생활보다 나을 것이라고 여긴다. 사람들은 열심히 노력해서 상응한 보수를 얻음으로써 물질과 문화생활을 개선시켜야 한다.

윤활유의 작용은 기계가 회전하면서 발생시키는 열량이 기계를 손상시킬 때 그 손상을 줄일 수 있다는 데 있다. 기계의 회전을 빠르게 하려면 더 많은 윤활유를 주입하면 된다. 돈도 이와 마찬가지이다.

돈은 당신에게 물질적인 보충과 정신적인 위안을 얻을 수 있게 해 준다. 당신이 많이 일하면 많이 얻을 수 있다.

인격을 갖춘 부자가 되라

어떤 사람은 서로 속고 속이며 사람이 사람을 먹는 사회, 즉 힘 있는 사람이 수단과 방법을 가리지 않고 오로지 자기 목표를 위해서 다른 사람들에게 희생을 강요하는 것이 사회라고 주장한다. 자기 이익만 꾀할 뿐 다른 것에 관심조차 없는 환경에서 사람들에게 먼저 완벽한 인격을 갖추는 것을 '부자가 되는 근본' 으로 삼으라고 말하는 것은 너무 황당하고 우스운 얘기가 아닐까?

많은 사람들이 재물이나 권위 따위를 교묘한 수단이나 힘으로 빼앗거나 수단을 가리지 않고 재물을 긁어모으는 것 또한 일종의 부자가 되는 방법이라는 것을 인정한다.

그러나 진리를 알고 사람의 마음을 이해하는 부자 아빠는 이러한 방법을 결코 숭배할 리가 없다. 포부가 큰 사람, 뜻이 있는 사람, 성공을 추구하는 사람들은 반드시 명심해야 한다. 성공은 자기 마음에 부끄러움이 없어야 하며 그것을 자랑으로 여길 수 있어야 한다. 부자 아빠는 당신에게 성공을 추구하는 것뿐만 아니라 당신이 훗날 마음에 거리낌이나 조금의 걱정 없이 성공을 향유할 수 있도록 격려한다.

부자 아빠는 나폴레온 힐(Napoleon Hill)의 치부관(致富觀)을 숭배한다. 1967년 힐은 80여세에 《평안하고 안정된 치부》라는 한 권의 책을 썼다. 이 책의 서문에서 힐은 다음과 같이 말했다.

"비록 모든 세계에 큰 변화가 있었지만 여전히 분명한 것은 충분한 돈이 없으면 우리의 인생은 고달프다는 것이다. 그렇기 때문에 우리는 노력해서 돈을 벌어야 한다. 그러나 우리가 원하는 것은 금전의 성공이다. 우리는 두려워하거나 긴장하지 말고, 슬퍼하거나 근심해서는 안 된다. 이것은 바로 금전의 성공을 얻는 것 외에 마음의 안정을 찾아야 한다는 것을 의미한다. 이렇게 해야만 우리의 인생은 완벽하고 결함이 없는 것이다."

부자 아빠는 말한다.

"힐 박사의 충고를 잘 기억해야 한다. 결코 돈 때문에 자기 인격을 상실하지 말아라. 완벽한 인격을 만들어야 당신은 돈을 가질 수 있을 뿐만 아니라 돈의 즐거움을 느낄 수 있을 것이다!"

우리는 매일, 매년 부자가 되는 시간을 기대한다. 그 때가 정말로 나타난다면 그것은 농작물을 수확하고 음식물이 가득 찬 저장고이다. 이 때 당신은 어떻게 돈을 대할 것인가? 성공한 후에 당신은 어떻게 돈을 대해야 하는가?

부자 아빠는 목표를 달성한 후 가장 큰 도전은 당신이 성공을 누리는 희열을 이해할 수 있느냐에 달려 있다고 여긴다. 성공한 책임자들은 도시의 아름다운 하늘에 관심을 갖지 않는다. 그들은 창 밖의 풍경을 본 적이 없기 때문이다. 그들이 걱정하는 것은 어떻게 시장을 독점하느냐 하는 것이다. 오로지 어떠한 경제 수치가 이상적이며 어떻게 경영해야 선두자리를 유지할 수 있는지에 대해서만 궁리한다.

부자 아빠는 사업하는 친구들을 알고 있다. 그들은 교외나 해변에 호화 주택을 가지고 있지만 집에 돌아오면 먹고 잠만 잔다. 아름다운 경치를 그들은 즐겨 본적이 없다.

대부분의 성공한 사람들은 아이들에게 더 좋은 생활을 주기 위해서 일주일에 6일을 열심히 일한다. 그러나 어느 날 갑자기 아이들이 하나씩 집을 떠나고 그 아이들에게 자식들이 생겼다는 것을 문득 깨닫게 된다.

어떤 사람들은 30년을 일하고도 멋진 휴가를 보낸 적이 없으며 진정으로 휴가를 가지려 할 때는 더 이상 놀 힘이 없다는 것을 발견하게 된다. 이전에 하고 싶었지만 하지 못했던 일들, 스케이트, 잠수, 비행 등은 이제 시간이 있어도 할 수가 없다!

부자 아빠가 보기에 사람들은 높은 산의 정복자가 되는데 급급하여 등반과정의 즐거움을 모른다. 그러다가 문득 이 산이 여전히 저 산보다 높다는 것을 깨닫게 된다.

일본의 경제 기적은 어느 정도 부정적인 영향을 가지고 있다. 일본은 소비성 전자제품, 자동차 및 기타 첨단 과학 산업 분야에 있어서 의심할 여지없이 세계 선두의 위치에 있으며, 국민평균소득은 세계 최고이다. 그러나 생활의 질은 어떠한가?

일본의 대도시 교통은 매우 놀랍다. 차를 몰고 출근하는 많은 사람들은 새벽 5시에 집에서 나와야 하며 차를 회사 부근에 세운 다음 차 안에서 1시간 정도 잠을 자고 출근한다. 이렇게 해야 출근 시간대에 주차자리를 확보할 수 있다.

생각해 보라. 한 사람이 목표를 달성한 이후에 주위를 둘러보다가 자기 혼자인 것을 발견하게 된다. 이러한 광경은 얼마나 비참한가.

당신이 성공적으로 부자가 되는 여정을 향해서 달려갈 때 때때로 자아중심의 경향을 조절할 수 있다면, 친구가 없어 외로운 상황은 발생하지 않을 것이다. 다른 사람을 받아들일 줄 알고 존중할 줄 아는 사람일수록 다른 사람에게 존중과 대우를 받게 될 것이다.

다른 사람과 주고받는 관계가 긴밀하게 연결되어 조화를 이룰 수 있도록 해야 한다. 대가가 없어도 문제 삼지 않는다…… 이렇게 된다면 다른 사람들과의 관계에서 혼자라는 생각을 하지 않아도 될 것이다.

부자 아빠는 말한다.

"만약에 자기 주위 사람들이 모두 태어날 때부터 가지고 나온 행복 추구권을 함께 공유할 수 있다면 인생에 있어 큰 기쁨이다."

부자 아빠는 당신이 돈과 권력의 축적에 연연하기 보다는 인간관계 속에서 친밀함을 형성하기를 강조한다. 다른 사람들을 행복하게 할 수 있어야 비로소 마음 속의 분노나 좋지 않은 감정을 화목하게 바꿀 수 있다. 부자 아빠는 선을 행하는 것이 삶에 즐거움을 가져다 줄 것이라고 믿는다.

"당신이 우의를 증진시키는 것은 단지 은행 저축을 증가시키는 것이 아니다. 당신이 더 많은 이웃을 아는 것은 단지 더 많은 투자파일을 확보하는 것이 아니다. 당신이 이웃 간의 유대를 더욱 돈독히 하는 것은 단지 상품권의 수집에만 전념하는 것이 아니다. 만약에 당신이 유쾌하고 정력이 넘치는 생활방식을 가지게 되고, 또한 인생에 대해 바친 노력이 다른 사람이 배우고 본받을 만한 건전한 본보기가 된다면, 당신은 진정으로 부유한 사람이라고 할 수 있다."

정확한 투자는
집에서도 부자가 된다

부자 아빠는 투자를 중요시한다. 그는 금융투자가 결코 돈이 있는 사람들만의 특권이 아니라고 지적한다. 샐러리맨도 투자 지식을 습득할 필요가 있다. 그러면 유한한 소득을 더 크게 증가시킬 수 있다.

사람들은 모두 자기 돈이 빠르게 증가하길 바라며 정확한 투자로 부를 창조하고 싶어 한다. 그러나 이것을 행동으로 옮겨 원하는 것을 실현하는 사람도 있고, 그렇지 못한 사람도 있다.

투자 지식이 없으면 함부로 투자하기가 두렵기 때문이다. 사람은 앎에 의해 용기를 얻는다.

투자 지식은 선천적인 것이 아니라 경제 지식과 경험에 의해 기를 수 있는 것이다. 정확한 금융투자 관념을 이해한다면 당신은 집에서도 부자가 될 수 있다.

소비와 투자를 구분하라

투자는 보수를 예측할 수 있는 부의 창조행위이다. 사람들이 흔히 말하는 '돈이 돈을 낳는다.'는 바로 돈을 증가시킬 수 있는 물품이나 행위에 투자하는 것을 말한다. 예를 들어 저축, 채권, 주식, 부동산, 골동품, 우표, 화폐, 애완동물, 화초 등을 키우는 것이다. 그 목적은 투자 가치의 증가를 추구하는 것이다.

돈으로 물품을 구매하는 것은 단지 즐거움과 정신적인 기쁨을 가져올 뿐이다. 예를 들면 일상소비행위, 엔터테인먼트, 헬스 등은 소비행위에 속한다. 이런 소비행위는 가치를 증가시킬 수 없다.

그러나 어떤 물품들은 소비물품에 포함시킬 수도 있고 투자물품에 포함시킬 수도 있다. 예를 들면 우표, 고급승용차, 부동산 등이다. 이러한 물품은 소비자에게 즐거움과 정신적인 기쁨을 줄 뿐만 아니라 투자 가치 증가의 잠재력을 가지고 있다. 위와 같은 두 가지의 소비행위는 소비자의 주관적인 의도에 따라 행해지는 것이므로 구체적으로 분석할 필요가 있다.

투자를 해야 가치를 증가시킬 수 있다. 간단한 예를 들어보자. 만약에 당신이 한 달에 1만 달러를 벌고 1만 2천 달러를 쓴다면 부자가 되는 것은 불가능한 일이다. 그러나 만약 당신이 3천 달러를 벌어서 2천 달러를 저금한다면 이율이 7.47%라고 가정할 때 그 돈은 1년 후 약 2만 5천 달러가 될 것이다. 만약에 30년 동안 지속한다면 2,555만 달러 이상의 돈을 저축할 수 있다. 이것이 바로 재산, 부이다.

：투자에는 위험이 따른다

만약 투자에 위험이 없다면 최대한 수익률이 높은 항목을 선택해서 투자하면 된다. 그러나 불행하게도 투자는 반드시 위험을 수반한다. 이것은 투자의 엄격한 법칙 중 하나이다. 서로 다른 투자행위가 갖는 위험은 다르다. 만약 주식투자의 수익률이 비교적 높을 때, 고생해서 얻은 돈을 은행에 저축한다면 비록 안전하긴 하지만 수익률은 낮을 것이다. 또한 인플레이션으로 돈의 가치가 떨어질 가능성도 있다. 일반적으로 위험과 수익은 공존하며 양자가 정비례를 이룬다. 즉 위험이 클수록 수익은 높아진다.

부자 아빠는 "투자할 때는 반드시 위험을 고려해야 한다."고 말한다. 즉 위험이 있는지 없는지, 위험이 얼마나 큰지, 그 위험을 감당할 수 있는지를 고려해야 한다. 한 마디로 말해서 세상에 이익만 있고 손해는 없는 그런 장사는 없다. 투자의 제 1 원칙을 기억하라.

：인플레이션에 대처하라

인플레이션은 인생에서 피할 수 없는 현실이다. 인류가 화폐로서 현물을 대체하여 유통거래를 시작한 이래 인플레이션은 언제 어느 때나 존재해 왔다. 인플레이션은 실제로 발행된 화폐량이 유통에 필요한 화폐량을 초과하는 것을 말한다. 화폐의 총액이 나타내는 가치량이 현물의 가치량을 초과한다는 뜻이다. 즉, 화폐가 평가절하 되면 물가가 오른다. 인플레이션의 무서운 점은 바로 그것이 돈의 구매력을 떨어뜨려 어느 틈에 당신의 돈을 평가절하 시킨다는 데 있다.

인플레이션에 대처하기 위해서 유일하게 할 수 있는 것은 인플레이션을 압도할 수 있는 투자행동을 취하는 것이다. 돈을 은행에 저축하여 이자를 받는 것은 비교적 안전한 투자이지만 인플레이션에 대항할 방법이 되지 못한다. 그렇기 때문에 인플레이션이 높을 때 당신이 해야 할 일은 인플레이션에 대처할 수 있는 투자행동을 선택하는 것이다.

인플레이션에 대처하는 투자는 사실 많지 않다. 당신이 잘 알고 있는 부동산, 황금, 최근 몇 년간 인기 있는 주식 등이 장기적으로 볼 때 인플레이션보다 높은 수익이 있다.

인플레이션에 대처하기 위해서 당신은 반드시 투자를 해야 한다. 그렇지 않으면 당신은 영원히 부를 창출할 수 없을 것이다.

정확한 투자 방법

부자 아빠가 정확한 투자에 의해 부자가 될 수 있는 방법을 당신에게 알려준다.

 ### 능력의 한계

'세상에는 공짜가 없다.' 라는 속담이 있다. 높은 수익에는 높은 위험이 항상 도사리고 있다. 사람마다 위험에 대처하는 능력이 다르다. 투자자는 모두 '능력의 한계' 라는 기본원칙을 준수해야 한다.

투자는 자기 능력범위를 넘어서는 안 된다. 울창한 숲이 있는 한 땔

나무걱정은 없다. 즉 근본이 착실히 갖추어지면 걱정할 필요가 없다는 말이다. 가까스로 마련한 투자금이 계속 손해를 본다면 돈을 벌 수 있는 희망은 사라질 것이다.

 개인의 특기

눈이 어지러울 정도로 부를 창출할 수 있는 상품은 많다. 바로 은행저축, 부동산, 주식, 기금, 선물 및 기타 유가증권 등이다. 어떤 투자를 막론하고 방법을 결정하기 전에 우선 제품의 특징 및 위험의 정도를 고려하라. 또한 개인의 취미나 특기에 따라 구체적인 투자 상품을 선택해야 한다. 잘 알지 못하는 상품에 대해서는 전문가의 의견을 폭넓게 수렴해야 하며 여러 번 심사숙고한 후에 선택하고 무턱대고 뛰어들어서는 안 된다.

 위험분산

부를 창출할 수 있는 구체적인 투자 상품의 선택은 위험분산원칙을 따라야 한다. '모든 달걀을 한 바구니에 담지 마라.' 설사 어떤 사람이 높은 부를 창출할 수 있는 상품을 예측할 수 있다 하더라도 투기심리를 가져서는 안 된다. 투자의 수익과 위험은 모두 상대적이라는 것을 반드시 기억하라.

4 제때에 즉시 결단을 내려라

투자가 추구하는 것은 현실에 맞지 않는 고수익이 아니다. 이익만 생각하는 투자는 오로지 고수익만을 추구하기 때문에 불행하게도 적자를 보는 경우가 많다. 어떠한 투자라도 모두 위험이 존재한다. 제

때에 즉시 결단을 내려서 감당할 수 없는 적자가 생기는 것을 피해야
한다.

 ## 전문가의 자문

　도박의 승패는 주로 운에 달려 있다. 하지만 투자는 고도의 전문지
식이 필요하다. 투자자는 전문가가 제시하는 자문과 의견을 종합해서
최적의 투자방법을 선택해야 한다.

　투자로 인한 부의 창출은 적합한 책략이나 방법을 가지고 있어야
한다. 우선 위험의 적응정도 및 손실을 감당할 수 있는 범위를 확실히
정해야 한다. 여러 투자 상품의 위험도에 따라 자신에게 적합한 투자
항목을 계획하고 투자를 부추기는 선전을 경계하고 신중하게 생각한
후에 행동하는 원칙을 엄수해야 한다.

투자 전에 위험을
상세히 고려하라

투자는 반드시 위험을 수반한다. 이것은 투자의 엄격한 법칙의 하나이다. 위험은 무엇인가? 일반적으로 말해서 일정한 조건과 일정한 시간 내에 적자를 가져올 가능성을 가리키는 것이다. 그런데 우리가 예측할 수 없는 일들이 있다. 예를 들어 이율, 환율, 가격 등은 모두 예측할 수 없는 변화를 가져온다.

위험은 불확실하지만 객관성을 가지고 있다. 예를 들어, 국고채권에 투자할 때는 그 수익의 불확실성이 비교적 작다. 하지만 주식에 투자하면 위험성은 커진다. 이러한 위험은 '일정한 조건'이 있는 위험이다. 당신이 어떠한 종류의 주식을 사느냐, 또한 얼마의 주식을 사느냐에 따라 위험은 각각 다르다. 특정한 투자의 위험 정도는 객관적이다. 당신이 얼마의 위험을 무릅쓸지는 주관적인 결정에 따라 선택할 수 있다.

위험의 정도는 시간에 따라서 변화한다. 이것은 '일정한 시간' 내의 위험이다. 보수를 얻을 수 있는 시간이 가까울수록 예측은 더 정확해진다. 이와 반대로 보수를 얻는 시간이 멀어질수록 예측은 더욱 불확실해진다. 예를 들어, 일주일 동안의 주식동향을 예측하는 것은 1년 후의 주식동향을 예측하는 것보다 더 정확하다.

⋮ 투자 가치에 영향을 주는 요소

 ### 원금손실의 위험

경영이나 시장 원인 등의 어떠한 요인을 막론하고 원금을 손실하는 것은 바로 위험에 속한다.

때때로 경영으로 인한 실패인지 시장 요인에 의한 적자인지를 구분하는 것은 쉬운 일이 아니다. 예를 들어 부동산투자는 경제 환경 등의 원인으로 인해 부동산가격이 하락할 수 있다. 주식투자는 이 주식을 발행한 상장회사의 규정위반으로 인해 주식가격의 폭락을 가져올 수 있다. 비금융기구들이 문제를 일으킬 경우 투자는 물거품이 된다. 이러한 것들은 모두 투자의 위험에 속한다.

 ### 구매력의 위험

인플레이션 리스크라고도 불린다. 인플레이션은 투자를 위축시켜서 원래의 구매력을 떨어뜨린다. 만약에 투자이윤이 인플레이션을 따르지 못한다면 바로 손해를 보게 된다.

돈을 은행에 저축하여 매월 이자를 받아 편안하게 생활할 수 있다. 그러나 이자율을 인하하면 은행저축은 수지가 맞지 않는다. 그래서 비록 은행저축이 가장 안전한 방식이지만 수익률의 하락으로 많은 사람들이 여윳돈을 인출하여 다른 투자방식을 선택한다.

 관리위험

　어떤 투자들은 시간과 노력을 들여 관리해야 한다. 이것도 일종의 위험이다. 예를 들어 주택을 구입하여 세를 놓는 것 등도 이와 같은 위험과 관련이 있다. 당신은 주택의 사용, 보수 등의 상황을 관리해야 한다. 주택을 매각할 경우, 관리의 위험은 다른 사람에게 넘어가게 된다. 우표수집에 있어서도 철저한 관리가 필요하다. 그렇지 않으면 곰팡이가 끼기 쉽고 우표의 상태가 손상되어 우표 가치에 영향을 줄 수 있기 때문이다. 애완동물은 세심하게 보살펴야한다. 그렇지 않으면 병이 나거나 죽을 수 있다.

 현금화의 위험

　이것은 투자를 해야 할 때 시기적절하게 현금화 할 수 없는 것을 가리킨다. 일반적으로 은행저축, 국고채권, 국가공채증권과 허가 발행된 기업의 채권 및 상장주식의 현금화는 매우 빨리 이루어질 수 있다. 그러나 부동산과 일반 개인소장품, 기업이 발행한 채권은 쉽게 현금화 할 수 있는 투자가 아니며 위험도 매우 높다.

　일반적으로 유통시장의 투자는 빠르게 현금화하기 쉽다. 거래 쌍방 모두가 집중되어 있어 정보를 구하는 비용이 낮아지기 때문이다. 유통시장이 아닌 경우, 현금화의 능력은 떨어진다. 특히 당신이 책임을 지고 있을 때 위험과 원금의 관계를 잘 고려해야 한다. 의견을 제시하는 사람은 일반적으로 지나치게 낙관적이다. 그들은 자신의 구상에 대한 열정과 믿음이 확고하다. 당신이 허락하지 않는 것을 두려워하기 때문에 투자하는 시간과 금전 평가에 있어 종종 현실적이지 못하다.

　부자 아빠는 평균적으로 예측과 실제 사이에는 적어도 20%의 차이가 있다는 것을 발견했다. 원금에 대해서 말하자면 실제투자는 적어도 최초의 제안보다 1%가량 높았다. 심지어 갑절이나 높은 것도 있었다. 시간의 원가도 또한 이러하다. 그렇기 때문에 계획서상의 예측된 수치에 미혹되어서는 안 된다. 자신에게 스스로 자문해야 한다. "만약에 두 배의 예산과 이중의 시간이 든다면 채택할 만한 좋은 아이디어인가?" 답안이 만약에 긍정적이면 당신은 매우 훌륭한 기획안을 가지게 될 것이다. 만약에 당신이 "절대로 두 배의 원금을 들일 수 없다!"고 생각하면 실제 행동에 옮겨서는 안 된다. 세심하게 상황을 고려한 후 신중하게 다시 결정하는 것이 좋다.

： 위험에 대처하는 담력을 키워라

　투자는 위험을 무릅쓸 줄 알아야 한다고 부자 아빠는 말한다. 당신이 가치가 있다고 여긴다면 위험을 무릅쓰고 투자하거나 대출을 받을 수 있을 것이다. 만약 돈을 빌리게 되면 반드시 대책을 강구해서 신속하게 갚아야 한다. 그렇지 않으면 신용을 잃게 되고 회사문을 닫거나 파산하기 쉽다.

　경제 위험을 무릅쓸 줄 아는 담력, 이것은 백만장자가 가진 특징의 하나이다. 고수익을 얻는 것은 확실히 어느 정도의 용기와 두려움을 극복하는 능력이 필요하다.

백만장자의 주요 특징 중 하나는 자기 사업을 가지고 직접 경영한다는 것이다. 그들은 담력을 가지고 사업에 투자한다. 대다수 사람들은 이것이 위험성이 높고, 위기감을 가져다 줄 것이라고 생각한다.

그들은 사업에 투자하는 것 이외에도 주식회사의 주식을 보유하고 있다. 주식투자자로서 어느 정도의 위험을 가지고 있는 것이다. 그렇기 때문에 보장을 받을 수 없는 상황에서도 담력을 가지고 투자를 해야 할 필요가 있다. 주식하락에 놀라지 않는 담력도 있어야 한다. 담력이 작은 사람들은 종종 주식시장에서 주식이 가장 높이 오른 후에야 주식에 투자를 하고, 주식이 막 하락하기 시작할 때 먼저 내다 판다.

회사를 경영하는 백만장자는 담력이 필요하다. 그렇지 않으면 결코 최고책임자의 위치에 오르지 못했을 것이다. 그들은 어느 정도의 위험을 감수해야 성공을 거둘 수 있다. 만약에 그들이 새롭게 도입한 생산라인에서 생산효율을 높일 수 없다면 어떻게 하겠는가? 이와 반대로 이 생산라인이 과거의 판매액을 깨뜨린다면 어떻게 하겠는가?

수입이 많은 직업을 원하면 원할수록 사람들은 기업가나 프리랜서, 회사의 최고책임자, 전문세일즈맨, 혹은 판매중개인이 될 가능성이 크다. 하지만 이러한 직업 중 어느 하나도 안정된 수입을 보장하지는 않는다. 그렇기 때문에 많은 사람들은 이러한 직업과 경제 위험을 무릅쓰는 것을 원하지 않는다. 사람들에게 주가하락은 매우 큰 위험이다. 그들은 고정된 월급을 받을 수 있고 안정되고 믿을 수 있는 직업을 찾는 것이 더 좋을 것이다.

실패의 위험은 언제나 존재하는 것이다. 그러나 백만장자들은 경제 위기에 대처하는 방법을 배웠으며 결국 스스로 두려움을 제어할 수 있었다.

⦂ 담력이 큰 벤자민 프랭클린

벤자민 프랭클린(Benjamin Franklin)은 아이들에게 전 학비를 지불했다. 그의 딸과 아들은 모두 사립초등학교와 중고등학교를 다녔고 이후 모두 유명사립대학, 의과대학, 대학원에 진학했다. 벤자민은 자녀들을 위해서 기숙사비, 식비, 학비, 교재비 등을 지불해 주었다. 그가 어떻게 이런 많은 학비의 지출을 감당할 수 있었을까?

벤자민은 퇴직하기 전에 학교 통학버스기사였다. 통학버스기사의 수입은 아이들을 사립대학이나 의과대학에 보내기에 턱없이 부족했다. 그는 근검절약하였지만 절약만으로는 여섯 명의 학비를 지불하기에 충분하지 못했다.

벤자민은 아이들이 매우 총명하다는 것을 발견했다. 그는 아이들 모두 좋은 교육을 받기 원했다. 그래서 자신의 적은 월급이 교육비용을 감당해 낼 수 없다는 것을 항상 걱정했다. 이후 벤자민은 공부를 시작했으며 그 주된 내용은 '투자'에 관한 것이었다.

학교버스 기사라는 직업은 벤자민에게 매일 몇 시간의 여유를 가져다주었다. 동료기사들은 늘 이러한 시간에 잠을 자고 신문, 잡지를 읽거나 커피를 마시며 잡담하는 데 썼지만 벤자민은 여가시간을 지혜롭게 이용하였다. 그는 각종 유형의 투자에 대해 공부했다. 그는 회사의 채권, 은행저축, 국고채권, 시정채권, 주식, 귀중품과 부동산 등이 장기적인 투자수익을 가지고 있다는 것을 발견했다.

벤자민은 인플레이션 및 세금을 고려하지 않는다면 주식만이 투자자에게 실제적인 수익을 가져다 줄 수 있다고 생각했다. 그러나 그의 모친은 계속해서 주식 투자를 반대했다. 그녀는 1929년 주식시장의 대폭락을 경험했었다. 그러나 벤자민은 설사 주식폭락을 염두에 두더라도 장기적으로 볼 때 주식투자의 수익은 기타 모든 투자를 초과할 것이라고 여겼다.

벤자민은 주식시장의 열렬한 투자자가 되었다. 그와 아내는 여윳돈을 주식투자에 썼다. 그러나 아무 주식에나 투자한 것은 아니었다. 벤자민은 상장회사와 그 주식동향을 연구하였다. 몇 년 후 그는 주식투자 전문가가 되었다.

벤자민의 '자아개선'을 위한 공부와 투자연구는 많은 성과를 얻었다. 퇴직할 때 학교버스 기사였던 그는 300만 달러가 넘는 순자산을 보유하게 되었다. 이 돈은 그가 자녀들을 미국에서 가장 비싼 학교에 보낸 후 남은 돈이다.

중요한 것은 무엇인가? 벤자민은 담력이 있었기 때문에 경제적으로 독립할 수 있는 사람이 될 수 있었다. 이것은 바로 주식투자에 있어 담력이 필요하다는 것을 말한다.

주식시장의 등락은 누구도 보증할 수 없다! 사람들은 종종 주식이 최고로 상한선에 이르렀을 때 비로소 주식에 투자를 하고 또한 금방 물러난다. 그러나 벤자민은 늘 장기적인 투자를 하였다. 그는 자기가 배웠던 지식으로 투자 위험을 감소시켰다. 그가 주식을 산 이후에 10년 내에 파는 일은 드물었다. 주식이 오르든지 내리든지 간에 그는 보유주식을 팔지 않았다. 그도 종종 두려움과 걱정을 느꼈다. 그러나 적극적인 태도로 두려움을 극복한 것은 그가 부자가 되는 주춧돌이 되었다.

상장회사의 주식이나 자기 회사에 투자하는 것은 담력이 필요하다. 걱정과 두려움으로 가득 차 있을 때 투자를 지속하는 것은 담력을 필요로 한다. 담력이 없었다면 벤자민의 아이들은 오늘날 의사가 될 수 없었다.

벤자민의 담력은 투자위험에 대한 두려움을 극복하게 했다. 그는 담력 있게 투자를 하고 자신을 끊임없이 단련시켰기 때문에 경제적 운명을 자기 손에 쥘 수 있었다.

운이란 존재하는가?

많은 백만장자들이 부의 증가는 경제위험을 무릅쓰고, 열심히 일하며, 교양을 쌓고, 돈을 잘 관리해야 한다고 당신에게 말할 것이다. 그렇지만 대략 8분의 1의 백만장자들은 운이 그들의 성공을 설명하는데 매우 중요한 요소라고 믿는다. 높은 순자산과 백만장자가 말하는 운 사이에는 흥미로운 관계가 있다.

만약에 운이 백만장자가 될 수 있게 하는 중요한 요건이라면 우리는 도박을 해야 한다. 그렇지만 백만장자들이 말하는 운은 도박장의 단골손님과 복권애호가가 말하는 운이 결코 아니다.

백만장자들은 어떤 유형의 운은 자신의 경제수익을 설명하는 데 어느 정도 작용을 한다고 여긴다. 이러한 운의 작용을 굳게 믿는 사람들은 이렇게 말한다.

"당신이 열심히 일하면 일할수록 운은 더 많이 생긴다!"

이 말은 순자산이 2,500만 달러 이상의 부자들이 설문지에 쓴 것이다. 그들이 운이라고 하는 것은 기후, 경쟁, 금융경색, 소비품 수입변화, 가격폭락 등 제어할 수 없는 요소와 관계가 있다고 말한다.

그런데 백만장자들의 견해와 고수익의 변호사, 의사의 견해를 비교해 보면 전문직의 직업유형을 가진 사람들은 단지 운으로써 그들의 성공을 설명하는 것에 대해 의구심을 가진다. 그들은 운이란 단지 일부분만 해당될 것이라고 믿는다. 그들은 학교에서 열심히 공부하여 높은 성적을 얻었고 법대나 의과대에 진학하였다. 그 후 열심히 일해서 전문직을 선택하였고 현명하게 투자하였기 때문에 부자가 될 수 있었다. 이것은 틀림없는 사실이다.

그렇다면 기업주나 창업자는 운에 대해 어떻게 생각할까? 그들의 성공은 처음부터 예견된 것은 아니다. 그들은 부를 추구하는 과정에서 생각지도 못한 의외의 일들을 많이 만났다. 그러나 이런 의외의 일들은 때때로 그들에게 순자산의 증가 등 긍정적인 영향을 가져다주었다. 어떤 사람들은 결정을 할 때 어떤 부분은 직감에 의지한다고 말한다. 높은 자산을 보유한 사람들은, 운이 부자가 되는 것과 중요한 관계가 있다고 믿는다. 운과 위험을 무릅쓰는 것은 어쩌면 매우 밀접한 관계를 가지고 있다고 말이다.

: 위험을 무릅쓰는 것은 도박이 아니다

백만장자들은 확률론에 대해서 잘 안다. 사실상 그들은 '가능성'과 '기대치'에 대해 잘 알고 있다. 복권의 당첨기회는 매우 희박하다. 매주 몇 장의 달러를 태워버리는 것이 복권을 사는데 돈을 들이는 것보다 나을 정도이다. 대다수의 도박, 특히 복권을 사는 사람은 전체 복권의 수량에 대해서는 알지 못한다. 그렇기 때문에 당첨될 가능성이나 기대치에 대해서 알 방법이 없다. 그 기대치는 전체 복권의 기대치보다 당연히 작다. 복권을 사는 사람이 더 많은 복권을 사지 않으면 당첨 기회를 증가시킬 수 없다.

위험과 수익의 비교에 의하면 복권추첨에서 대다수 고객은 예외 없이 지게 된다. 부자 아빠는 복권을 사는 사람과 그의 순자산 사이에는 반비례관계가 있다는 것을 알았다. 같은 30일 동안 백만장자가 아닌 사람들이 복권을 사는 비율은 매우 높다.

사람들은 "일주일에 단지 몇 달러의 돈쯤이야." 하고 계산한다. 하지만 이것은 단지 돈의 문제일 뿐만 아니라 시간의 문제이다. 만약 10분의 시간을 사용하여 복권 1장을 산다면, 줄을 서는 시간과 교통에 허비되는 시간까지 소비하게 된다. 당신이 매주 복권 1장을 산다면 이것은 사실상 매년 520분의 시간을 소비하고, 당첨될 가능성은 제로인 활동을 하는 것이다.

일반적으로 백만장자는 1시간 당 300달러를 벌어들인다. 520분은 8.7시간으로 환산할 수 있다. 이제 당신은 백만장자가 8.7시간을 허비하여 복권을 사는 일을 원하지 않는다는 것을 이해할 수 있을 것이다. 이 8.7시간은 더 유익한 일에 사용할 수 있다.

예를 들어 일을 하거나 새로운 기술을 배우거나 가족이나 친구와 모임을 갖는 것 등이다. 백만장자는 한 시간에 300달러를 벌 수 있다. 그러니 8.7시간은 2,600달러이며 20년간의 총액은 5만 2,000달러에 달할 것이다.

백만장자는 복권을 사는 데 허비하는 시간과 돈을 더욱 유익한 활동에 사용해야 한다는 것을 잘 안다.

대다수의 사람들은 많은 시간을 거의 이길 가능성이 없는 도박에

허비한다. 하지만 과연 이런 집착이 당신을 더 현명하고 발전 가능성
이 있는 사람으로 만들 수 있을까? 당신을 더 나은 기업가로 만들 수
있을까?

우수한 투자고문을 선택하라

대다수 백만장자들은 한 가지 공통점을 가지고 있다. 바로 투자 고문의 선택을 중요시한다는 것이다. 이 말은 백만장자들은 어느 때에 투자고문에게 가르침을 청해야 하는지, 어떻게 그들을 선택하는지를 안다는 것이다. 좋은 투자고문을 찾는 것과 자산의 증가 사이에는 명확한 정비례관계가 있다. 뛰어난 투자고문이 있으면 경제, 사업, 심지어는 개인의 결정에 있어서 여러 가지 위험을 줄일 수 있기 때문이다.

백만장자에게는 뛰어난 투자고문이 있다

투자 및 투자와 관련된 서비스영역에서 사기꾼들은 변호사를 매우 두려워한다. 몇 백만 달러의 자산을 가진 한 부자가 부자 아빠에게 다음과 같은 이야기를 한 적이 있다.

"그들은 감히 변호사를 속이지 못한다. 왜냐하면 변호사가 그들을 고소할지 모르기 때문이다."

담당자에게 전화를 걸어 당신이 고용하고 있는 변호사와 함께 가도 좋은지를 물어보라. 그는 분명히 엉큼한 속셈을 드러내게 될 것이다. 하지만 정직하고 새로운 견해를 가지고 있는 투자전문가들은 오히려 고객이 변호사를 동반하고 투자설명회에 참가하는 것을 환영할 것이다. 왜냐하면 변호사는 부자의 투자고문 팀의 구성원이기 때문이다.

대다수 백만장자는 한 명의 고문만 있는 것이 아니다. 보통 3명의 투자고문을 두고 있다. 그들은 대부분 믿을 수 있는 회계사와 변호사이다. 이러한 고문들은 부자를 도와 증권브로커와 투자기획자와 보험 대리인을 선택하고 감별해 준다. 고객이 회계사나 변호사와 같은 투자고문을 두고 있다면 증권브로커는 이 고객에게 어쩔 수 없이 좋은 서비스를 제공하게 될 것이다. 그렇지 않다면 좋은 투자 상품의 추천과 서비스를 제공할 리가 없다.

이 밖에도 안목이 높은 전문가는 종종 리스크가 높은 상품에 투자를 하는 고객을 많이 갖고 있다. 이 고객들 중 몇몇은 뛰어난 잠재능력을 가지고 있을 것이다. 그렇기 때문에 당신이 함께 동업할 유능한 투자자를 찾고자 한다면 이러한 인재를 고객으로 가진 최고의 전문가를 찾으면 된다.

믿을 수 있는 회계사와 변호사가 당신과 함께 오래도록 일할 수 있다면 얼마나 행복하겠는가? 백만장자 중에는 모든 일을 자기 스스로 처음부터 끝까지 처리하고 결정을 내릴 때에도 투자고문에게 도움을 구하지 않는 사람도 있다. 그러나 이것은 흔한 경우가 아니다. 모든 일을 자신이 도맡아 하면 실패를 초래할 수 있다. 다음은 부자 아빠가 알려주는 규칙이다.

(1) 거만해서는 안 된다. 회계사와 세무변호사 등 전문 투자고문의 가르침을 받아야 한다.

(2) 회계사와 변호사를 투자고문으로 초빙하여 장기적인 이익을 중시해야 한다. 모든 일을 스스로 도맡아 할 때처럼 단기적 이익만을 생각해서는 안 된다.

(3) 만약에 당신이 인재를 판단하는데 뛰어나지 않다면 이 방면에 능력을 가진 고문을 초빙해야 한다.

⁞ 누가 백만장자에게 충고할까?

당신은 재무자원을 분배하려고 할 때 매우 중요한 결정을 어떻게 내리는가? 사업이나 장사에서 중대한 변화를 도모할 때 당신은 어떠한 결정과정을 거치는가?

부자 아빠는 185명의 백만장자들에 대해서 부분적인 연구를 한 적이 있다. 응답자들은 최소한 500만 달러의 순자산을 보유하고 있는 부자들로 다음과 같은 네 가지 문제에 대해 답했다.

(1) 지난 12개월 동안 누가 당신에게 투자 건의를 해주었는가?

(2) 이러한 건의들은 당신이 투자목표를 달성하는데 어떤 작용을 하였는가?

(3) 지난 12개월 동안 누가 당신에게 기타 경제서비스를 제공하였는가?

(4) 당신은 이런 서비스제공자들로부터 어떤 수준의 서비스를 제공받았는가?

부자 아빠의 조사에 의하면 대다수 백만장자들은 회계사(71%)와 변호사(67%)를 투자고문으로 삼았다. 그중 75%의 백만장자가 회계사에게 받은 충고가 투자목표를 달성하는 데 매우 효과적이었다고 인정했다. 또한, 78%에 가까운 사람들이 변호사로부터 얻은 투자충고가 매우 유익했다고 인정했다. 절반(46%)에 가까운 사람들은 세무전문가로부터 충고를 받았으며 그 중 82%의 사람들은 이러한 건의가 매우 효과적이었다고 말했다.

재미있는 점은 단지 21%의 사람만이 증권브로커로부터 충고를 받았으며 그 중 대다수의 사람(62%)은 이러한 건의가 매우 효과적이었다고 인정하였다. 그들은 증권브로커로부터 충고보다 훨씬 더 많은 기타서비스를 제공받았다. 그리고 72%에 가까운 사람들은 증권브로커를 통해서 주식거래를 하였다. 또한 증권브로커회사로부터 제공받은 보고서를 읽거나 그것에 의지했다.

부자 아빠는 백만장자인 앨빈을 만났다. 그는 어떻게 증권브로커와 변호사를 고용했는지를 얘기했으며 많은 사람들이 그의 얘기에 동의했다. 증권브로커를 투자고문으로 하는 경우 어떠한 의견이 있는지 물었을 때, 이렇게 대답했다.

"음…… 별로 말해 줄게 없네요. 내가 증권브로커를 고용한 목적은 그가 나의 명령을 이행하도록 하는 것뿐이었으니까요. 나는 그가 결코 어떠한 정보를 제공해 줄 것이라고 기대하지는 않아요."

앨빈은 단지 브로커가 거래명령을 이행하기를 원하고 투자분석가와 기타 전문가가 쓴 연구보고서를 제공해 주기를 바란다. 이것은 바로 앨빈과 비슷한 경우의 많은 사람들이 인터넷을 통해서 투자정보를 얻고 거래를 하는 원인이다.

앨빈은 투자 방향을 바꾸기 전에 늘 대량의 연구보고서를 읽는다. 또한 그는 변호사나 회계사에게 물어서 참고로 한다.

앨빈은 자신의 소재지에 있는 최상급의 법률사무소에서 최상의 변호사를 고용할 수 있다고 믿는다. 그는 이 방법이 인재를 고용하는데 가장 효과적인 루트라고 생각한다. 그는 가장 영향력이 큰 법률사무소의 변호사를 고용하기를 원한다. 최고의 변호사사무소에 최고의 변호사가 있다고 믿기 때문이다. 최고의 변호사사무소에는 많은 전문가들이 있다. 앨빈은 각종 투자항목에 대해 알고 있는 전문가들이 필요했다.

앨빈은 1천 달러를 써서 세 시간 동안 믿을 만한 투자자문을 받았다. 그가 쓴 돈은 그가 얻은 이익과 비교해 볼 때 가치가 있는 것이었다.

자기 사업에 투자하라

⁝ 투자 – 상장회사의 주식인가, 자기 사업인가?

백만장자들은 현명하게 투자한다고 부자 아빠는 말한다. 그러나 모든 현명한 투자가 주식거래에 의해 이루어지는 것은 아니다.

대다수 백만장자들은 주식 투자만이 유일한 투자가 아니라고 당신에게 말할 것이다. "나는 내 사업에 투자한다.", "내가 사장이 된다.", "합리적 수익이 있는 경제위험을 원한다."고 말이다. 백만장자는 이 세 가지 요소가 차지하는 비율이 매우 크며 각각 26%, 29%, 29%라고 인정했다.

대다수 기업주와 창업자는 자기 사업에 투자하는 것을 특히 중요시한다. 87%의 백만장자들은 '자기 사업에 투자한다.'는 것을 매우 중요한 요소라고 인정했다. 이것과 뚜렷한 대조를 보이는 것은 단지 12%의 기업주들만이 '상장회사의 주식에 투자하는 것'을 중요한 요소라고 인정했다.

　백만장자들은 무엇 때문에 이처럼 자기 사업에 투자하는 것에 몰두하고 주식시장을 푸대접하는 것일까? 응답한 백만장자들의 매년 실수입은 60만 달러가 넘는다. 이러한 수입 대부분은 자기가 경영해서 벌어들이거나 혹은 회사의 경영자나 의사, 변호사로부터 나온 것이다.

　대다수의 백만장자들은 주식시장이 어떤 것인지 잘 알고 있다. 주식시장은 개인투자자가 통제할 수 있거나 영향을 미칠 수 있는 곳이 아니다. 그러나 대다수 백만장자들은 자신의 기업, 병원, 법률사무소에 대해서 비교적 큰 통제력과 영향력을 가지고 있다. 대다수 백만장자들은 모두 투자분산의 계책을 가지고 있다. 그들은 모든 달걀을 한 바구니에 담지 않는다.

⦂ 나의 사업

　만약에 당신이 매년 사업에서 몇 백만 달러를 벌어들일 수 있다면 당신은 시간과 정력을 어디에 쏟아 부을 것인가? 아마 백만장자들처럼 가장 큰 수익을 낼 수 있는 곳, 즉 당신의 사업에 투자할 것이다.

　당신은 주식시장과 상장회사의 주식에 투자하는 것에 대해 고려해 본 적이 있는가?

　가령 당신이 연수입 몇 백만 달러인 성공한 변호사라고 가정하자. 당신은 업무상 요구로 매주 60~80시간 일하는 것이 일상적인 일이 될 것이다. 그러나 당신의 서비스가 모두 돈을 벌 수 있다고 보장할 수 없다. 왜냐하면 모든 케이스와 대리인의 특성이 모두 다르기 때문이다. 그렇기 때문에 설령 작년에 300만 달러를 벌었다할지라도 당신이 내년에 더 열심히 일하지 않고서는 많은 돈을 벌어들일 수 없다.

만약에 당신의 서비스가 모두 돈을 벌 수 있다고 인정할 수 없다면 당신은 다른 방법을 취해야 할 것이다. 즉 당신이 벌어들인 돈을 얼마 정도 주식에 투자해야 한다. 당신은 이러한 투자를 통해 벌어들인 돈이 적어도 인플레이션 때문에 평가절하되지 않기를 바란다. 만약에 당신이 괜찮은 투자수익을 가질 수 있다면 그것은 더할 수 없이 좋다. 당신의 주식가치가 과거 몇 년 동안 30% 이익을 얻었다면 당신은 더 이상 성공한 변호사가 될 필요가 없고 전문적인 주식투자자로 직업을 바꿀 것이다.

하지만 당신은 이렇게 할 리가 없다. 거기에는 많은 원인들이 있다.

아마도 당신은 전문적인 주식거래는 진정한 사업이 아니라고 생각할 것이다. 진정한 사업은 반드시 고객과 소비자가 있어야 한다. 자신의 방에 앉아서 컴퓨터 스크린을 마주보는 것은 결코 수많은 충실한 고객을 만들 수 없을 것이다. 그것은 당신을 사람들이 동경하는 제왕으로 만들지 못할 것이다.

당신은 가장 큰 상장회사도 큰 실책을 할 수 있다는 것을 잘 안다. 또한 어느 성공한 사건 심리에 참여하여 상장회사로부터 수많은 돈을 회수했던 것을 잘 알고 있다.

만약 당신이 이와 같은 실수를 한다면 당신은 가산을 탕진하게 될 것이다. 당신의 일이 큰 회사보다 더 많은 효과와 이익을 얻을 수 있다는 것과 당신 회사의 매출 및 평균수입은 모두 평균이익의 두 배를 초과한다는 것을 알고 있다. 이 밖에 당신은 최근 주식시장의 고수익은, 주식시장의 급속한 팽창으로 인위적으로 만들어진 것이라는 것을 알고 있다.

그렇기 때문에 당신은 주식시장의 유혹을 받지 않고 계속해서 변호사업무를 할 것이며 전문 주식투자가가 되지는 않을 것이다.

그러나 만약에 당신이 기업주이거나, 총책임자이거나, 혹은 자수성가한 의사나 변호사라면 당신은 자신의 운명을 만들어 나갈 수 있을 것이다. 한 백만장자는 다음과 같이 말했다.

"나는 작은 회사를 가지고 있다. 나는 권력과 통제력을 느꼈다. 우리는 우리가 무엇을 해야 할지를 안다. 우리는 결정을 내린다. 그리고 여기서 권력을 느낀다. 나는 매우 이성적이다. 내가 목욕탕에 가면 우리는 목욕을 하면서 이사회 회의를 한다. 나의 의견과 같지 않은 사람들은 사퇴할 수 있다…… 간단하다, 매우 민주적이다."

대다수 백만장자들은 자기 돈을 자기 사업에 투자하기를 원한다. 그리고 다른 사람의 사업 즉, 각종 상장주식회사에 투자하기를 원치 않는다. 백만장자들은 자기 사업은 통제할 수 있지만 상장회사를 통제하거나 지배할 수는 없다. 그들의 가격은 단지 주식시장에 의해 결정되어지기 때문이다.

대다수 백만장자들은 자신이 비교적 특수한 유형의 사업을 운영할 수 있는 능력을 가지고 있다고 말할 것이다. 이러한 '특수 유형'은 매우 중요하다. 성공한 모험가들은 시장에서 사람을 선택하는 데 뛰어난 능력이 있다. 그들은 타인이 하지 않는 일을 하거나 적어도 거의 경쟁상대가 없는 영역에서 일한다.

대다수 경제적 위험을 무릅쓰는 사람들은 다른 사람의 사업에 투자해서 수익을 얻는 것은 매우 긴 시간이 필요하다고 말한다. 그들의 철학은 '나 자신을 위해서 일하는 것이 가장 좋은 선택'이라는 것이다.

그렇지 않으면 그들은 타인의 지배를 받게 될 것이며 타인의 경제목표에 의해 좌지우지될 것이다.

⋮ 끊임없이 자기를 초월하라

1855년 존 데이비슨 록펠러는 여러 곳에서 바쁘게 일자리를 찾고 있었다. 3주가 지나서야 클리블랜드의 한 회사에서 그를 고용했다. 3년 후, 록펠러의 연봉은 600달러나 올랐다.

"이렇게 일을 하는데 겨우 600달러란 말인가? 내가 마땅히 받아야 할 돈은 이 금액보다 훨씬 더 많아야 되는데……."

그는 매일 마음속으로 이런 생각을 하고 있었다. 그는 다른 사람에게 착취를 당하거나 자신의 재능을 썩히고 싶지 않았다. 그는 사장에게 200달러를 더 올려달라고 요구했고 거절당했다. 록펠러는 당시 젊은 사람들이 생각하기에 대우가 좋은 그 직장을 그만두었다.

"나는 스스로 회사를 열어 사장이 될 것이다."

록펠러는 자기 약속을 지켰다. 그는 자기보다 12살이나 많은 영국 이민자인 모리스 클라크(Moris Clark)를 사귀게 되었다. 클라크는 이 젊은이를 매우 신뢰하였으며, 자기가 회사에서 일할 때 많은 돈을 벌 수 있었던 여러 가지 비결을 록펠러에게 전수해 주었다. 두 사람은 결국 동업해서 회사를 세웠다.

나폴레옹은 "총사령관이 되고 싶지 않은 사병은 훌륭한 사병이 아니다."라고 말했다.

사람들은 모두 자기 과거를 벗어나 보다 나은 생활을 꿈꾸며 성공할 수 있기를 원한다. 그렇기 때문에 현재 어떻게 자신을 바꿀 수 있는지, 어떻게 위기를 극복할 수 있는지에 대해 깊이 생각해 본다. 이렇게 함으로써 사람들은 자아를 초월하는 최종목표에 다다를 수 있다.

사실 우리에게 초월은 바로 시간, 자아, 타인을 초월하는 것이다. 이를 통해 자아를 변화시켜 인생가치를 실현하는 것이다. 자아의 변화와 초월은 상호 긴밀하게 연결되어 있으며 순환되는 것이다. 자아의 변화는 초월을 가져오고, 초월함과 동시에 자신에게 큰 변화를 얻을 수 있도록 해준다.

사람은 사회의 한 개체로서 모두 초월 의식을 가지고 있다. 자신의 상대를 초월하고 경쟁에서 승리를 얻는 것은 일종의 내면의식이다. 또한, 초월 의식은 자신이 남보다 못한 것에 대한 두려움의 심리이기도 하다. 이와 같은 심리는 자신을 다른 사람보다 뛰어나게 하기 위한 행동으로 바뀐다. 이때의 초월은 노력으로써 다른 사람을 초월한 결과라고 볼 수 있다.

이런 의미에서 볼 때 초월은 일종의 심리활동의 과정일 뿐만 아니라 동시에 '사회화'의 과정이다. 마음을 초월하는 것은 종종 무의식적이고 자신도 모르는 사이에 초월하게 되는 힘이며, 충동의 자연스러운 표출이다. 반면에 초월의 행위나 그 과정은 의식적인 것이며 또한 동기를 각종 구체적인 행동으로 바꾸는 것이다.

앤드류 카네기(Carnegie Andrew)는 우리들에게 초월의 단계를 제시했다.

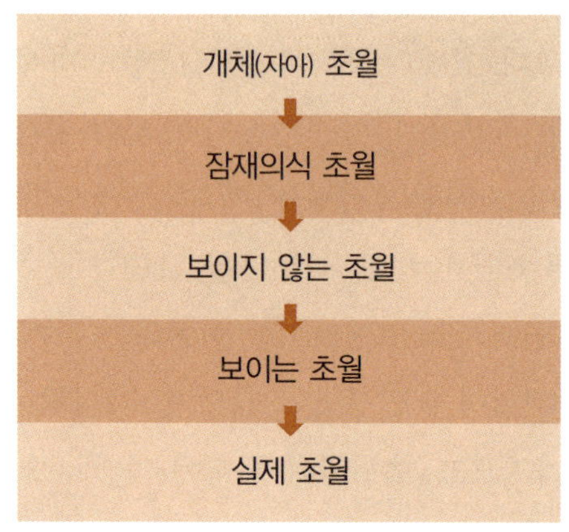

이러한 단계에서 초월은 사실상 드러나지 않는 초월에서 드러나는 초월로 이동하는 과정이다. 이것은 내부에서 외부로, 약함에서 강함으로, 허에서 실로의 과정임을 쉽게 알 수 있다.

'초월'과 '경쟁'은 쌍둥이형제이다. 경쟁은 바로 승리를 쟁탈하는 것이다. 경쟁은 초월과 마찬가지로 하나의 과정이다. 경쟁은 초월을 실현하기 위한 필연적 수단이다. 사람들은 '초월'과 '경쟁'으로 인해 남보다 뒤지지 않으려는 욕망을 갖게 되고 자신의 심리, 업무, 생활의 리듬이 빨라지게 된다.

사람들은 경쟁에 참여함으로써 초월을 실현한다. 그 원동력은 다양하다. 어떤 것은 좋은 직업을 구하기 위해서, 어떤 것은 명성을 얻기 위해서, 또 어떤 것은 더 나은 물질을 향유하기 위해서이다.

축구스타와 대통령, 그들이 하는 일은 같지 않다. 원하는 성과도 같지 않다. 그러나 실질을 논의해 보면, 모두 자기 삶의 의미와 가치를 충분히 실현시키기 위해 초월의 경지에 다다른다.

초월은 자아의 부정이다. 동시에 자아의 재창조이다.

중국에 매우 유명한 '와신상담(臥薪嘗膽)'의 이야기가 있다. 월(越)

나라 왕이 오(吳)나라 왕에게 패했다. 월왕은 자나 깨나 그 치욕을 잊지 않고 십여 년의 시간을 들여 군대를 양성했다. 결국 오왕을 격퇴시키고 멸국의 치욕을 씻었다. 월왕은 실패 후에도 결코 의기소침하지 않았으며 실패자인 자아를 초월하고 성공자의 이미지를 창조해 냈다.

당신이 성공을 얻기 원한다면 반드시 먼저 자신을 이기고 변화시켜야 한다. 좋은 점은 높이 평가하고 나쁜 점은 과감히 비평하여 완전히 새로운 자아를 만들어냄으로써 초월의 목적에 도달해야 한다.

인간 관계를 중시하라

대다수 업무환경에서 의견대립과 격렬한 논쟁은 종종 피하기 어렵다. 업무충돌은 자연스러운 일이다. 만약 업무충돌이 독창적인 해결방안을 제시할 수 있다면 업무에 매우 유익한 것이며 한층 더 높은 만족감을 가져다 줄 것이다. 그러나 의견대립(현실적이든 상상이든지 간에)은 일단 서로의 감정을 상하게 하여 장기적인 인간관계에서 긴장과 불편함을 조성할 것이다. 이런 인간관계의 어려움이 해결되지 못하면 장기간 심적인 어려움을 겪게 되고 동료들과의 관계는 더욱 불편해질 것이다.

부자 아빠는 모든 인간관계의 충돌을 모두 다 해결할 수 없다는 것을 인정하라고 말한다. 이것은 매우 중요하다. 만약에 상대방과의 의견대립에 원칙성이 없다면 서로 일치하는 점은 취하고 의견이 다른 점은 잠시 보류하도록 한다. 충돌을 해결하기 위해서는 반드시 쌍방이 노력해야 효과가 나타난다. 다음의 두 가지를 주의하라.

(1) 당신의 책임은 한도가 있다. 만약에 당신이 방법을 모색해서 충돌을 해결하고자 할 때 상대방이 협력을 원하지 않으면 실패하게 된다. 하지만 당신은 책임을 다한 셈이다. 이 경우 당신은 충돌을 일으키거나 해결하지 못했기 때문에 자책하고 자신감을 잃어 버려서는 안된다.

(2) 만약에 충돌이 해결되지 못한다면 당신은 업무방면에서 다른 선택을 고려해 볼 수 있다. 예를 들어, 정식으로 다른 부서로 옮겨 줄 것을 요구하거나 혹은 최후의 방법으로 업무를 바꾸도록 요구할 수도 있다. 물론 어떠한 선택을 하느냐 하는 것은 여러 요인에 따라서 결정된다. 조직의 과정, 관계 규칙, 권력행사와 지도 방법, 성별과 개성 차이 등도 모두 인간관계의 형식과 관계 있다. 충돌발생의 원인도 이러한 요인 중에서 실마리를 찾을 수 있다.

업무충돌의 영향

업무환경에 긴장을 주는 요인은 여러 가지가 있다.

① 업무의 성질	지나치게 많거나 혹은, 지나치게 작은 업무량 등
② 개인의 업무지위	부서에서 책임의 크기 등
③ 조직구조상의 요인	의사소통의 결핍 등
④ 개인 사업의 발전전망	원대한 포부의 미실현이나 포기 등
⑤ 업무상에서 인간관계의 성질	상대방이 당신의 상사, 부하직원, 동료 혹은 고객, 환자 등의 관계

위에 제시한 5가지 요인은 좋지 않은 업무관계와 관련이 있다. 의사소통의 결핍, 지위의 부정확, 승진의 문제(가령 자기보다 못한 사람이 자기보다 승진이 빠르다) 등 이러한 것들은 모두 당신과 동료 사이의 충돌을 야기하거나 심화시킨다.

부정적 영향

여러 가지 유해한 충돌은 종종 업무환경에 부정적인 영향을 가져온다. 이것은 업무환경의 특징이다. 이러한 부정적 영향은 심신건강에 해를 끼치고, 자신감을 잃게 하거나, 자존심을 상하게 하는 것을 포함한다.

업무 중 인간관계 충돌의 부정적 영향은 분명히 개인과 조직 사이에 존재한다. 충돌은 조직의 모든 운영에 영향을 준다. 충돌이 긴장을 야기시키고 긴장은 또한 고객과 동료에게 무례를 범하게 할 수도 있다. 그러면 더 심한 충돌을 초래한다. 이렇게 된다면 객관적으로 일을 처리하기가 매우 힘들어지고 업무 책임을 다른 사람에게 전가하게 된다. 성공적인 충돌의 처리는 업무스트레스를 줄여주는 데 중요한 작용을 한다.

긍정적 영향

업무 중 충돌이 발생했을 때 유연하게 처리한다면 긍정적인 결과를 가져올 수 있다.

(1) 업무관계를 강화시킨다.

만약에 두 사람이 그들의 의견대립을 인식하고 의견대립의 발생원인을 알고, 더 나아가 의견대립에 대해 연구하고 토론하여 해결한다면 업무관계는 더욱 강화될 것이다.

(2) 신뢰가 증대된다.

만약 두 사람이 한 차례 업무충돌을 해결하고 서로의 의견대립이 잘 처리될 수 있다는 것을 알게 되면 더욱더 상대방을 신뢰하게 될 것이다.

(3) 자존심을 높여준다.

충돌을 해결하면 유익한 결과가 생기며 각자 서로의 자존심을 높여줄 것이다.

(4) 창조력과 업무효율을 높인다.

만약에 업무 충돌이 효과적으로 처리되어진다면 그 충돌은 창조성의 필요조건이라고 할 수 있다. 서로 다른 취향과 관점을 지닌 사람들 사이에서 토론하고, 탐색하는 것은 업무효율을 높일 수 있는 방법이 된다.

(5) 업무의 만족감을 얻는다.

몇몇 사람들은 일정한 한도의 자극이 필요하다고 생각한다. 자신을 정신적 긴장과 이완이 교체하는 상태에 두면 일을 잘 할 수 있을 뿐만 아니라 업무에 만족감도 얻을 수 있다고 여긴다. 어떤 사람은 심지어 충돌 상황에서 흥미와 호기심을 자극하여 개인의 재능을 충분히 발휘하게 하고, 충돌을 이상적인 테스트수단으로 삼아 개인의 능력을 평가할 수 있다고 주장한다.

단, 충돌은 일정한 한도 내에서 규제를 받아야 비로소 위에 서술한 여러 가지 긍정적인 영향을 가져올 수 있다. 이 밖에도 충돌의 성질과 충돌의 해결은 기타 요인, 이를테면 업무관계에서의 지위, 충돌과 관련된 일에 대한 견해와 해석 등의 영향을 받는다.

: 왜 충돌이 일어나는가?

충돌이 발생할 것인지 혹은 업무관계가 조화롭고 화목하게 될지의 여부를 결정하는 요인에는 여러 가지가 있다. 고려해야 할 문제는 다음과 같은 것들이 있다.

단체 특징

단체의 문제에 있어서 연구원들에게 흥미를 유발시키는 것이 있다. 그것은 바로 '집단의 단결력(응집력)'에 대한 관점이다. 이것은 집단 구성원의 귀속감이나 동질감을 가리킨다.

활동방식이 고정적이고 장기적인 집단은 그 단결력이 매우 강하다. 일반적으로 집단의 단결력이 강화될수록 그 구성원들의 집단규범에 대한 동질감의 수준도 점차 높아진다.

집단의 단결력은 확실히 긍정적인 면을 가지고 있다. 이 방면의 연구에 따르면 단결력을 가진 집단에서 사람들은 만족감을 얻는다고 한다. 집단의 단결력은 그 집단의 구성원들 사이에 긍정적인 역할을 할 뿐만 아니라 동시에 다른 집단의 구성원에게 부정적인 영향을 줄 수 있다.

부자 아빠는 집단의 단결력에 영향을 주는 몇 가지 요소를 찾아냈다. 그 중 하나는 '외부로부터의 위협에 대한 예감'이다. 한 집단과 다른 집단이 경쟁하는 상황이라고 가정해 보자. 다른 집단의 구성원이 자신들의 고유한 규범에 대해서 위협을 가져온다고 여기게 될 때 집단 구성원간의 단결과 사기는 더욱더 강화될 것이며 또한 단체간의 적대감은 더욱더 커질 것이다.

불행하게도 집단 구성원간의 귀속감은 종종 신앙과 종족 혹은 성별이 다른 사람들을 배척하는 핑계거리로 사용되어진다. 이로 인해 배척되는 사람들은 정보를 얻을 수가 없고 승진할 수도 없으며 심지어 일자리를 찾을 수도 없다.

집단 구성원과 관련된 다른 하나의 요소는 '선입견'이다. 즉, 고유한 행동특징으로 자신이 어느 특별한 사회의 소집단에 속한다는 것을 나타내는 것을 가리킨다. 이런 관념은 종종 부정적인 요인을 감추고 있다. 자기를 '우두머리'로 간주하는 사회의 소집단(실제상황이 반드시 이와 같은 것은 아니다)들은 특히 자신들이 위협을 받았다고 여길 때 종종 선입견을 이용하여 자신들의 지위를 유지하려고 한다. 성별과 종족의 선입견은 폭력과 인종차별의 기본적인 사상이 되었다. 늙은 노동자와 젊은 노동자, 동성연애자, 장애인 등과 관련된 선입견은 부정적인 결과를 초래할 것이다.

관계의 규칙

모든 인간관계는 비공식적인 규칙의 제약을 받는다. 소위 말하는 규칙은 대다수 사람들이 어느 특정 환경에서 행동이 적절한지를 판단하는 기준을 말한다. 이러한 규칙은 사람의 행위를 인도하거나 조화롭게 할 뿐만 아니라 사람들을 도와 인간관계의 충돌이나 어려움이 나타나는 것을 방지할 수 있다. 다음의 여러 규칙유형은 모든 업무환경에 적용된다.

지지의 규칙 업무환경에서 가장 보편적인 지지형식은 실제상황에 대한 지지이다. 감정에 관련된 지지일 수도 있다. 동료관계의 지지방식은 이와 같다. 이러한 관계가 상사와 부하직원의 관계로 발전될 리는 없다. 전문가와 고객 혹은 환자와 의사의 관계도 대체로 이와 같고, 지지의 방식은 약간의 차이가 있다. 사람들은 동료에게 실제적인 도움을 줌으로써 업무를 완수한다고 여긴다. 예를 들어 동료가 결근하면 우리는 그를 대신하여 일을 한다. 우리는 부하직원이나 환자 혹은 고객들에게 의견을 제시하고 격려해 주거나 지도해 준다.

제3자와 관련된 규칙 사람들은 업무상의 관계는 사회를 벗어나서는 존재할 수 없다고 생각한다. 하지만 우리와 일상적으로 교제하지 않는 사람들도 우리에게 직접적인 중대한 영향을 미칠 수 있는 것이다. 그렇기 때문에 우리는 대중 앞에서 다른 사람을 비판해서는 안 되며 다른 사람과 비밀이 필요한 것을 논의해서도 안 된다. 사람들은 동료가 자리에 없을 때 마땅히 그들의 명예를 보호해야 된다고 여긴다.

업무규칙 교사와 학생, 의료 및 간호요원과 환자, 경찰과 대중의 관계를 막론하고 모두 어느 정도 구체적인 업무완수와 관련된 규칙의 제약을 받는다. 예를 들면 의사는 진찰과 치료 및 지시를 내려야 한다. 교사는 수업준비와 강의를 하고 숙제를 내주어야 한다. 투자고문은 고객의 의견을 경청하고 의견을 제시해야 한다. 전문서비스의 대상은 나름대로 업무규칙이 있다. 예를 들면 학생은 규정된 시간 내에 숙제를 제출해야 하고 환자나 고객은 상황을 보고해야 한다. 일반적으로 쌍방은 모두 업무규칙에 대해 공동의 이해가 있어야 하며 구체적인 업무는 전문가에 의해서 결정된다. 그러나 업무완수의 문제는 오해와 의견대립이 존재하는데 이것은 늘 발생하는 것이다. 가령 모든 업무관계가 비공식적인 업무규칙의 제약을 받는다고 하자. 이러한 규칙을 준수하는 것은 충동의 잠재적 근원을 제거할 수 있다는 것이다. 반대로 어느 규칙이 위배되었다는 것을 안다면 충돌의 원인을 찾을 수 있다. 대중 앞에서 동료를 비평하고 다른 사람의 사생활을 존중하지 않거나 비밀을 지킬 수가 없다면 업무관계에 어려움을 가져올 것이다.

마찬가지로 상사가 부하직원에게 정보를 주지 않거나 혹은 결정을 내릴 때 부하의 의견을 구하지 않는다거나 업무자가 동료와 협력하는 것을 거절하거나 고객 혹은 전문가가 상대방을 무시하는 등의 모든 상황들은 업무관계의 충돌을 야기할 수 있다.

성격충돌

사람들의 행동을 결정하는 요인은 내재적 성격특징과 객관적인 환경 혹은 사건을 포함한다. 부자 아빠는 업무환경에서 개인의 성격특징과 구체적인 업무환경 및 인간관계 등의 요소는 상호 영향을 미친다고 강조했다. 성격은 관리업무 및 기타 업무에 대해서 특히, 보건이나 교육업무에 있어서 매우 중요하며 이것은 융통성을 가리킨다. 즉 각종 상황에서 다른 요구에 대한 적응능력을 말한다. 명확한 규칙과 기준이 있는 업무들은 업무의 특성상 융통성에 대한 요구가 자연히 상대적으로 낮다.

특별한 직업에는 종종 비슷한 성격을 가진 사람들이 종사한다. 예를 들어 뜨거운 마음을 가진 사람은 의료에 종사하고 배짱 있는 사람들은 상업에 종사한다. 이렇게 생각하는 데는 다 이유가 있다. 어떤 성격유형을 지닌 사람들은 어떤 특수한 직업에 마음이 끌린다. 그들이 일단 이러한 직업에 종사하게 되면 다른 유형에 속한 동료들보다 더욱 큰 업무 만족감을 얻는다. 직업상담사들은 당연히 이러한 요소에 주의를 기울인다.

반대로 같은 업무환경에서 일하는 사람들이 천차만별인 경우도 있다. 어떤 사람은 성격상으로 당신과 공통점이 매우 작지만 당신은 그들을 좋아하고 그들과의 협력도 잘 이룬다. 또한 어떤 사람들은 교제하기가 매우 어렵기 때문에 그들과 함께 있으면 아주 사소한 작은 일 때문에 충돌이 일어날 수 있다. 정말로 인간관계는 복잡하다. 마치 일곱 색깔의 스펙트럼과 같다.

대다수 사람들에게 함께 일하기가 어렵다고 간주되어지는 사람은 많지 않다. 대다수 충돌은 일처리 방법이 같지 않은 두 사람 사이에서 발생한다. 예를 들면 업무방법에 융통성이 없는 사람은 융통성이 있는 사람과 함께 일하는 것이 어렵다. '눈에 띄는' 사람은 둔한 사람과 함께 일하는 것이 어렵다. 이러한 마찰의 발생은 의견이나 정보가 다르기 때문이거나 혹은 서로의 개인적인 습관을 좋아하지 않기 때문에 일어날 것이다. 그러나 당신이 적당한 관계규칙을 준수하고 그들에게 예의로써 대한다면 좋아하지 않는 사람과도 함께 일할 수 있다.

세일즈맨의 특기

부자 아빠는 오늘날 사람들과 화목하게 지낼 수 있는 능력은 미래의 지도자가 될 수 있는 기초라고 말한다. 지도자는 경제적으로 성공한 사람일 것이다. 그러나 지도자가 되려고 한다면 당신은 반드시 자신의 사상, 행동계획, 제품과 서비스를 판매할 수 있는 능력을 갖추어야 한다.

지난 20여 년 동안 부자 아빠는 빌리 길모어와 친구 사이였으며 때때로 협력하기도 했다. 최근 대형 주식회사의 부회장과 국내 판매 책임자가 부자 아빠에게 찾아와 다음 토요일 오전에 댈러스에서 백 명의 고위 전문가들을 위해서 세미나를 해 줄 것을 부탁했다. 세미나는 상황분석과 설명을 필요로 했기 때문에 부자 아빠는 빌리에게 전화를 걸어 참가해 달라고 부탁했다. 빌리는 마침 본사가 댈러스에 있는 J. C. 페니 상사에서 여성운동복과 블루진을 판매하고 있었다. 부자 아빠는 그가 토요일에 자신을 도와서 세미나 시간 동안 상황분석과 설명을 해주기를 원했다. 빌리는 흔쾌히 승낙했다.

빌리는 부자 아빠에게 그 대형 주식회사의 국내 판매 책임자의 이름과 연락방법을 물어서 그의 비서에게 전화를 걸어 구체적인 세미나 장소와 일정을 알아냈다. 그리고 아울러 비서에게 몇 가지 재미있는 문제를 물어보았다.

"저, 헤르만씨의 부인은 블루진을 입습니까?"

"저는 그럴 거라고 생각해요."

"그럼 혹시, 헤르만씨 부인의 청바지치수를 아세요?"

"제가 입는 것과 마찬가지로 큰 치수인 10호예요. 10호는 좀 몸에 달라붙고 실제로 12호 정도 입어야 해요."

이윽고 세미나가 시작되는 날 아침, 그 국내 판매 책임자는 부자 아빠를 보자마자 이런 말을 하기 시작했다.

"세상에! 내 아내가 블루진을 좋아하다니. 그녀는 어떻게 당신에게 감사해야 할지 모르고 있어요. 토요일마다 얻은 블루진들을 매우 만족해하고 있어요. 바지들은 아내에게 아주 잘 어울립니다."

부자 아빠는 그가 말하는 것이 무슨 뜻인지 몰랐다. 바로 이때 부자 아빠는 빌리를 보았다. 빌리는 얼굴에 웃음이 가득했다. 부자 아빠는 모든 것을 깨달았다. 빌리는 자신의 '피셔스톤 메이커' 청바지를 이용하여 부자 아빠를 다시 한번 놀라게 한 것이다. 그는 어떻게 하면 사람들과 화목하게 지낼 수 있는지를 보여주었다. 이것으로 빌리는 헤르만에게 많은 열의를 불러일으켰다. 그날의 세미나는 큰 성공을 거둘 수 있었다.

빌리는 헤르만 부인의 청바지 치수를 알아낸 뒤 경험이 많은 여재봉사를 시켜 12벌의 청바지를 만들었다. 우수한 품질은 물론이고 그 모든 청바지 안에는 '8호'라고 표시된 라벨이 붙어 있었다.

빌리 길모어는 사람들의 수요에 관심을 가진다. 이러한 관심은 어떻게 형성되는 것일까? 부자 아빠는 그에게 이런 문제를 물어보았다. 그러자 자기 어머니가 해준 말을 들려 주었다.

“나는 단지 내 자신이 어리석다는 것을 안다.”

이 말을 바꾸어 말하면 항상 다른 사람의 수요와 흥미에 관심을 가져야 한다는 것이다.

빌리의 아버지는 전문 세일즈맨이었다. 빌리가 어렸을 때 아버지는 늘 그를 데리고 다니며 판매를 하였다. 그는 전화로 작은 도시의 학교에 통학버스를 팔았다. 매번 전화하기 전에 아버지는 왜 통학버스 구입 결정을 내릴 수 있는 사람을 중시해야 하는지, 그의 흥미와 배경을 왜 중요시해야 하는지를 설명해 주었다. 빌리의 아버지는 일류 세일즈맨이었으며 좋은 스승이자 유익한 친구였다. 그는 아버지처럼 기본적인 판매법칙을 믿고 실천하였다.

지도자의 지도자가 되어라

지도자의 재능

작은 승리는 남의 도움을 받지 않고 혼자서 얻을 수 있다. 그러나 최후의 위대한 승리는 혼자서는 얻을 수 없는 것이다. 이러한 승리를 얻기 위해서는 반드시 다른 사람의 참여가 필요하다. 당신이 다른 사람들과 함께 어떠한 목표에 도달하기 위해서 일을 시작할 때 당신은 지도자의 대열에 들어설 수 있을 것이다. 일의 성패는 오로지 지도자의 역량에 달려 있다.

그렇다면 지도자의 재능은 도대체 무엇인가?

나폴레온 힐(Napoleon Hill)은 "지도자의 재능은 바로 이상을 현실로 바꿀 수 있는 능력이다."라고 말했다. 넓은 의미에서 이것은 옳은 말이다. 한 지도자는 확실히 이상을 현실로 바꿀 수 있다. 그러나 반드시 다른 사람의 참여가 필요하다. 지도자는 자신의 노력과 다른 사람의 노력을 통해 이상을 실현시킨다. 추종자들도 없으면서 스스로 자신을 지도자라고 생각하는 것은 공상에 불과하다.

많은 사람들은 지도자가 지위나 혹은 직함으로부터 저절로 얻은 권력이라고 여긴다. 즉, 사장은 지위가 있기 때문에 지도자가 될 수 있으며, 책임자는 직함이 있기 때문에 지도자가 될 수 있다고 여긴다. 그러나 그것은 지도자가 가진 재능의 진정한 본질이 아니다. 단지 자신이 처한 좁은 범위 내에서 다른 사람을 지휘하는 사람은 진정한 지도자라고 할 수 없다.

존 화이트(John White)는 "사람들이 믿고 따르는 것은 어떤 위대한 계획이 아니라 그들을 격려해 주는 지도자이다."라고 말했다.

지도자의 재능은 바로 '영향력'이다. 성공한 지도자는 다른 사람에게 영향을 줄 수 있으며 다른 사람이 자신을 따르게 할 수 있다. 그는 다른 사람을 참여시켜 함께 일을 할 수 있다. 그는 주위 사람들이 자기에게 협력하여 이상과 목표 및 성과를 향해 매진할 수 있도록 격려하고, 그들에게 성공할 수 있는 힘을 준다. 지도자의 능력은 한 개인의 개성과 통찰력에 있다.

지도자의 재능에 대한 연구 전문가인 프레드 스미스(Fred Smith)는 이렇게 말했다.

"지도자는 대오의 선두에서 행동한다. 지도자들은 자기가 제시한 기준에 따라 자신을 평가하고 다른 사람이 이러한 기준에 따라 그들을 평가해 주기를 원한다."

최고의 지도자는 바로 부단히 성장 발전하며 배울 수 있는 사람이다. 그들은 지도자로서의 대가를 지불하기를 원한다. 끊임없이 자기 역량과 시야를 넓히며 자기 능력을 증진시키고, 잠재능력을 발휘하기 위해서 여러 가지 희생을 치른다. 그들은 스스로의 노력으로 다른 사람이 자신을 존경하도록 만든다. 좋은 인품을 지닌 사람은 신뢰할 수 있는 사람이며, 존경을 받지 못하는 사람들보다 성공한 지도자가 될 가능성이 매우 높다. 그러나 단지 좋은 인품만으로는 지도자가 될 수 없다. 이러한 인품은 반드시 적극적으로 사람들과 교류할 수 있는 능력과 결합되어야 한다.

지도자는 반드시 다른 사람과 좋은 관계를 수립해야 한다. 사람을 배려하고 대화를 통해 다른 사람의 적극성을 유발하는 방법을 배워야 한다. 뚜렷한 개성과 이상, 다른 사람과의 의사소통, 다른 사람의 적극성을 유발시키는 능력은 지도자의 재능을 형성하는 기본요소이다.

⋮ 권력을 지닌 사람의 이미지를 만들어라

부자 아빠는 "배우가 노력하는 진정한 목표는 연극 자체에 있는 것이 아니라 연기에 있다."라고 말한다. 그럴 듯하게 보이는 것만으로는 부족하고 진짜처럼 연기해야 한다는 것이다. 보스를 연기하려면 보스처럼 연기해야 한다. 권력을 지닌 사람을 연기하는 것은 재경아이큐를 증가시킬 뿐만 아니라 당신에게 더 많은 권력을 얻을 수 있게 할 것이다.

거리감은 궁금증을 불러일으킨다. 궁금증은 권력을 발생시킨다. 군주는 쉽게 외부사람을 접견하지 않는다. 신비감을 유지하기 위해서이다. 부자 아빠는 자신을 위해서 일종의 신비감을 만들어내야 한다고 말한다. 신비감은 다음과 같은 영향을 준다.

(1) 흥미를 유발시킨다.

(2) 다른 사람에게 쉽게 지배당하는 것을 피할 수 있게 해준다.

(3) 다른 사람이 당신을 존경하게끔 만든다.

(4) 사람들에게 경외감을 불러일으킨다.

생각이 없는 사람은 지배당하기가 쉽다. 서로 너무 친하면 함부로 대할 수 있다. 그러나 생각이 있는 사람은 이러한 일을 어떻게 방지할지를 잘 안다.

당신이 어떻게 반응할지를 알지 못한다면 그들은 매우 조심스럽게 대하고 당신을 존중할 것이다. 또한 당신을 이용하려고 시도하지 않을 것이다.

사교활동은 조심하고 절제가 있어야 한다. 만약에 당신이 어떤 장소에서 부주의하여 술에 취하거나 비밀을 누설하거나 행동거지가 부적절하다면 신비감은 곧 없어져 버릴 것이다. 만약에 당신이 깊은 인상을 남기고 싶다면, 가장 좋은 퇴장시간은 당신이 떠나고 싶어 하기 바로 전이다.

먹는 모양에도 주의를 해야 한다. 다른 사람들에게 점심시간에 쇼핑하면서 음식을 먹는 모습을 보이게 되면 평범한 인상을 남긴다. 입 안 가득 만두를 물고서 엘리베이터를 나오는 투자자가 가난한 아빠의 인상을 주는 것은 어쩔 수 없는 일이다.

어떤 사람은 보기에 그가 어떤 사람인지를 추측할 수 없게 하지만 실제로 그 사람들은 자기 나름대로의 원칙을 갖고 일을 하는 사람들이다. 이러한 사람들은 일부러 이렇게 보이지만 속으로 계획을 다 세우고 있다.

권위의 본질은 한 마디로 '권위를 사용하거나 권위를 포기하는 것'이라고 말할 수 있다.

"당신이 굴복하고 싶다면 얼마든지 굴복하라. 그러나 나는 그렇게 하지 않을 것이다."

부자 아빠는 우유부단한 것보다 더 무서운 것은 없다고 말한다. 지도자의 역할을 하는데 가장 중요한 요소는 결단력이 있다는 명성을 얻는 것이다. 당신은 신중해야 하고 어린아이처럼 굴어서는 안 된다. 혹은 지나친 열정과 격정을 드러내어서도 안 된다. 이러한 것들은 모두 이미지를 훼손시킬 수 있다.

새로운 환경은 당신의 행동을 바꾸기 좋은 기회이다. 낯선 사람에 대해 권위를 나타내는 것은 당신을 잘 아는 사람보다 더욱 쉽다. 새로운 환경에서 심리적 우세를 보여준다면 다른 사람은 당신에 대해 두려움과 신비감을 가지게 될 것이다. 이러한 우세를 잘 이용하라.

"먼저 큰 소리를 쳐서 남의 기세를 꺾는다."는 말은 한 마디로 정곡을 찌르는 말이다. 주먹을 펴는 것은 주먹을 꽉 쥐는 것보다 쉽다. 처음부터 자신을 억제해야 한다. 지나치게 우호적인 것처럼 행동해서는 안 된다. 첫인상은 사람들에게 오래 기억된다.

사람마다 모두 자기 외모에 대해 불만을 가지고 있다. 몸매가 좋지 않다, 너무 뚱뚱하다, 말을 더듬는다, 사팔뜨기이다 등등 이러한 문제를 해결하는 것은 감추든지 아니면 그것을 극복하는 것이다. 그러나 어려운 점은 이렇게 하는 것이 종종 정반대의 결과를 가져올 수도 있다는 점이다.

다른 한 방법은 바로 자신의 결점을 오히려 드러내는 것이다. 진정한 결점은 당신이 결점을 두려워하는 것이다. 당신이 결점을 제어할 수 있다면 더 이상 두려워할 것이 없게 된다. 이러한 방법은 결점을 장점으로 바꿀 수도 있다. 뚱뚱한 것은 편안함과 신뢰감을 표현해 줄 수 있다. 건망증은 작은 일에 구애받지 않는 것으로 해석될 수도 있다. 동작이 굼뜬 사람은 자신을 침착한 사람으로 표현할 수 있다.

⠿ 좋은 스승과 유익한 친구를 두어라

성공한 사람들은 모두 좋은 스승과 유익한 친구가 있다고 부자 아빠는 생각한다. 그들은 당신의 친척이나, 친구 혹은 스승이거나 당신과 상관없는 사람, 심지어 한 권의 책이 될 수도 있다.

만약 당신이 거주지의 특성에 따라서 사람의 인품을 판단한다고 하면 당신의 방법은 어느 정도 인정 받을 것이다. 어떤 거주지의 대학 졸업생의 비율은 다른 거주지보다 더 높다. 어떤 거주지의 범죄율은 다른 거주지보다 훨씬 높다.

일반적으로 미국에서 사회적 경제적 지위가 높은 사람들은 늘 함께 모여 산다. 백만장자들이 밀집한 거주지를 선택해서 백만장자를 찾는 것은 가장 효과적인 방법이다.

당신이 어린시절 친구와 함께 있을 때 얼마나 즐거웠는지를 기억해 보라. 친구와 진흙놀이를 하거나 그네를 타는 데는 결코 돈이 필요하지 않았다. 백만장자들 또한 많은 돈을 써서 친구를 접대할 리가 없다. 친구 몇 명을 초대해서 카드놀이를 하거나 식사를 하는데 얼마의 돈을 써야 하는가? 그리 많지 않을 것이다. 중요한 점은 당신이 관심을 가진 사람과 교류를 한다는 것이다.

대다수의 젊은이들은 삶의 즐거움이 돈을 쓰는데 달려 있다고 여긴다. 사람들을 즐겁게 하는 것이 이미 많은 고급상품과 마케팅의 도구가 되었다. 당신이 정말 50,000달러의 요트를 사야지만 가장 친한 친구와 함께 나가서 놀 수 있을까? 스노우 카가 없다면 당신은 살아갈 재미가 없다고 여기는가? 디즈니랜드에 가서 얼마의 돈을 써야지만 즐거움을 얻을 수 있을까? 스키장에 작은 콘도를 가지고 있지 않다면 당신은 친구를 사귈 수 없거나 친구와의 우정을 유지할 수 없을까?

좋은 친구는 당신을 좋아하고 당신과 함께 있는 것을 원한다. 당신이 고급상품을 가지고 있기 때문이 아니다. 젊은 사람들에게 백만장자가 이런 고급상품에 의지해서 생활하는 것이 아니라는 것을 알게 하는 것은 매우 중요하다. 그들의 즐거움과 만족은 대부분 가정, 친구, 종교, 경제자립, 건강 그리고 골프와 관계 있을 것이다.

우리는 다른 각도에서 이 문제를 볼 수 있다. 몇 백만 달러의 고급상품을 가지고 있지만 친한 벗이나 화목한 가정이 없는 것보다 더 불쌍한 일은 없다. 이와 같은 백만장자는 매우 적다.

한 백만장자가 부자 아빠에게 말해 주었다. 그는 딸이 속한 소프트볼 팀을 위해서 몇 년간 코치를 맡았다. 이 기간 동안 그는 많은 성공한 기업가 신분의 학부모를 만났다. 이것은 그가 처음부터 예측하지 못한 점이지만 몇몇 사람들은 후에 그의 고객이 되었다.

이처럼 부동산마케팅을 하거나 법률서비스를 제공해 주는 것과 상관없이 기타 성공한 사람들과 교류한다는 것은 당신에게 많은 이익을 줄 것이다.

⁝ 진실하게 모든 사람을 대하라

부자 아빠는 정직이야말로 성공을 설명하는 중요한 요소이라고 말한다. '진실하게 모든 사람을 대한다.' 라는 것은 대다수 백만장자들에게 매우 중요한 말이다.

이러한 요소는 타인의 재산과 금융을 경영하는 사람에게 매우 중요한 것이다. 정직은 이러한 업종에서 성공할 수 있는 중요한 요소이기 때문이다. 대다수 백만장자들은 정직과 진실하게 모든 사람을 대하는 것을 성공의 중요한 요소라고 생각한다. 유감스럽게도 현재 신문이나 방송에서는 고위층인사들의 정직성 결여에 관한 뉴스가 비일비재하다.

정직은 인생에 있어 특수한 교육과정이다. 그것이 성공과 실패를 결정짓는다. 대다수 백만장자들은 당신이 정직하지 못하다면 성공하지 못할 것이라고 말할 것이다. 유망한 젊은 기업주나 막 개업한 의사가 그들의 고객이나 환자를 기만한다면 결과가 어떻게 될까? 그들은 정직하지 못했기 때문에 실패할 것이다. 정직하지 않으면 성공할 수 없다.

정직한 성품을 지닌 사람은 옳고 그름의 차이에 대해 잘 알고 있다. 진실과 허구의 차이에 대해서도 잘 안다. 조사에 따르면 경제적으로 성공한 사람들은 정직에 대해서 매우 긍정적이다. 또한 정직을 자신의 성공요소로 간주한다.

존 발리(Jon Bali)는 성공한 부동산회사의 사장인 동시에 매우 정직한 사람이다. 그는 무에서 시작하여 자기 사업을 일으켰다. 그의 고객은 대다수 쇼핑센터의 사장들이다. 존의 회사는 고객의 재산을 관리하는 것을 책임지고, 임대료를 받아 사람을 고용해서 보수를 책임진다.

존은 보수가 필요할 때 좋은 상품과 서비스를 제공할 뿐만 아니라 가격경쟁력이 있는 전문가를 고용했다. 이것은 말은 쉽지만 그다지 간단한 일이 아니다. 그는 온갖 방법을 강구해서 위탁인이 최대의 이익을 얻을 수 있도록 했다. 그는 전문가의 선택과 배치과정에서 매번 서면으로 책임보증을 하게 했다.

정직에 따르는 명성은 존의 성공에 있어서 매우 중요한 요인이자 기초였다. 존의 아버지는 엔터테인먼트업계에서 재능이 뛰어난 성공한 기업가였다. 아버지는 늘 그에게 정직해야 한다고 말했다.

"절대로 거짓말을 해서는 안 된다. 한 번의 거짓말도 안 된다. 만약 네가 한 번 거짓말을 한다면 결국 너는 15번 거짓말을 더해서 처음에 한 거짓말을 감추려할 것이다."

'No' 라고 말해야 할 때 'Yes' 라고 말하지 마라

당신은 종종 "No!"라고 말하고 싶지만 결국엔 반대로 "Yes."라고 하지 않는가? 시험 삼아 하나의 습관을 길러보라. 대답하기 전에 우선 깊게 호흡을 하고 셋까지 센 뒤 상대방에게 대답한다. 이렇게 하면 당신이 'Yes' 라고 말하는 반사행위를 늦출 수 있고 몇 초의 시간을 벌어 어떻게 상대방의 말을 거절할 수 있을지 생각해 볼 수 있을 것이다.

영어에서 'No' 는 가장 짧은 단어이다. 당신이 가장 효과적으로 아니라고 말하는 데는 다음 세 가지 단계가 있다.

(1) 1단계 — 짧게 상대방의 요구를 다시 말함으로써 당신이 상대방의 요구를 확실하게 이해했음을 나타낸다.

(2) 2단계 — 예의를 갖추고 간단하게 거절한다. 예를 들어 "미안합니다. 도와드릴 수가 없군요."

(3) 3단계 — 상대방이 당신을 존중해 주는 것에 대해 감사한다. 예를 들어 "당신이 이렇게 저를 이해해 주셔서 감사합니다."

　당신이 상대방의 요구를 거절할 때 상대방은 낙담하게 된다. 이런 상황을 개선시키는 방법은 그에게 다른 해결방법을 제시해 주는 것이다. 예를 들어 '비록 X는 할 수 없지만 Y나 혹은 Z는 할 수 있다.' 라고 말이다.

　또한 당신이 'No' 라고 말할 때 거절하는 것은 일이지 사람이 아니다. 그렇기 때문에 당신은 반드시 진심을 다해 사람과 일을 구분해야 한다. 예를 들어 "나는 당신을 위해 일을 할 수 없습니다."라고 말하는 것보다 차라리 간단하게 "나는 그 일을 할 수 없습니다."라고 말하는 편이 낫다.

　당신이 용감하게 아니라고 말하는 것은 당신의 권리이다. 상대방에게 죄책감을 느낄 필요가 없다.

　동료, 친구, 고객을 상대할 때 직면하는 가장 큰 문제는 그들이 당신에게 제시한 요구를 어떻게 거절하느냐 하는 것이다. 당신은 다른 사람들이 상심하는 것을 원하지 않을 것이다. '안 된다' 라고 말하는 것은 때때로 상대를 도와줄 수가 없다는 것을 나타낸다. 혹은 상대의 요구에 대해서 무감각해졌다는 것을 나타낸다. 그것이 현실 생활이다. 당신이 모든 것을 해결할 수는 없다.

　어떤 것이 가장 효과적으로 '안 된다' 라고 말하는 방법인지를 토론하기 전에 자기 자신이 대체로 '업무중시형' 에 속하는지, '인물중시형' 에 속하는지를 한 번 물어보아라. 만약 당신이 업무중시형이라면,

자기 주의력을 업무에 더욱 치중하는 것을 말한다. 즉, 업무와 관련된 인물에 중심을 두고 결정을 내리는 것이 아니다. 만약에 당신이 인물중시형이라면 상황은 이와 반대가 될 것이다.

명백한 것은 많은 상황에서 업무중시형에 속하는 사람이 안 된다고 말하는 것은 인물중시형의 사람이 안 된다고 말하는 것보다 더 쉽다. 다른 사람의 요청을 받았을 때 업무중시형은 자신에게 "내가 이 일을 해낼 능력이 있는가?" "내가 이 일을 하고 싶어 하는가?" 혹은 "내가 시간을 내어 이 일을 할 수 있겠는가?"라고 물어볼 것이다. 그러나 인물중시형은 "내가 이 사람에게 실망을 줄 수 있겠는가?"라고 물어볼 것이다.

어떠한 유형의 사람이 되는 것이 더 좋은가라는 질문은 잘못된 것이다. 가장 이상적인 방법은 바로 양자를 모두 갖춘 사람이다.

다음은 부자 아빠가 제시한 '안 된다'고 말할 때 주의해야 할 규칙이다. 이 규칙들은 인물중시형의 사람이든지 업무중시형의 사람이든지 간에 모두 도움이 될 것이다.

① Advice 업무에 대해서 부문별로 나누고 일의 순서를 정한다

당신의 생활이 매우 바쁠 때는 맨 처음에 배열된 업무만을 수행할 것을 결정한다. 생활이 그렇게 바쁘지 않을 때 당신은 맨 아래에 배열된 업무까지 모두 고려할 수 있다.

② Advice 업무 준비를 위해 얼마의 시간을 써야 할지를 결정한다

12개월 후에 완수할 업무를 맡았다면 현재의 상황에서는 괜찮아 보일 것이다. 그러나 시간이 가까워짐에 따라 사람들이 시간을 더 연장해 달라고 하는 것을 발견하게 된다. 또는 가치가 있고 더욱 광범위하며 동시에 이 업무와 서로 충돌되는 새로운 업무를 발견할 수도 있다. 어떤 사람들은 능력 있는 사람에게 그 일을 부탁했으면 더 쉽게 일을 처리할 수 있다고 여기게 된다. 그러나 사실은 그 반대이다. 만일 당신이 어떤 업무에 얼마의 시간을 투자할 수 있는지가 확실하지 않으면 예측할 수 있는 일만 맡아야 한다.

③ Advice 다른 사람에게 사전준비가 없다는 것을 보이지 않는다

우리는 종종 아무런 준비도 하지 않은 요구를 거절하기 어렵다. 당신은 수시로 이러한 일들을 수락할 준비를 해야 한다. 어떤 환경과 조건 하에서 당신은 필연적으로 이런 업무를 맡게 될지도 모른다. 이때 당신은 단호하면서 예의 있게 다른 사람의 요구를 거부할 수 있는 말들을 미리 준비해야 한다. 의문이 생기면 마땅히 생각할 시간을 얻어야 한다. 상대방이 당신에게 즉시 대답을 요구하는 것은 불공평한 것이다.

④ Advice 당신의 말에 미안한 감이 매우 짙다는 것을 다른 사람이 알게 하지 마라

지나친 사과는 당신에 대한 존경을 증가시켜 주지 않는다. 결단력 있게 당신이 해야 할 말을 한다는 점을 확실히 파악하고 있어야 한다. 만약에 당신의 생각이 바뀔 가능성이 있다고 여기게 되면 당신이 요구에 응할 때까지 상대방은 끊임없이 당신을 찾을 것이다.

 안 된다고 말했다고 해서 죄책감을 느끼지 마라

당신에게 충분한 이유가 있다면 당신은 타인의 요구를 거절할 권리가 있다. 만약 안 된다고 말하고 나서 마음이 편안하지 않다면 하찮은 요구일지라도 당신은 상대방의 계속되는 요구에 굴복할 것이다.

'안 된다'라고 표현할 때 가장 좋은 원칙은 반드시 유감을 표시하고 명확하고 예의가 있어야 하며 분명한 이유를 담고 있어야 한다는 것이다. 이 점은 매우 중요한 것이다. 이유를 말할 때는 결코 귀찮아서 '안된다'고 하는 것이 아니라는 것을 다른 사람이 이해할 수 있도록 해야 한다. 그래야만 다시 부탁하는 것을 피할 수 있다. 만약 당신이 현재 몹시 바쁘며 이 업무를 맡기에 적합한 사람이 아니라는 것을 명확하게 말하지 않는다면, 상대방은 계속해서 바쁘지 않은 시간에 이 일을 해달라고 부탁할 것이다. 이렇게 되면 거절하기가 더 어려워진다.

성공은 배우자의 지지를 필요로 한다

결혼의 경제적 이점

만약 배우자를 잘못 만났다면 당신은 하루하루 살아가는 것이 매우 고달프게 느껴질 것이다. 그러나 결혼생활이 원만하다면 당신의 인생은 더할 수 없이 풍요롭고 즐거울 것이다.

각종 연구는 모두 똑같이 결혼의 지속과 부의 축적 사이에는 현저한 상관관계가 있다는 것을 발견했다.

결혼생활이 어떻게 한 개인의 부의 수준에 영향을 미치게 될까? 월마츠(Willmarch)와 코셀(Cosel)의 연구에 따르면, 합법적인 결혼은 부의 축적을 촉진하는 특징을 가지고 있으며, 그 중 중요한 특징 중 하나는 결혼생활에서의 노동 분담이다. 또한 경제현상은 기혼부부의 가정에 긍정적인 효과가 크고 독신가정과는 인연이 없다.

결혼을 유지한 시간과 부의 수준 사이에는 매우 강한 상관성이 존재한다. 또한 이것은 미국의 각종 교육계층과 수입계층에 모두 성립된다.

공통의 흥미를 찾아서

공통의 흥미와 취미를 가진 부부는 일반적으로 이혼을 하지 않을 것이다. 결혼의 길고 짧음과 순자산 사이에는 일종의 상관관계가 존재한다. 그러나 공통의 흥미와 취미를 가지는 것만으로는 결코 막대한 부를 축적할 수 없다. 만약에 한 부부의 공통된 흥미가 자신들의 수입을 모두 다 써버리는 것이라면 영원히 경제적으로 독립하는 것은 불가능하다.

그렇기 때문에 중요한 것은 부부가 공통으로 가진 흥미와 취미의 유형이다. 부의 축적과 관계가 있는 공통의 흥미는 매우 중요하다. 그것은 가정예산계정, 계획과 투자, 재무목표설정, 한 회사를 소유하고 경영하는 것을 포함한다. 이런 분야에 공통의 흥미와 취미를 가진 부부는 백만장자가 될 가능성이 있다. 그들이 현명한 투자로 얻은 이윤으로 비싼 신형차를 구입한다면 정상적인 수입으로 구입하는 것보다 더욱 합리적일 것이다.

부자 아빠는 우연히 오랜 친구를 만났다. 그는 23,000달러로 한 척의 배를 샀다고 말했다. 배를 산 돈은 그가 주식회사에 투자하여 벌어들인 배당금이었다. 그는 결혼생활 12년째인 부인과 함께 배를 타는 것이 취미라고 했다. 그들은 함께 가정예산을 세우고 투자기회를 연구하고 장기적인 재무목표에 대해서 계획을 세우는 것을 좋아했다.

이 부부에게 있어 배를 타는 것은 사람을 유쾌하게 하는 일이다. 이것은 부의 축적으로 대신할 수 있는 것이 아니다. 사실상 이 배는 하나의 상이다. 그들은 부의 축적 목표가 초과했기 때문에 서로에게 상을 준 것이다.

백만장자와 결혼

부자아빠는 성공과 '배우자의 지지' 사이에는 밀접한 관계가 존재한다고 말한다. 배우자의 지지는 결코 우연이나 막연한 추측에 의해서 생긴 일이 아니다.

부자 아빠가 조사한 백만장자들 가운데 대부분의 남성(99%)과 여성(94%)은 배우자의 성실함이 가장 중요하다고 말했다. 96%의 남성과 92%의 여성은 자기 배우자는 '책임을 지는 사람'이라고 믿었다. 95%는 배우자가 '자상한 사람'이라고 여겼다. 대다수의 사람들은 배우자가 '유능하다'고 믿으며 또한 '지지를 해 줄 수 있는 사람'이라고 말했다. 이러한 인품은 모두 성공적인 결혼생활에 없어서는 안 될 요소이다.

다운씨는 자수성가한 기업가로 현재 몇 백만 달러의 자산을 보유하고 있다. 그는 부자 아빠에게 아내가 어떻게 자신을 지지해 주었는지, 얼마나 책임감이 강하고 유능한지를 소개해 주었다.

다운씨는 스무 살 때 아내에게 사업을 시작하는 것에 대한 견해를 물어보았다. 그는 우선 월급이 매우 높은 직장을 그만 두어야 했다. 다운씨는 그녀에게 회사 창립을 위한 자금모집에 대한 의견을 물었다.

“만약 우리가 모든 가산을 처분해야 한다면 어떡하지?”

아내는 “만약에 당신이 돈을 벌지 못하면 어떡해요?”라고 물었다. 그는 “그러면 다른 직장을 찾아야지.”라고 말했다. 그러자 그녀는 “좋아요.”라고 대답했다.

다운씨는 사업을 시작한 지 2년 뒤 투자에 실패했지만 그와 함께 일했던 아내는 그를 원망하지 않았다. 그 후 다운씨는 어쩔 수 없이 회사로 다시 돌아갔다. 5년 뒤 그는 아내의 축복과 격려에 힘입어 회사를 다시 그만두고 다른 사업을 시작했다. 이 사업은 1967년에 창립한 이래로 줄곧 성공을 거두었다. 그 이후 그는 세 개의 기업을 또 설립했다.

다운씨는 아내의 ‘유능과 책임감’을 어떻게 정의했을까? 그의 아내는 거의 모든 가사 일을 혼자서 도맡아 했을 뿐만 아니라 자발적으로 업무와 관련된 기술지식들을 공부하였다. 다운씨는 그가 창립한 5개의 기업 중에서 2개의 기업을 현재 아내가 매우 효율적으로 경영하고 있다고 자랑스럽게 얘기한다.

“우리는 결혼한 지 30년이 되었다. 나는 아내가 없었다면 어떻게 되었을지를 상상해 볼 수가 없다. 나는 고집불통으로 남의 의견을 듣지 않는다. 하지만 그녀는 침착한 성격이며 사람을 냉정할 수 있게 해주는 여성이다.”

다운씨와 그의 아내는 상대방의 인품을 이해하고 좋아한다. 또한 두 사람은 성공적인 결혼이 반드시 갖추어야 할 인품을 서로 갖추고 있다. 두 사람은 매우 성실하고 책임감이 있다. 뿐만 아니라 자상하고 유능하며 상호간에 지지를 해준다.

헨리 포드와 클라라

자동차 문화의 개척자인 헨리 포드는 디트로이트에서 증기기관이 아니라 기름을 연소하는 내연기관의 새로운 엔진을 보았다. 헨리는 세상이 변화하는 속도가 매우 빠르다고 느꼈다. 전등과 전화가 잇따라 세상에 나왔고 미국의 산업은 이미 빠른 속도로 성장하고 있었다. 철강생산량은 점점 증가하고 철로는 계속해서 연장되었고 석유정제 기술은 나날이 발전하였다. 특히 내연기관의 발명은 이미 의심할 여지없이 엔진상에서의 잠재력을 펼쳐 보였다. 이러한 시대적 배경에서 헨리는 현실을 고려하지 않고 실험을 하거나 수리를 하던 생활에 만족할 수 없게 되었다.

디트로이트에서 내연기관을 보고 돌아온 이후 헨리는 그 작고 정교한 기계를 충분히 응용할 수 있다고 생각했다. 그는 오르간을 치고 있던 아내 클라라에게 "나는 말이 필요없는 마차를 만들고 싶소."라고 말했다. 클라라는 깜짝 놀랐다. 그녀는 "정말로 그런 마차를 만들 수 있어요?"라고 물었다.

"물론 할 수 있어요. 종이를 가져와 봐요, 내가 당신에게 자세히 설명해 주겠소."

클라라는 오르간 위에서 한 장의 악보를 가져 왔고, 헨리는 설명을 하면서 그가 구상한 차를 악보의 뒷면에 그렸다. 클라라는 그것이 성공할 수 있다고 믿게 되었다. 그러나 헨리가 과거에 배웠던 것은 증기기관이었고 내연기관은 반드시 전기기관에 관한 지식을 갖추어야 했다. 가장 바람직한 방법은 디트로이트에서 전기방면의 직업을 찾는 것이었다. 에디슨 전등회사 디트로이트지점이 가장 적합했다. 헨리는 마음을 정하고 그곳에 가서 일자리를 얻으려고 했다.

이것은 그들이 디어본(Dearborn)을 떠나 이사를 가야 한다는 것을 의미했다. 헨리는 이러한 생각을 아내에게 말했다. 그녀는 매우 놀랐다. 클라라는 지금까지 한 번도 태어나서 자란 고향과 고향 사람들을 떠나야 한다고 생각해 본 적이 없었다. 그러나 이제 완전히 낯선 곳으로 가서 생활해야 했다. 그녀는 정말로 앞날이 어떻게 될지 알 수 없었다. 하지만 클라라는 헨리에 대한 무한한 믿음으로 디트로이트로 가는 것을 동의했다.

1891년 9월 그들은 고향과 이별하고 새로운 세계로 가게 되었다. 헨리 포드가 열정을 바친 몇 십 년간의 자동차 인생에서 아내의 신임과 지지는 줄곧 그의 무한한 원동력이었다.

링컨은 일찍이 <마태복음> 3장 25절을 인용하여 "분열된 가정은 번창할 수 없으며 가정 분열의 직접적인 원인은 부부관계에 있다."고 말했다. 당신의 성공과 밀접한 관계가 있는 요소 중 하나는 배우자의 지지라는 것을 반드시 기억하라.

효과적인 가정재무관리

부자 가정은 돈 관리를 잘한다

부자 아빠가 조사해 본 바에 따르면 사람들 고민의 70%는 모두 돈과 관련된 것이다. 이 조사에서 알 수 있듯이 많은 사람들은 수입이 10% 정도 늘어나면 모든 돈 문제가 해결될 거라고 생각한다. 그러나 사실은 그렇지 않다. 부자 아빠는 예전에 개인적으로 돈 문제에 빠져 있는 사람을 도와준 적이 있다. 하지만 대다수의 사람들은 수입이 더 늘어난다고 해서 그들의 돈 문제가 모두 해결되는 것은 아니다. 사실 수입이 늘어나면 돈 문제가 해결되는 것이 아니라 지출이 갑자기 늘어나고 머리는 더 아파진다.

"대다수 사람들의 고민은 그들이 충분히 돈을 벌지 못하는 것이 아니라 수중의 돈을 어떻게 효율적으로 분배해야 할지 모른다는 것이다."

이에 대해 부자 아빠는 다시 한번 돈 관리의 중요성을 강조한다. 돈을 쓸 때 당신은 사업을 하는 경영자라고 생각하라. 사실 돈을 어떻게 쓰든 그것은 당신의 개인적인 일이다. 다른 사람은 아무런 도움을 줄 수 없다. 그러나 당신이 재무관리를 잘 한다면 언젠가 부자가 되는 날이 올 것이다.

가정 재무관리의 목표

그러면 한 가정은 어떻게 합리적인 재무관리를 할 수 있을까? 일반적으로 재무관리는 다음 사항이 갖추어져야만 제대로 된 돈 관리라고 할 수 있다.

 **돈을 저축한다**

가정의 재산을 늘리려면 '수입을 늘리고 지출을 줄이는' 것이 정석이다. 돈 관리(재무)를 통해 수입을 늘리고, 돈 관리를 통해 불필요한 지출을 줄인다.

한 가정의 수입원은 다양하다. 월급, 이자, 원고료, 주식 배당금, 보너스, 임대료, 유산, 기부금 외에도 의외의 수입(복권 등)이 있다. 이 수입원은 노동수입(월급, 자본금, 부수입 등 일에서 버는 수입), 투자수입(채권에 투자해 얻는 이자수입, 부동산 임대 수입, 주식 배당금수입, 보너스 수입, 투자 양도 소득) 외에 기타 수입(기부금, 격려금, 복권) 등으로 구분해 볼 수 있다. 이 세 가지 수입원을 살펴보면, 노동수입이 가장 안정적이지만 쉽게 늘진 않는다. 기타 수입은 우연히 얻게 되는 것으로 운에 따르기 때문에 예측하기 힘들다. 투자수입만이 수입 증감에 있어 유동성을 가지고 있다. 투자방법을 알고 있고 그에 따라 투자하는 사람은 매우 큰 소득을 얻게 된다. 투자 관리나 방법이 허술한 사람은 아주 작은 이익만 얻을 수 있다.

가정 지출형태는 더 다양하다. 그리고 대부분 현금으로 지출된다. 음식, 의복, 집, 교통, 의료위생보건, 오락, 교육, 사회활동, 여행, 취미활동 등 수입원보다 더 계획 관리하기가 힘들다. 그래서 가정주부들은 "가계소비는 밑 빠진 독에 물 붓기예요. 돈이 더 많아도 쓰일 곳은 한이 없답니다." 라고 말하는 것이다.

하지만 만약 소비지출을 구분지어 보면 고정지출(줄일 수 없거나 꼭 지출해야 할 항목. 임대료, 수도세, 전기세, 전화비, 보험비 등)과 가변지출(매월 변동이 있는 지출로 쉽게 관리할 수 있다. 하지만 비교적 정확한 지출액은 예상하기 힘들다. 용돈, 잡지구매, 의료비용, 식비, 외식비, 여가활동비, 교통비 등) 등의 계획성 있는 금전관리를 통해 불필요한 지출을 줄일 수 있다. 좋은 금전관리의 목적은 여기에 있다.

② Advice · 자산 구조의 합리화와 분산으로 위험요소를 줄인다

가정자산은 금융성 자산(저축, 채권, 주식, 보험, 현금 등), 비금융성 자산(골동품, 서예작품, 우표, 집, 자동차, 가구 및 기타 가치 있는 물건)으로 나눌 수 있다. 합리적인 자산구조는 자산손실의 위험요소를 줄일 수 있고 투자수익을 증대시킨다.

투자활동은 모두 위험을 동반한다. 수익성에 비례해서 고수익성 투자일수록 많은 위험성이 뒤따른다. 투자의 기본 규칙은 "모든 달걀을 절대로 한 바구니에 담지 마라."는 것이다. 바로 최대한 위험요소를 줄

임으로써 수익을 증대 시킨다는 말이다.

어떻게 자금을 합리적으로 분산시킬지는 각 개인의 금융상황 및 기호에 따라 결정하면 된다. 하지만 좋은 자금 관리를 위해서는 위험요소를 줄이고 투자수익을 늘려야만 한다.

가장 보편적인 분산투자방식은 저축 35%, 채권 30%, 우표ㆍ화폐수집 10%, 보험 10%, 주식 5%, 기타 10% 정도로 볼 수 있다.

자산구조를 보다 더 합리적으로 분산하기 위해서는 투자 상품의 유예기간과 투자완료기간을 고려해야 한다. 절대로 단기투자품목(단기채권)에 투자하여 장기적인 자산관리(노후대책 등)를 하려고 해서는 안된다. 또한 장기적인 투자 상품(주식투자)으로 단기적인 목표(가전제품구매 등)를 이루려고 해서도 안 된다.

③ Advice 가정과 가족의 생활수준을 높일 수 있다

투자품목을 다양화함으로써 한 가정은 비교적 넉넉한 경제적 능력을 지니게 된다. 이로써 생활수준을 개선하고 생활의 질을 높이며 생활의 즐거움을 누릴 수 있는 여유를 가지게 된다. 예를 들면 전셋집에서 살다가 자기 집을 마련한다든지, 자전거에서 소형 자동차를 사고, 여가시간에 TV만 보다가 외국으로 여행을 간다든지, 에어로빅, 골프, 테니스, 수영 등 여러 가지 생활의 여유를 누릴 수 있게 된다.

좋은 재무관리는 가정을 더욱 부유하게 하며, 기본적인 의식주문제보다 더 높은 생활수준(건강, 오락 등)에 신경을 쓸 수 있는 여유를 제공한다.

노후보장을 대비할 수 있다

미국의 경제학자 모딜리아니는 '생애주기 가설'에서 사람이 자기 일생 동안 소비한 소비액은 거의 평균적이라고 했다. 즉 수입이 많을 때와 수입이 적을 때의 소비액이 변함이 없다고 한다. 취직하였을 때 부터 퇴직 때까지 저축하였다가 퇴직 이후에 모은 돈을 찾고 결국에 는 죽기 전까지 모든 돈을 쓴다는 것이다. 모딜리아니는 이 이론으로 1985년 노벨 경제학상을 받았다.

아무도 일생 동안 일을 할 수는 없다. 모두 퇴직하는 날을 맞이하게 된다. 일반적으로 막대한 부를 쌓지 않은 이상 대부분의 사람들이 퇴 직 이후에 고정적이던 수입원을 잃게 된다. 아직 일을 할 수 있을 때에 계획을 잘 세우고, 퇴직 이후의 노후를 대비해야만 한다. 좋은 재무관 리는 이를 가능케 한다.

⋮ 가정의 돈 관리 계획을 세운다

집안의 돈 관리는 반드시 계획적이고 단계적으로 실행하여야 한다. 돈 관리 계획은 각 분야별 돈 관리 목표와 발전방향 그리고 실행이 함 께 이루어져야 한다. 그렇게 함으로써 보다 쉽게 목표에 다다를 수 있 도록 하는 것이다. 그 내용을 살펴보면 현금 수입 지출계획을 통해 일 반적인 생활비나 앞으로 쓰이게 될 비용을 관리할 수 있다.

(1) 위험 관리 계획 : 예상치 못한 큰 액수의 손실을 대비한다.

(2) 투자계획 : 미래의 목표를 달성하기 위해 자산을 획득한다.

(3) 퇴직계획 : 저축을 통해 퇴직금과 함께 노후를 대비한다.

가정의 돈 관리 계획은 반드시 가족구성원이 공동으로 기초를 잡아야 한다. 그 내용을 기록할 수도 있고 아닐 수도 있다. 하지만 가장 좋은 방법은 기록하는 형식을 취하는 것이다. 그 이유는 실제 실행상황과 비교하고 계획에 따라 진행되고 있는지를 확인하기 위해서이다. 매년 초에 계획을 잡고, 연말에 검토하는 것이 좋다.

계획이 세워진 이후에는 구체적으로 세부 계획을 잡고 수시로 진행상황을 검토하고, 정보를 모으며, 계획을 수정하고 조정한다. 그 내용은 다음의 네 가지 단계를 가진다.

1단계 : 자료를 수집하여 검토한다

가정의 돈 관리 상황은 일반적으로 당신이 현재 매일 기재하고 보관하고 있는 가계부에서 알 수 있다. 그 자료로서는 가정 부채표, 가정 현금 수입 지출 상황표, 세금 납부 자료와 기록, 개인과 회사 퇴직계획에 대한 자료, 각종 보험증서, 가정 현금지출 증거(대출증서, 영수증, 주식 투자배당금 증서 등) 및 유산에 관한 문서가 있다. 이러한 재무자료는 가정재무서류 형식으로 보관한다.

재무서류의 보존기한은 그 필요성에 따라 영구 보존용과 임시 보존용으로 나눌 수 있다. 영구 보존용은 장기 보존이 필요한 문서자료를 포함한다. 예를 들면 개인이나 회사의 퇴직계획에 대한 자료, 각종 보험증서와 기타 유산에 관한 문서, 가족들의 자산 자료 등이 있다. 임시 보존용은 비교적 기한이 짧은 자료를 말한다. 예를 들면 가계부, 가정 부채 상황표, 최근의 납세영수증 등으로 각 단계별 목표와 목적과 수

용할 수 있는 위험정도 등을 기재한 것이다.

영구 보존용과 임시 보존용은 서로 분리해서 보관한다. 문서는 문서철로 보관하고, 될 수 있으면 문서 보관용 문서철이나 서류함에 정리하는 것이 좋다. 임시 보관용 문서는 보존기간부터 두 달을 더 보관한 후에 내용을 살펴보고 버리는 것이 좋다.

2 Advice 2단계 : 원칙에 근거하여 판단 분석한다

수집 정리한 자료를 검토한 후, 재무관리의 개념과 원칙을 실제 가정의 재무상황에 맞게 응용하여 그 가정의 재무상황을 객관적으로 분석한다. 예를 들면 집안의 자산구조는 합리적인가? 현금을 너무 많이 혹은 너무 적게 보유하고 있지 않은가? 3~6개월 정도의 생활비는 충분하게 준비되어 있나? 부채가 너무 많지 않은가? 재무관리는 잘 하고 있는가? 투자 위험성은 어느 정도인가? 혹시 수용할 정도를 넘어버린 건 아닌가? 지출이 수입에 비해 너무 많은 것은 아닌가? 투자는 각 단계적인 목표에 부합되는가? 이 모든 사항을 이번 단계에서 고려해야 한다.

3 Advice 3단계 : 문제점을 찾아내어 해결한다

위의 분석 단계를 거친 다음에는 분석결과를 근거로 해서 필요한 조치를 취한다. 바로 가정 재무상의 문제점을 찾아내고 해결하는 것이다.

예를 들어 현금을 수중에 너무 많이 가지고 있다면, 각종 예금상품을 조사하고 저축한다. 현금이 너무 적다면 자산구조를 파악해서 실물자산을 현금화 시키는 것을 고려해 본다. 투자 위험성이 한도를 넘어섰다면, 손해를 어느 정도 감수하더라도 현재의 재무위기를 해결함으로써 다시 재기할 발판을 마련한다.

나이가 들수록 생명보험 투자액을 조절할 필요가 있다. 그 비용이 너무 많이 들어 가정재무의 지출이 수입을 초과하는 상황을 초래한다면 반드시 지출을 줄이고 자산의 일부분을 현금화하여 재무문제를 해결해야만 한다. 원금과 이자를 모두 값아 채무를 해결해야 한다는 것이다.

④ Advice 4단계 : 현 상황을 다시 파악하고 그에 맞게 계획을 조정한다

재무계획의 초안이 잡힌 후에 정기적으로 검토하고(1년에 적어도 1번 이상) 주관적 객관적 환경과 상황의 변화를 고려하여 계획을 상황에 맞게 조정한다. 정기적으로 검토하는 동시에 지금까지의 재무계획 결과가 예상목표에 다다르는지를 확인하고 다다르지 못하였을 때는 계획을 조정하여야 한다.

시간의 흐름에 따라 목표를 달리한다

재무관리는 정확한 목표가 있어야 한다. 재무관리는 일생동안 신경써야 하는 분야이다. 사람은 태어난 때부터 재무관리를 신경 쓰지 않을 수 없다. 우리는 소년기, 청년기, 중년기, 그리고 노년기 등의 각 연령기를 거치게 된다. 만약 가정을 사람에 비유한다면, 탄생, 성장, 사망의 문제에서 벗어날 수 없다. 그렇기 때문에 재무관리 목표를 세울 때에 인생의 각 연령기를 고려하여야 한다. 그렇지 않으면 계획대로 이

행하기 어렵거나 심지어는 불필요한 목표에 시간과 노력을 낭비하게
될 것이다.

재무관리계획을 세울 때는 정확한 목표를 세워야 한다. 또한 개인
과 가정 상황을 고려하여야만 그 목표를 실현할 수 있다. 당신의 인생
은 다음의 시기로 구분할 수 있다.

(1) 가정을 이루기 위한 준비기 : 일반적으로 20~30세 사이로, 이
시기의 재무관리의 주된 목표는 집 마련과 결혼하여 가정을 이루는
것이다.

(2) 가정을 이루는 시작기 : 첫 아이가 태어나는 시기로 일반적인
가정을 이루게 된다.

(3) 가정의 발전기 : 모든 가족 구성원의 연령이 늘어난다. 자녀가
학교를 다니게 됨에 따라, 부모는 교육비를 고심하게 되는 시기로 재
무부담이 크다.

(4) 누적기 : 자녀들이 대부분 독립한 시기로 부모의 채무부담이 줄
어든다. 경력이 쌓인 관계로 수입이 높다.

(5) 유지기 : 퇴직하기 몇 년 동안의 시기이다. 투자와 소비에 있어
적절한 관리가 필요하다. 자산을 유지하는 것이 이 시기에 무엇보다
중요하다. 고정수입이 있는 자산관리가 특히 중요하며, 이 시기에 유
산 처리 문제를 결정하곤 한다.

(6) 퇴직기 : 퇴직금과 연금, 과거에 저축해 놓은 자산으로 생활비
를 충당한다. 이미 월급을 수입원으로 삼지 않는다. 자녀가 주는 용돈
을 '기타 수입' 으로 삼고 자신도 어느 정도의 수입원을 만드는것이 필
요하다.

사람을 고용할까, 아니면 자기가 직접할까?

방금 어느 설치공이 온수기를 설치하였다. 그가 온수기를 설치하고 버는 돈이 당신이 같은 시간에 버는 수입보다 많다. 직접 설치하지 않고 사람을 불러 설치한 것이 틀린 것일까? 당신은 온수기 설치방법을 배울 수 없으며, 자격증도 없다. 자! 백만장자들은 이러한 상황을 어떻게 생각할까?

부자나 곧 부자가 될 사람들은 '처음 비용'에 대해서 그다지 민감하지 않다. 그들은 오히려 '주기적 지불 비용'에 대해 매우 민감하다. '처음 비용'이란 당신이 설치공을 부르지 않고 직접 온수기를 설치하는 경우를 말한다. 이렇게 함으로써 아마도 150달러를 아낄 수 있을 것이다. 그러나 이 액수는 사람을 속이는 요소가 있다.

설치공을 부르는 비용에는 고성능 온수기 값도 포함되어 있다. 아마도 당신은 상점에서 비교적 낮은 가격(처음비용)의 온수기를 살 수 있을 것이다. 하지만 온수기를 설치한 후에는 설치공이 설치한 온수기가 유지비용에서 150달러보다 더 큰 비용을 아껴줄 것이다. 게다가 설치공이 설치한 온수기는 아마도 더 내구성이 좋고 오래 쓰며 물이 더 뜨거울 것이다.

당신이 직접 설치한 온수기의 유지비용 중에는 설치 후 상황에 대한 어떠한 보험도 없다. 당신이 설치하면 아마도 잘못 설치하거나 시스템을 엉망으로 만들어 놓기가 쉬울 것이다. 더 위험한 것은 설치가 잘못되면 가스가 새어 나와 가족을 위험하게 만들 수 있다는 것이다. 이런 문제는 모두 '처음 비용'을 아끼려다가 발생할 수 있는 가능성이다. 당신과 가족의 안전이 돈으로 환산될 수 있을까?

또한 객관적인 시간과 돈으로 평가해 봐도 그렇다. 당신은 절대로 온수기를 설치하면서 동시에 다른 일을 할 수 없다. 당연히 설치공이 매시간 받게 되는 보수는 당신이 그 시간에 벌어들이는 수입보다 높다. 그렇기 때문에 당신이 설치하면 돈을 아끼게 된다고 생각한다. 그러나 당신은 유지비용에 대해서 객관적으로 생각하지 못했다. 백만장자들은 그렇게 생각하지 않는다.

자! 한번 생각해 보자. 만약 당신이 설치하려 한다면 직접 온수기를 사야 한다. 여기에 시간과 에너지가 소모된다. 직접 설치하지 않는다면 그 시간과 에너지를 전문기술 습득이나 투자연구에 쏟을 수 있다. 아니면 새로운 고객을 찾는데 쓸 수 있다. 새로운 고객을 잡게 되면 150달러보다 더 큰 돈을 벌 수 있다. 당신은 온수기를 사온 후에도 어떻게 설치하는지 배워야 한다. 그리고 어떤 공구가 필요한지도 알아야 한다. 공구를 빌리든 사든 어쨌든 간에 또 시간과 돈을 쓰게 된다.

부자 아빠가 확신할 수 있는 것은 당신이 많은 시간과 노력을 들여 150달러를 아낀 이후에는 다시는 온수기를 설치할 기회가 없을 거라는 것이다. 이렇게 유지비용과 전체적인 효율을 고려해 보면 설치공을 부르는 게 정말로 돈을 아끼는 길이다.

부자 아빠는 사람들에게 자주 백만장자들은 매우 근검절약 한다고 말한다. 그러나 많은 사람들이 이 근검절약을 '직접 모든 일을 하는 것'으로 오해한다.

대부분의 백만장자는 절대 만능 재주꾼이 아니다! 그들이 취하는 조치는 한가한 시간에 번 과외수입으로 페인트공이나 목수, 설치공, 전문 기술자들을 부르는 것이다. 이것이 더욱 경제적이다.

예전에 부자 아빠는 높은 수입을 가진 만화가 겸 유화, 삽화화가에게 스스로 모든 일을 처리하는지 물었던 적이 있다. 부자 아빠는 그때 그 사람 집에 있었고 그곳은 매우 큰 영국식 주택이었다. 그들이 대화를 나누고 있을 때 많은 페인트공들이 열심히 페인트칠을 하고 있었다. 부자 아빠는 주인에게 이렇게 큰 방을 칠하는데 얼마나 드는지 물었다. 부자 아빠는 매우 큰 비용이 든다는 얘기를 듣고 참지 못하고 또 물었다.

"당신은 화가인데 어째서 직접 페인트칠을 하지 않소?"

그러자 그는 자기 몸값이 여러 페인트공을 부르는 것보다 더 비싸다고 말했다.

"만약 높은 곳에 페인트를 칠하다가 잘못 사고라도 나서 떨어져 다치거나 장애인이라도 되면 어떻게 하겠소. 그럼 다시는 맘 편하게 돈을 벌 수 없지 않소."

대부분의 백만장자들은 작은 것을 얻기 위해 큰 것을 잃는 모험은 절대 하지 않는다. 백만장자들은 전체적인 유지비용에 매우 민감하다. 높은 곳에서 흔들리는 사다리를 타고 페인트칠을 하는 것은 어쩌면 몇 백만 달러를 벌어들일 수 있는 미래의 수입능력을 상실시킬지도 모른다. 그렇기 때문에 그들은 전문 설치공을 불러 에어컨 등을 설치하는 것이다. 게다가 백만장자들은 보통 한 집에서 20년 이상을 살게 된다. 이렇게 긴 시간에 비교해 보면 초기비용은 충분히 그 값을 하고 있는 것이다.

긍정적인 개성을 더욱 발전시켜라

부자 아빠의 생각에 한 사람의 '개성'은 부자가 되는 중요한 자질이다. 개성이 없으면 창조력도 없다. 모든 사람들은 개성이 있다. 어떤 이들은 개성이 강하고, 또 어떤 이들은 그다지 강하지 않다. 한 사람의 개성은 바로 이 사람과 다른 사람을 구별할 수 있는 특징이다. 개성이 중요한 이유는 바로 그것이 그 사람의 지혜와 성격, 정서, 의지 등을 모두 포괄하기 때문이다.

어째서 개성이 부자가 되는데 있어서 그렇게 중요할까? 개성은 개인의 심리상태를 나타내는 것으로, 그것은 사람의 각 심리상태와 심리과정을 표출한 것이기 때문이다.

개성은 부자가 되는데 필요한 심리상태를 반영하며, 부자가 되는데 필요한 개인의 능력을 표출한다. 역사적인 부자나 위인들을 살펴보면 예외 없이 모두 부를 축적하는 그들만의 특별한 개성을 지녔음을 알 수 있다.

자신감

일본인들은 이렇게 말한다.

"당신이 무슨 일에 실패하였을 때 절대로 빈손으로 일어나지 마라!"

좌절과 실패의 와중에서 당신은 실패를 딛고 성공할 수 있다는 것을 배우게 된다. 당신이 실패를 극복하고 성공하였을 때 '실패는 성공의 어머니'란 말을 체험하게 되는 것이다. 실패가 성공을 가져올 수 있는 이유는 무엇인가? 그것은 실패와 좌절에서 자신의 잘못을 깨달아 다시는 똑같은 과오를 되풀이 하지 않게 되기 때문이다. 그러므로 성공할 수 있는 것이다.

이것은 모든 성공한 이들이 준수하는 법칙이다. 그러므로 두려워하지 말고 실패에서 도망치려 하지 말라! 왜냐하면 성공이란 수없는 실패가 쌓여 이루어진 것이기 때문이다. 실패가 없었던 성공이란 기적이라고 볼 수 있다. 성공하기 위해서는 굳건한 신념을 세우고 성공할 수 있다는 자신감을 가져야 한다.

예를 들어 당신의 사업이 순탄하고 모든 일이 잘 되고 있을 때 그것에 만족해 득의양양하는 것은 결코 당신의 능력이 그만큼 대단하다는 것을 나타내는 것이 아니다. 단지 당신의 가슴에 큰 의지가 없고 인생의 목표가 낮으며 하루하루가 좋기만 하면 된다는 것을 보여줄 뿐이다. 이것은 아무런 의미가 없다.

발명왕 토머스 에디슨은 자신감의 중요성을 너무나 잘 이해한 사람이다. 전구을 발명하기 위해서 그는 1,700번의 실패를 맛보아야 했다. 만약 그가 자신감의 중요성을 몰랐더라면, 설사 그가 천재적인 머리를 가지고 물질적인 조건이 아무리 좋았다고 할지라도 마지막 성공을 맛볼 수 없었을 것이다. 성공은 굳건한 의지와 이루고자 하는 신념이 없이는 얻을 수 없다. 자신감이 없는 사람은 성공을 바랄 뿐이지 이룰 수 없다.

집중력

사람들은 모두 집중력이 좋은 사람을 부러워한다. 집중력이 있는 사람은 정신을 모두 어떤 일에 쏟으면 몽상에 빠지거나 다른 외부환경의 요인으로 방해받는 일이 없다. 이런 사람들은 보통 사람들과는 달리 태어나면서부터 집중력이 좋았을 것이라고 사람들은 생각한다. 물론 사람마다 잠재력이 다른 것은 사실이지만 보통 사람들이 자신의 잠재력을 발휘하여 집중력을 못 키울 이유가 없다. 집중력은 어떤 일을 완수하기 위해 필요한 요건이다. 만약 당신이 어떠한 일(또는 놀이)에 집중할 수 있다면 다른 일(업무, 공부)에도 그만큼 집중할 수 있다.

집중력을 높이기 위해서는 세 가지를 주의해야 한다. 그것은 동기, 자율, 실천이다.

충분한 동기가 갖추어지고 자신을 통제할 줄 알고 난 후에야 자신의 생각을 길들일 수 있다. 그렇게 되면 생각을 어떤 한 분야에 집중할 수 있게 되고 가장 정적인 상태에도 이를 수 있게 된다. 정적인 상태는 매우 효과적인 휴식방법이다. 그러나 중요한 것은 집중한 상태를 얼마나 오래 지속하느냐이다. 매일 몇 분 정도라면 누가 집중하지 못하겠는가?

집중력을 기르기 위해 정신을 자극하는 어떤 것에 집중해 보라. 당신의 사고가 지금 집중하고자 하는 것에서 벗어날 때 천천히 그 자극제를 꺼내어 인내심을 가지고 끝까지 집중해 본다.

가장 좋은 자극제는 호흡이다. 의자에 등을 기대고 앉는다. 다리는 바닥에 내려놓고 손은 깍지를 낀다. 손바닥은 무릎에 올려놓는 것이 좋다. 눈은 뜬듯 만듯 (처음 시작할 때는 눈을 감는 것이 좋다. 몇 주의 집중력 배양 훈련이 어느 정도 효과를 보게 되면 눈을 뜨고 훈련할 수 있다) 천천히 호흡을 시작한다. 깊이 호흡할수록 더욱 효과적이다. 그리고 생각을 단전 부위로 집중한다. 첫 호흡 때 1을 세고, 두 번째 호흡 때 2를 센다. 이렇게 10까지 센 후 다시 1부터 반복한다. 숫자를 까먹거나 어디까지 세었는지 모를 때는 처음부터 다시 센다.

이런 훈련을 통해 당신은 업무에 보다 쉽게 집중할 수 있게 되고 창조력이 길러지며 혼란한 생각이 없어지는 효과를 느끼게 될 것이다. 이것은 집중력을 기르는 방법일 뿐만 아니라 묵상하는 기본적인 방법이다. 어떤 때는 집중이 잘 되고 어떤 때는 잘 안 되더라도 절대 실망할 필요가 없다. 서로 다른 분위기에서 항상 사고의 변화를 주의해야 한다. 집중력을 계속해서 훈련해 나가면 시작할 땐 5분정도라고 해도 나중에는 더 길어질 것이다.

⠶ 강 인 성

만약 성공의 잠재력을 평가할 수 있다고 해보자. 그러나 학생시절의 점수나 등급으로는 그가 백만장자가 될 잠재력을 가졌는지 평가하기 어렵다. 그럼 무엇으로 평가할 수 있을까? 백만장자는 한 가지 기본적인 특징을 가지고 있다. 바로 강인성이다.

데비드 랭그보그는 성공한 사업가였다. 그러나 그가 성공한 사업가가 되리라고는 그의 학생시절 선생님들은 아무도 예측하지 못했다. 랭그보그는 초등학교 때 3년 유급하였다. 그는 21살 때야 겨우 고등학교를 졸업하였다. 성적은 매우 좋지 않았으며 간질병과 말더듬이가 심하였다. 학교에서 3년이나 유급한 사람이 백만장자가 될 수 있었다니, 아마 아무도 믿지 못할 것이다.

학교에서 그다지 두각을 나타내지 못했던 백만장자들의 공통적인 특징과 경험은 무엇일까? 그들은 일반적으로 일찍 직업을 가졌다. 학교에서 다른 학생들이 자신감을 잃어버리고 있을 때 그들은 자기 일터에서 자신감을 회복하고 있었다.

랭그보그는 6살 때 작은 상점에서 창고정리를 하였다. 이것이 그의 첫 번째 직업이었다. 그때부터 그는 대부분의 자수성가형 백만장자들과 마찬가지로 자신을 개발하고 있었다. 게다가 어떠한 강인성을 보이고 있었다.

그는 말더듬을 고치고 간질병과 유급했던 경력을 극복하기 위해 부단한 노력을 기울여야만 했다. 부모는 그가 스스로 극복하도록 항상 격려하였다. "열심히만 하면 넌 얼마든지 성공할 수 있단다." 열심히 일하는 것은 초등학교 때 성적보다 더 중요한 성공의 요소이다. 랭그보그의 고객들은 한 해에 약 7억 달러의 상품을 그로부터 구입하였다. 그때 누가 그의 초등학교 성적에 관심을 가지겠는가?

아무도 좌절과 고난 없이 성공하지 않는다. 부자가 되는 길에는 성공도 있고 실패도 있다.

토머스 에디슨도 이렇게 말했다.

"나의 성공은 발명하고자 하는 의지에 의한 것이다."

이는 중국 격언의 '실패는 성공의 어머니'라는 말과 일맥상통한다. 성공하기 위해서는 강인한 정신력과 좌절에 굴하지 않는 의지가 필요하다. 실패하였을 때도 좌절하지 말고 그 실패의 쓴맛을 맛보아야 한다.

그렇기 때문에 강인함은 성공한 사람들에게 없어서는 안 되는 품격이다. 이것은 강한 사람과 약한 사람을 구분 짓는 중요한 표지라고 할 수 있다.

⠂ 새로운 것을 추구하라

새로운 것을 추구하는 성격은 계속해서 발전할 수 있는 중요한 원천이자 만족할 줄 모르는 사람의 본성이다. 이러한 본성이 있기에 사람은 적극적으로 발전하고자 하며 끊임없이 새로운 것을 개발하는 것이다.

색다름을 추구하는 성격과 관련지어 생각할 수 있는 것이 비판적인 성격과 탐구성 그리고 변화의 욕구를 들 수 있다. 이 모든 것은 부자가 되기 위해 필요한 성격이다. 새로운 것을 창조하고자 하면 자연 불안한 마음을 불러일으킨다. 사람들은 오래된 인습과 관습을 비판적인 태도로 바라보게 된다. 새로움이란 사람들로 하여금 전통과 상식을 타파하는 것이다. 그렇게 함으로써 새로운 미래를 열어나가게 되는 것이다.

이탈리아 피아트사의 사장인 지아니아넬리는 바로 안정을 멀리하고 새로움을 추구하는 사람이다. 그는 65세이지만 여전히 현재에 머물기를 거부한다. 그는 상투적인 말을 좇기보다는 언제나 '특별한' 것을 추구하였다.

공격하라

미국 하버드대학의 물리학자 와인버스는, 기본입자간의 약력과 전자력의 통일장 이론을 세우는 데 큰 공헌을 하였고 다른 두 물리학자와 함께 노벨 물리학상을 받았다. 그는 유명한 물리학자일 뿐만 아니라 과학적인 방법론에 관한 학자이다. 그는 노벨상을 수여하고 기자들이 취재하러 왔을 때 과학자 특히 발명가의 소질에 대해 날카로운 견해를 밝혔다. 그는 '공격성' 이야말로 발명가가 갖추어야 할 중요한 소질이라고 말했다. 이는 사람 사이의 공격성을 얘기하는 것이 아니라 세상 모든 것의 비밀을 파헤치고자 하는 '공격적인 탐구성' 을 말하는 것이다.

결론적으로 공격성을 발휘할 수 있을 때 자기에게 잠재된 창조성을 깨울 수 있다. 공격은 가장 효과적인 방어수단이다. 아마도 권투시합을 구경해본 사람은 이 말을 잘 이해할 수 있을 것이다. 만약 자기가 공격하지 않는다면 당신은 자연스럽게 공격을 당하는 입장에 처하게 된다. 게다가 이길 수 있는 기회를 놓치게 된다.

부자가 되는 길도 똑같다. 만약 당신이 주동적으로 공격하지 않는다면 유리한 입장에 설 생각은 버리는 것이 좋다. 바로 최대의 시장을 눈앞에 놓고 포기하는 것과 같다. 과학의 발전사를 살펴보면 수많은 예를 찾아 볼 수 있다. 과학자가 주동성을 잃어버리게 되어 결국에는 발견과 발명의 기회를 놓쳐버린 경우가 허다하다. 이러한 교훈을 성공하고자 하는 사람은 반드시 명심하여야 할 것이다.

⠿ 인 내 심

미국의 S회사와 일본의 B회사 사이의 서면무역에서 일어난 일을 실례로 들어보자.

S회사의 대표는 뛰어난 화술로 시작부터 회의의 주도권을 잡았다. B회사의 대표는 자료와 서류를 중시하고 말을 아꼈다. 그는 보기에 매우 피동적이었다. 몇 차례의 회의가 진행되는 동안 이러한 상황은 변함이 없었다. 그러나 S회사가 회의에 대해 실망하고 자신감을 잃어갈 때 B회사는 갑자기 적극적인 태도로 돌변하여 번갯불에 콩 볶는 속도로 필요한 모든 내용을 쏟아 부었고 S회사는 속수무책으로 지켜볼 수밖에 없었다.

이에 대해 일본주재 미대사관에서 경제부문의 일을 맡고 있는 윌리엄 피치는 이렇게 말한다.

"경제계에서 일본인을 파악하려는 것은 마치 양파껍질을 벗기는 것과 같습니다. 벗기고 벗겨도 그 안에 무엇이 들어 있는지 알 수 없죠. 좌선하는 것과 마찬가지입니다."

말할 것도 없이 그날 회의는 일본기업 측의 승리였다. 이것은 바로 권모술수에 능한 것보다는 인내심이 더 중요하다는 것을 보여준다. 일본인들은 인내심을 가지고 상대방의 주장을 귀담아 듣다가 조심스럽게 상대방의 약점을 파악하고 필승의 대책을 강구하면서 호기를 노린다.

이 이야기는 미국의 마빈 J.울프가 『일본의 음모』에서 쓴 내용이다. 일본인은 장사를 하는 데 '꼿꼿이를 하며 수양했던 인내심'을 가지고 한다. 바로 이런 남다른 인내심이 있기에 일본기업들이 국제무대에서 큰 성공을 거두는 것이다. 이에 대해 일본의 유명한 경영인은 이런 식으로 돌려서 설명하였다.

"일본이 오늘날과 같이 놀랄 만한 경제적인 성과를 거둔 것은 기업경영을 잘하였기 때문이다. 기업경영에 중요한 요소는 인내심, 규율, 뛰어난 적응력과 미래를 내다보는 안목이다."

⋮ 새로운 환경에 끊임없이 적응하라

미국의 포드사가 좋은 예이다. 그 회사가 아직도 계속해서 발전하고 있음은 더 이상 애기할 필요가 없다. 그러나 성공 요인은 눈여겨 볼 만하다. 어째서 이 회사는 성장과 성숙기, 발전기를 거쳐 쇠퇴에 이르는 경제계의 법칙을 따르지 않은 것일까?

포드사는 새로운 생활방식, 새로운 피, 새로운 사업으로 변화의 국면을 타개해 나왔다. 이 회사의 경영자들은 적극적인 태도로 새로운 환경에 대응해 왔으며, 문제를 해결하기 위해 고심하였다. 그들은 업무에 종사하면서 끊임없이 새로운 발견을 추구하고 새로운 상품을 출시하며, 선경영인들의 상품을 끊임없이 개량해 나왔다. 그들은 새로운 피를 관리층에 주입하였으며, 마케팅 방법을 더욱 연구 발전시켜 왔다.

포드의 성공책략을 배워라!

부자 아빠는 당신에게 충고한다. 당신은 언제라도 새로운 변화에 긍정적인 태도로 적응하여야 한다. 만약 당신이 일개 회사원이라면 새로운 사고방식과 새로운 생활과 새로운 업무를 촉진제 삼아 쇠퇴하고 있는 현재의 국면을 발전하는 방향으로 돌릴 수 있다. 당신은 특별할 수 있다! 다른 사람들이 현재의 흐름에 휩쓸리고 있을 때 당신은 흐름을 역행하여 발전의 방향으로 거슬러 올라갈 수 있다.

끊어야 할 땐 끊어라

햄릿 콤플렉스

희극《햄릿》은 사람들이 우유부단함이 극에 달하였을 때 벌어질 결과에 대해 연구할 수 있는 소중한 문학작품이다. 우유부단은 자기증오와 자기연민을 가져온다. 햄릿이 세상 모든 것을 저주하고 있을 때 아마도 그는 자신을 증오하고 있었으리라.

당신이 어떤 직업을 선택하고 어떤 식당을 고를지 고민할 때 가끔 선택하기가 어렵고 어떤 경우에는 결정할 수 없다는 것을 알게 된다. 바로 이런 때 당신은 '햄릿 콤플렉스'에 빠졌다고 볼 수 있다. 다른 사람들이 보기에 매우 간단한 일이 자신에게는 오히려 무겁고 힘들게 느껴지며 우유부단하게 되는 경우가 많다.

자! 학교를 생각해 보자. 학교에 갔는데 뭘 배워야 할지 모르겠다. 그래서 학교에 가지 않았다. 또는 결혼을 하려 했다. 그런데 사람을 만나기가 부끄럽다. 이런저런 일에 심사숙고하는 당신은 아마도 그리스 신화의 고통 받는 신과 같다. 당신은 귀중한 에너지와 시간을 낭비하고 있다. 어떻게 할 것인지 생각만 하고 있다면 사실상 당신은 아무것도 하지 않은 것이다.

(1) 만약 과거의 경험으로 미래를 판단한다면 당신은 절망만 느낄 것이다.

(2) 항상 생각만 바뀌고 행동하기 어려워하는 당신은 세상에서 피해자가 될 뿐이다. 당신에게 우연히 직업이 생겼다거나 누군가가 당신에게 열렬히 결혼해 주기를 원해서 그와 결혼을 했을 때 어쩌면 당신은 잘못된 선택에 평생 후회하며 살지도 모른다. 모든 행동은 수백 번의 동요를 겪은 후 내린 결정이다.

(3) 우유부단한 사람은 실력을 제대로 발휘하지 못하거나 자존심을 잃기 쉽다. 어떤 사람들은 오토바이처럼 앞만 보고 질주한다. 그들은 가고 싶은 곳을 언제든지 가고 싶을 때 갈 수 있다. 그러나 우유부단한 사람은 범선처럼 바람이 불어야 갈 수 있다.

(4) 자기가 내린 결정을 회피하는 사람들은 스스로 한 말 조차 믿지를 못한다. 그리고 다른 사람들에게 한 말도 믿지 못한다. 오늘 저녁 8시에 무언가 결정을 내렸다. 그런데 내일이 되기 전까지 그 결정에 대해 수천 번 다시 생각을 한다면 이런 사람들은 아무것도 해낼 수 없다. 그는 자기 소견대로 내린 결정마저 믿지 못하고, 맑은 정신으로 생각할 능력을 잃었다.

(5) 결정을 내리지 못하는 사람들은 실패에서 아무런 교훈도 얻지 못한다.

⠿ 왜 결단을 내려야 하는가?

어떤 결정을 내렸다고 해도 결국 그보다 더 좋은 결정이 있기 마련이다. 당신이 결단을 내린 것 자체가 이미 발전한 것이다. 더 좋은 결단을 위해, 혹은 실수가 두려워 망설이는 사람들은 아무런 결과도 얻기 힘들다.

(1) 만약 당신이 결단성 있게 행동한다면 세상 모든 것이 나의 적이라는 소극적인 생각에서 벗어날 수 있다.

설사 아무리 작은 결정이라도 당신은 그 결정을 통해 새로운 희망을 가질 수 있게 된다. 무언가를 결정하고 시작한다는 것 자체가 성공으로 향하는 문을 열었다는 말이 되기 때문이다. 실망이 항상 당신과 함께 한다고 생각해선 안 된다. 그와 반대로 실망은 한순간이라는 것을 생활에서 터득할 수 있을 것이다. 당신이 결정하기에 따라 모든 것은 바뀐다.

(2) 노력을 통해서 당신의 모든 상황은 변할 수 있다.

당신의 단호한 결단이 그 효과를 보인다면, 그로 인한 변화는 눈에 보일 것이다. 만약 결단을 내린 후에 아무런 결과를 얻지 못했다고 하더라도 당신은 적어도 무엇인가를 이미 배웠다. 최악의 상황은 일찍 결정을 내려서 어떠한 결과라도 얻었어야 했던 일이 당신의 우유부단함으로 인해 망쳐진 경우이다. 이것은 가장 심각한 결과라고 볼 수 있다. 이런 상황에서 당신은 아무것도 얻지 못하고 아무런 교훈도 배우지 못한다. 결단에 따른 행동이 병행되어야 어떤 결과를 얻을 수 있는 것이다.

(3) 당신이 우유부단하다면 아무것도 배울 수 없다. 만약 당신이 결단력 있는 사람이라면 틀린 결정도 그 나름대로 얻는 바가 있다는 것을 알 것이다.

모든 성공한 사람들은 무수한 시행착오를 겪었다. 만약 당신이 1년 동안 단지 한번의 중요한 결정을 내렸다면 그에 따른 결과는 당연히 매우 심각할 것이다. 그러나 만약 매우 많은 결정을 내렸다면 당신은 많은 시행착오를 겪으며 여전히 발전하고 있을 것이다.

┊ 결단력을 저해하는 3가지

 완벽주의

완벽주의자는 보통 형식적으로 이런 말을 한다. "아직 시기가 무르익지 않았는데 내가 무엇 때문에 조급해야 해!" 혹은 "다른 사람이 더 잘 하는데 왜 내가 신경을 써야 하지?"

당신의 결단력을 저해하는 가장 큰 적은 모든 것을 완벽하게 하려는 것이다. 당신의 머릿속에는 갖가지 생각이 있다. 만약 당신이 대학에 가려고 하는데 명문대학이 아니면 안 된다고 생각한다면, 당신은 이미 지방 대학에서 경영학을 배울 기회를 포기한 것이나 마찬가지이다. 그곳에서 공부하더라도 당신이 필요로 하는 경영학에 대한 지식은 배울 수 있다. 당신이 다다르지 못하는 목표로 인해 이러한 기회를 잃어버릴 수도 있는 것이다.

완벽주의자는 자신만의 완벽한 이상형이나 우상을 가지고 있다. 그

래서 그들은 좋은 기회가 눈앞에 있더라도 그냥 놓쳐버리는 경우가
허다하다.

 **실패를 두려워하는 것**

실패를 두려워하는 사람은 타성에 젖기 쉽다. 잘못된 판단을 할까
봐 두려워하고 못난 모습을 보일까봐 두려워하고 히스테릭하게 보일
까봐 두려워한다. 아마도 어떤 사람들은 어떻게 처음으로 사귄 남자
친구와 결혼까지 할 생각을 하느냐고 걱정하며 말할 것이다. 또 어떤
이들은 좀더 생각해 보지 않고 바로 첫 번째 회사를 선택했느냐고 말
할 수 있다. 그러나 어차피 모든 상황의 유일한 판단자는 바로 당신 자
신이다.

제발 실수가 두려워 아무것도 하지 못하는 그런 사람이 되지 말라.
사람들은 보다 더 좋은 기회가 오기를 기대한다. 그들은 자기가 실수
만 하지 않으면 사람들이 자신을 비웃지 않을 것이라고 생각한다. 하
지만 성공하는 사람들은 새로운 것을 추구하고 다른 사람들의 지적을
겸허히 받아들인다는 것을 기억하라. 우유부단한 사람의 결말은 실패
일 수밖에 없다.

 **선택의 폭이 너무 넓을 때**

어렸을 때 당신은 풍부한 상상력과 호기심을 가지고 있었다. 모든
것은 신기한 것이었다. 모든 것은 당신이 결정한 뒤에 이루어졌다. 당
신은 유명한 배우가 될 수 있었고, 과학자, 탐험가가 될 수 있었다. 당신
은 돈이 많은 사람과 결혼할 수 있었고 아주 아름다운 아가씨와 결혼
할 수 있었다. 그러나 나이가 들어감에 따라 실제로 모든 것을 결정할

130

때 이러한 선택의 폭은 갈수록 좁아졌다.

모든 사람들은 선택을 할 때 다른 선택에 대해 아쉬워한다. 영원히 아쉬워하는 것은 아닐지라도 그 순간만큼은 아쉬워하기 마련이다. 어떤 사람들은 그것이 아쉬워서 아무런 결정도 내리지 못한다. 너무 많은 선택의 기회가 있기에 어떤 것을 선택해야 할지 모른다. 만약 당신이 이러한 문제에 직면한다면 아마 당신도 무언가를 결정하곤 매우 당혹스러워 할 것이다. 마치 그것을 선택함으로써 잃는 것이 얻는 것보다 훨씬 많은 것처럼 생각되어질 것이다. 사실 가장 로맨틱한 결정이라도 당신은 누군가를 잃는 듯한 느낌을 지울 수 없을 것이다.

﹕ '네' 혹은 '아니오' 결정할 근거를 찾아라

⓵ Advice 결정하지 않는 것도 결정이다

당신이 아무것도 하지 않는 것, 결정을 하지 않는 것도 하나의 결정이라는 것을 알기 바란다.

⓶ Advice 보완할 수 없는 결정은 매우 적다

당연히 예외는 있을 수 있다. 예를 들면 건강계획 같은 것이다. 특별히 위험한 상황을 제외하고는 당신의 일상생활은 생각하는 것보다 힘들지 않다. 직업은 얼마든지 변할 수 있다. 당신은 얼마든지 직장을 옮길 수 있다. 만약 당신이 우유부단한 사람이라면 이 모든 것을 잃어버릴 것이다.

③ Advice 무엇인가를 탓하고 회피하려 하지 마라

부자 아빠는 말한다.

"과감한 행동을 시작하는 첫 시작은 아무도 탓하지 않는 것이다. 당신의 힘든 환경은 결코 다른 사람 때문에 그런 것이 아니다."

과감한 결정을 내리지 못하는 사람들은 보통 습관적으로 자기 부모를 탓한다고 한다. "만약 어머니가 이러지 않았다면……." 혹은 "만약 아버지가 일개 봉급쟁이가 아니었다면, 나는 더 자신감이 있었을 텐데……."하고 말이다.

당신의 부모님은 당신을 어떤 특정한 환경에서 길러냈다. 당신에게 보다 많은 기회를 주었을 수도 있고 아닐 수도 있다. 만약 당신이 집에서 맞고 자랐다거나 멸시를 당하면서 자라났다면 당신은 아마도 스스로 무언가를 결정하기 매우 힘들 것이다.

그러나 이러한 상황도 바꿀 수 없는 것은 아니다. 다른 사람을 탓하는 것이 자신을 탓하는 것보다 더 당신의 기분을 엉망으로 만들 것이다. 마치 자기를 어린아이처럼 보게 되는 것이다.

④ Advice 누구도 선택의 순간을 피할 수 없다

기억하라. 어떤 지위에 있는 사람도 모두 선택의 기로에 서 있다. 이 세상 어떤 누구도 인생에서 선택의 순간을 피해갈 수는 없다.

⑤ Advice 사람들은 모두 사회적인 지위를 가지고 있다

사실 무엇을 하든지 간에 당신은 항상 타협을 하여야 한다. 다른 사람이 한다면 더 망칠 수 있다. 언제든지 더 개선할 여지는 있는 것이다. 설사 당신의 우상이 어떤 점에서 모자란다 할지라도 그가 계속 당신의 우상인 사실에는 아무런 영향을 주지 못한다.

모든 생활이 도전의 연속이다. 유일한 탈출구는 저 우주로 떠나가는 것이다. 틀린 결정으로 인해 당신의 결점이 더욱 부각될 것이라고 생각하지 마라. 모든 사람들은 당신을 있는 그대로 인정하고 있다. 자신을 감추지 않을수록 당신을 막는 장애물들은 사라질 것이다.

6 Advice 최악의 결정을 고려하라

우유부단한 사람에게 있어서 어떤 직업을 가져야 하나, 혹은 어떤 음식점이 좋은가, 어떤 옷이 좋은가를 결정할 때 가장 좋은 방법은 '최악의 선택'을 하는 것이다. 그리고 무언가를 하기로 결정한 후에는, 자기 선택에 따라 일어날 수 있는 실수를 해결하기 위해 대책을 강구하도록 하라.

부자 아빠가 아는 어느 할리우드 연출가는 창작과정 중에서 바로 이 '최악의 선택'을 쓰곤 한다. 예를 들어 어떤 영화의 결말 부분을 결정하기가 매우 힘들 때 스태프들은 각자 다양한 의견을 내놓는다. 그것은 "최악의 결말은 이런 것이……." 로 시작한다. 이런 의견들 중 앞의 두세 가지 의견은 그저 그런 경우가 많다. 그러나 네 번째 의견부터는 매우 좋은 의견이 나오곤 한다. 최악의 선택이란 전제가 그들이 맘 편하게 위험한 의견을 꺼내도록 하는 것이다. 결국에는 그 영화에 가장 어울리는 결말을 찾을 수 있게 된다.

7 Advice 작은 결정부터 내리면 중요한 결정도 자연스럽게 해결된다

결단력 있는 생활은 매우 적극적이며 활동적이다. 결단력이 있는 생활은 매우 흥미롭다. 비록 어떤 경우에는 우유부단한 사람보다 더 많은 과오를 저지를지도 모른다. 하지만 그런 과오들이 자신에게 항상 나쁜 것만은 아니다.

과감한 결정을 내릴 수 있다는 것은 그에 따른 실패를 받아들일 수 있다는 것을 의미한다. 바로 자신의 결점을 받아들일 수 있게 된다. 부자 아빠가 말한 것처럼 우리 중에 가장 뛰어난 인재가 때로는 그러한 실패를 딛고 일어선 사람일 수도 있다.

기억할 것은 당신이 최선을 다한다면 작은 좌절은 신경 쓰지 마라. 가장 큰 실패는 자기 능력을 최대한 발휘해 보지 못하는 것이다. 설사 다른 사람들이 이것을 모른다고 할지라도 당신은 알아야 한다.

결단성 없이는 즐거운 삶을 누릴 수 없으며, 사랑을 얻을 수 없고, 즐겁고 안정적인 생활을 할 수 없다. 결단성 있는 삶을 사는 사람의 좌우명은 매우 간단하다. 현재를 놓치지 말라는 것이다.

⁞ 결정을 미루지 말라

"늦게 한다고 쉬워지는 일은 없다. 더 부담만 될 뿐이다."

"내일은 아마도 가장 행복한 날이 될 것이다. 왜냐하면 오늘 그 일을 다 끝냈기 때문이다."

부자 아빠는 당신에게 충고한다. 무엇인가를 결정하는 유일한 방법은 결정을 하는 것이다.

만약 당신이 해야 할 일이 어떤 자료를 필요로 하고 그 자료는 어느 정도 시간이 지나야 얻을 수 있다면 아직 일을 할 시기는 아니다. 이런 상황에서는 기다리는 것이 현명한 방법이라고 볼 수 있다. 그러나 당신이 이미 그 자료를 받았다면 일을 해야 할 때가 되었다. 그런데도 우유부단하게 일을 해야 할지 말아야 할지 결정하지 못하고 있다면 이는 좋은 기회를 낭비하는 것일 뿐 아니라 시간을 낭비하는 것이다.

당신이 기억할 것은 무언가를 결정할 때 급한 결정과 천천히 해도 되는 결정을 구분해야 한다는 것이다. 아마도 당신은 완벽하게 분류할 수 없을 것이다. 그러나 적어도 당신이 중요하다고 생각하는 순서에 맞추어 결정할 순서를 정하여야 한다.

부자 아빠는 관리자의 가장 중요한 업무 중 하나가 바로 일의 경중을 따지는 것이라고 말한다. 그리고 일의 경중을 정하는 과정에는 다음과 같은 사실을 아는 것이 필요하다. 즉, 일의 경중에 따른 순서도 어느 정도는 수정이 필요하다. 그러나 잘못 결정할까 두려워 일의 경중을 정하지 않아서는 안 된다. 우유부단하게 결정을 내리지 않은 것이 어떤 때는 맞기도 한다. 하지만 객관적인 수치로 볼 때 결정을 내리지 못하는 것은 대부분 나쁜 결과를 초래한다.

발전에 방해가 되는 성격은 버려라

세상에 완벽한 사람은 없다. 성격을 보더라도 누구나 크건 작건 모자란 점은 있게 마련이다. 자신의 모자란 점을 잘 파악하고 주의해서 고친다면 얼마든지 극복할 수 있는 문제이므로 그다지 걱정하지 않아도 된다. 그러나 어떤 사람들의 성격은 사람들에게 매우 강한 인상을 준다. 예를 들면 '전문가형'은 사람들에게 어떤 사실에 대해 잘 알고 있다는 인상을 준다. '권모술수형'의 사람들은 아랫사람들을 다그치고 윗사람들에게는 아첨하는 성격이다. 그리고 '야생마형'의 사람들은 독립적이고 자기가 하고 싶은 대로 하는 성격이다.

이런 유형의 사람들은 다른 사람들에게 그다지 환영받는 성격은 못 된다. 그러나 이런 사람들 중에 성공하는 사람이 적지 않다. 왜냐하면 자신을 너무나 잘 알기 때문이다. 이런 독특한 개성은 그들이 사업을 하는데 장애가 되는 것이 아니라 오히려 도움이 된다.

어떤 이들은 성격이 좋아 보이고 아무런 문제가 없어 보인다. 그러나 사실 이런 사람들이 사업을 하는 데는 오히려 큰 어려움이 뒤따르곤 한다. 다음의 성격이 바로 그런 유형이다.

(1) 자기비하형

많은 회사에서 이런 사람을 쉽게 찾아 볼 수 있다. 그들은 자신을 비하해야 마음이 편해지는 경향이 있다. 자신의 못난 점, 부족한 점을 항상 입에 달고 산다. 마치 상대방이 그러한 점을 모르면 안 되는 것처럼. 그리고 자신을 스스로 비판함으로써 다른 사람들이 엄격한 사람으로 보아 주길 바란다.

미국 유타주의 한 체육용품 사장은 경영에 매우 탁월한 능력을 보인다. 그는 사람들을 매우 따뜻하게 대하며 부하 직원들을 관심 있게 대한다. 다양한 업무도 쉽게 처리하곤 한다. 그러나 그는 두 가지 큰 결점이 있다. 하나는 쓸데없는 일에 관여하길 좋아한다는 점이고, 다른 하나는 자기 결점을 다른 사람에게 얘기해 주는 것을 즐긴다는 점이다.

"내가 얼마나 모자란 사람인지 봐요." 라는 태도는 그의 앞길을 막는 장애물이 될 것이다. 아마도 언젠가 사람들은 그의 '결점' 을 듣고 싶어 하지 않게 될 것이고 어쩌면 그로 인해 모든 사람들이 그를 피하게 될지도 모른다.

(2) 자화자찬형

자신을 너무 비하하는 사람들과는 반대로 자신을 너무 과장하는 사람들이 있다. 이런 유형의 사람들은 자기 능력이나 외모 등을 자화자찬함으로써 다른 사람들에게 자신의 장점을 알리고자 한다. 마치 그러지 않으면 장점을 알릴 수 없다는 듯이. 시간이 갈수록 이런 사람들은 상대방에게 좋은 인상을 주지 못한다. 아마도 사람들은 그를 말만 앞세우고 능력은 없는 사람으로 인식하기 쉽다. '아아! 그 허풍쟁이'라는 식으로.

(3) 비관 실망형

어떠한 일에도 서로 다른 의견이 있기 마련이다. 그것이 반대이든 찬성이든 간에 회의를 주최하는 사람의 입장에서 보면 누구라도 나와서 자기 의견을 밝히기를 바란다.

모든 회의에는 보통 이러한 사람들이 있다. 그들은 매우 비관적인 관점에서 의견을 내비친다. 그 비관적인 의견은 때론 적극적이던 사람들의 마음에 물을 끼얹기가 십상이다. 이러한 사람들은 어디나 있기 마련이다. 그러나 그들을 환영하는 회사는 어느 곳에서도 찾아볼 수 없다. 그들은 보통 회사에서 해고되거나 아니면 매우 잡다한 사무적인 일로 쫓겨간다. 그다지 중요하지 않고 있어도 좋고 없어도 좋을 그런 업무를 맡게 되기 쉽다. 아무도 모르는 곳에서.

(4) 나 홀로 형

이런 사람들은 대체적으로 양호하다. 이들은 매우 열심히 일한다. 일의 성과나 수준도 높은 편이다. 이들은 대체적으로 혼자 일을 한다. 개인행동을 하며 다른 사람들과 협력해서 일하는데 어려움이 따른다. 그렇기 때문에 이 사람들은 뛰어난 학습능력을 지닌다. 특히 엔지니어나 세무, 회계, 컴퓨터 프로그램 등에서 뛰어난 능력을 보이곤 한다. 이들은 자신의 전문적인 분야에 완전히 파묻혀서 세상과 접촉하길 꺼린다.

그들의 언행을 살펴보면 협동정신이 모자르고 혼자서 일하려고 하는 경향이 있다. 그러나 누군가가 관심을 가지고 그들의 장점을 칭찬해 주고 잘 발휘하도록 도와준다면 상대방과 잘 협력해서 열심히 일을 처리할 수 있다. 이들은 많이 배웠기에 확실히 많은 능력을 가지고 있다. 이들이 처리하는 업무는 흠 잡을 데가 거의 없다. 하지만 그뿐이다. 단지 전문적인 능력만 가지고서는 사업을 최상으로 끌어올리기에는 부족한 점이 많다. 이러한 사람들은 퇴직하는 그날까지 자신의 전문분야만 열심히 하다가 사라진다.

⦂ 자기 발전을 위해 주의할 점

단지 프로젝트를 성공시키고 자기가 맡은 업무보다 더 많은 업무를 했다고 해서 회사의 모든 사람들이 당신을 인정하고 승진시켜 주는 것은 아니다. 왜냐하면 회사는 많은 인재들 중에서 개인의 업무능력과 더불어 다른 여러 가지 면도 면밀히 살피기 때문이다. 그렇기 때문에 당신은 날카로운 판단력과 관찰력으로 동료와 상사, 부하직원과의 관계를 정확히 판단하고 이해하여야 한다. 그리고 그들이 당신을 어떻게 평가하고 있는지를 잘 알아야 한다.

이를 돕기 위해 부자 아빠는 다음과 같은 10가지 주의할 점을 뽑아보았다.

상사의 지시에 빨리 반응하라

시간을 끌면서 늑장을 부리는 것은 충동구매를 억제할 때는 아주 효과적인 방법이지만 상사의 지시에 그러한 태도를 보인다면 당신에게 좋을 게 하나도 없다. 회사의 지시에 재빨리 대처하지 못한다면 상사들은 당신의 업무 태도에 문제가 있고 적극성이 떨어진다고 생각할 것이다.

상사가 바라는 것이 무엇인지 알라

모든 계층의 간부들은 모두 나름대로의 목표가 있다. 그 목표는 단 한 가지이다. 그것은 상사에게 능력을 인정받고 잘 보이는 것이다. 믿지 못하겠다면 당신의 상사에게 물어보라. 만약 당신이 회사의 사장이라면 주주들에게 물어보면 알 것이다.

피터의 원리를 이해하라

피터의 원리란 모든 사람들이 결국에는 자기가 바라지 않던 자리로 가게 된다는 것이다. 이런 원리는 아마도 모든 사람들이 잘 알고 있을 것이다. 하지만 겨우 몇몇 사람들만이 정확히 이해하고 상황에 맞추어 응용하고 있다. 일반적으로 사람들은 승진을 좋은 일이라고 생각한다. 그러나 모든 승진이 다 좋은 것은 아니다. 자기 적성과 맞지 않는 곳으로의 승진은 피터의 원리를 더 빨리 이해할 수 있는 지름길일 뿐이다.

가장 자주 접할 수 있는 예는 마케팅 업무에 뛰어난 사원의 이야기이다. 그는 다른 사원보다 마케팅에 매우 탁월한 성과를 보였다. 이를 본 그의 상사들은 그를 경영 쪽 책임자로 승진시켰다. 그러나 그는 경영 쪽에는 아무런 흥미가 없었다. 그가 하고 싶었고 가장 자신 있던 업무는 마케팅이었다. 이러한 잘못된 승진은 회사나 개인에게 아무런 이익이 되지 않는다.

 **기업의 문화를 살펴라**

인정하든 인정하지 않든 기업문화는 많은 회사에 이미 확실히 자리 잡고 있다. 모든 사람들이 넥타이를 매고 양복을 입을 때, 당신만 청바지를 입고 출근할 순 없다. 회사는 사원들의 단결력을 매우 중요하게 생각한다. 그러므로 튀는 행동은 자제하는 것이 좋다. 회사가 위기에 처해 모든 직원들이 하루 12시간 이상 일에 매달려 있을 때 당신 혼자만 아침 9시에 출근해서 저녁 6시에 퇴근하는 짓은 하지 마라. 아무리 다른 사람들과 다르고 싶어도 이런 작은 일에서는 절대로 다른 사람과 다르게 행동하지 마라. 자기 업무에서 다른 사람보다 더 뛰어난 모습을 보이면 되지 않는가.

말하면 안 되는 것은 절대로 말하지 마라

많은 사람들이 순탄대로로 승진의 고속도로를 달리다가 정체되어 제자리에 머물게 된다. 아마도 그 이유 중 한 가지는 그 사람이 회사나 사장에게 가진 불만을 그다지 사이가 좋지 않은 동료직원에게 말했기 때문일 것이다. 결국 한순간 화가 나 한 말이 자신의 목을 죄게 되는 것이다.

불만이나 화를 풀 가장 좋은 방법은 집이나 취미생활로 푸는 것이다. 이러면 자기가 한 애기가 회사에 퍼질 위험도 없을 뿐더러 마음 편히 스트레스를 풀 수 있다.

 ## 새로운 상사와의 관계를 주의하라

회사가 구조조정을 할 때 그 주된 목적은 회사 시스템을 더욱 합리적이고 효율적으로 운용하기 위해서이다. 그런데 이런 때 고집을 부리고 부서를 옮기려 하지 않고 새로운 상사와 끊임없이 의견충돌을 일으키는 사람이 있다. 이렇게 되면 새 상사는 당신을 더욱 안 좋게 보게 될 것이고 자연히 당신을 신임하지 않게 될 것이다. 당신이 이러한 행동을 보이면 결국 자신에게 좋을 것이 하나도 없다.

지금의 상사와 반목을 일으키지 않도록 주의하라. 그리고 자신의 업무를 이전처럼 충실히 하는 것이 가장 좋은 방법이며 자신을 지키는 가장 적절한 책략이다.

 ## 누군가의 기분을 맞추기 위해 결정하지 마라

만약 정말 능력 있는 경영자라면 사람들은 자연스럽게 그를 존경할 것이다. 그러나 모든 사람들이 그럴 것이라고는 생각하지 마라. 아무리 합리적인 결정도 모든 사람들을 만족시킬 순 없다. 만약 어떤 사람의 기분을 고려해서 잘못된 결정을 내린다면, 더 많은 사람들의 기대와 믿음을 저버리게 될 것이다.

 ## 이랬다저랬다 하지 마라

회사의 모든 일에 항상 깊이 생각하고 신중하게 대처하라. 아무리 작은 일이라 할지라도 절대로 일시적인 견해와 예측으로 결정하지 마라. 왜냐하면 아무리 작은 결정이라도 오늘은 이랬다가 내일은 또 저랬다 하면 사람들은 당신을 신임하지 못하게 된다. 그것은 당신의 상사들도 마찬가지다. 아마도 그들은 당신이 주관이 없으며 안정적이지

못하고 믿을 만하지 못하다고 생각하게 될 것이다.

 ### 자기 스타일을 강요하지 마라

만약 당신이 그 일을 돕지 못한다면, 절대로 다른 사람에게 근무시간을 넘겨서라도 그 일을 완수하라고 하지 마라. 당신이 먼저 본을 보이지 못한다면 다른 사람들에게 당신 스타일대로 일을 하라고 강요하지 마라.

 ### 책임을 전가하지 마라

자기 잘못을 인정하는 것은 아무런 문제도 되지 않는다. 다른 사람에게 책임을 전가하거나 회피하지 마라.

18 전망이 좋은 사업을 찾아라

: 다른 사람이 보지 못하는 기회를 잡아라

부자 아빠는 말한다.

"경제적인 모험을 감행하는 사람들은 한 가지 특수한 감각기관을 지니고 있다. 그들은 다른 사람들이 발견하지 못한 기회를 잡는다."

자산이 많은 부자 아빠들은 다른 사람들이 없는 기회를 포착하는 능력이 있다고 믿는다.

모험을 감행하는 사람들은 어떻게 하면 실패의 위험요소를 줄일 수 있는지 알고 있다. 게다가 다른 사람들이 피하는 투자방법을 통해서 혹은, 다른 사람들이 하기 싫어하는 장사를 통해서 성공의 가능성을 더욱 넓힌다. 그에게 경쟁자가 생기지 않는 이유는 다른 사람들은 그 사업의 성공 가능성을 보지 못했기 때문이다.

많은 성공한 사람들이 다른 사람들이 보지 못하는 것을 본다.

워랜 버크는 미네소타주의 한 바이오 관련 업체 투자개발회사의 부사장이었다. 그가 투자한 한 회사는 합성 중합체를 생산하였다. 미국을 제외한 다른 곳에서 이 물질을 이용한 임상실험이 활발하게 이루어지고 있다. 이 물질을 관절 사이에 주입하여 관절염으로 고생하는 사람들을 치료한다. 이전처럼 모든 관절을 이식해야 했던 큰 수술이 필요하지 않게 된다. 이 회사는 설립 때부터 버크가 주의를 기울였던 회사였다.

그렇다면 대학시절 그저 보통의 학생에 지나지 않았던 워랜 버크가 어떻게 첨단 의료기술을 생산하는 회사를 설립할 수 있었을까? 어떻게 자신의 지명도를 높일 수 있었으며 그렇게 엄청난 액수를 받고 대기업에 상품을 제공할 수 있었을까?

워랜 버크가 루스벨트 고등학교에 입학했을 때 그의 집은 그다지 풍족하지 않았다. 그는 어머니 슬하에서 자라났다. 어머니는 매일 세탁소에서 하루 12시간씩 일을 하였다. 버크도 매일 저녁에 주유소에서 아르바이트를 하였다. 그는 어머니의 근면한 생활을 자연스럽게 배웠다.

"만약 성공하고 싶다면 고등학교는 반드시 졸업하여야 한다. 나는 우수한 학생은 아니었다. 학교에서 뭘 많이 배운 것도 아니다. 그러나 나는 매일 성실하게 학교를 다녔다."

그에게 처음으로 기회를 준 사람은 고등학교 선생님이었다. 이 선생님은 대학에 입학하기 위한 시험을 치르도록 권하였다. 결국 성적이 그리 좋지는 않았지만 그는 4년제 대학에 입학할 수 있었다.

"그때 저는 대학에 입학할 생각이 없었습니다. 우리 집안의 누구도 대학에 가본 사람이 없었죠."

그러나 그 선생님이 모든 것을 바꾸어 놓았다. 버크의 인생 방향을 완전히 바꾸어 놓은 것이다. 그는 버크가 대학 내에서 아르바이트를 할 수 있도록 도와주었다. 자기 스스로의 힘으로 대학을 마칠 수 있도록 말이다. 버크는 대학생 기숙사에 살았으며 그곳에서 만난 교수들과 친구들은 그에게 새로운 삶의 방향을 제시하였다.

"저는 절대로 우수한 학생은 아니었죠. 졸업 때 성적이 C$^+$, B 정도였으니까요. 하지만 만약 선생님이 대학을 권하지 않으셨다면 저는 아마도 예전의 그 주유소에서 지금까지도 일하고 있었을 겁니다."

버크가 설립한 장학기금은 그와 같은 처지의 학생들을 돕기 위한 것이며 그에게 있어서는 매우 의미 있는 일이다.

대학을 졸업한 후 그는 어느 의료기구 제조회사의 영업직원이 되었다. 그는 스스로의 방식으로 회사를 발전시켰으며, 결국 전문적으로 새로운 의료관련 회사에 투자하는 자기 회사를 세웠다.

부자 아빠가 당신에게 주는 충고는 무엇일까?

"당신 주위에 있는 여러 기회들을 놓치지 마라."

미래를 바라보는 직업관

몇 년 동안 부자 아빠는 자기가 맡은 대학의 수업 중에 학생들에게 이런 질문을 하였다. 그 학생들 중에는 대학원생과 경영학 석사과정을 밟고 있는 학생들도 있었다.

"미국에서 가장 미래가 밝은 사업 10가지를 얘기해 보세요."

학생들은 모두 묵묵부답이었다. 10가지는 고사하고 한 가지도 대답하지 못한 학생이 부지기수였다. 가장 똑똑한 학생들이 현재 미국의 경제적 기회를 찾지 못했다. 그러나 이것은 그들에게 어떤 결함이 있어서 그런 것이 아니다. 대부분의 경제학을 배우는 학생들은 자신이 사업을 할 생각이 없다. 그저 졸업 후에 대기업에 들어가 일을 할 생각이다. 그렇기 때문에 무슨 사업이 전망이 좋은가 라는 질문을 생각해 본 적이 없는 것이다.

또 다른 이유는 대부분의 학생들은 어떤 사업이 전망이 좋은가에 대해서 수업시간에 들어본 적이 없다. 아마도 교재를 집필했던 대부분의 작가와 교수들은 그것에 대해 생각하는 것 자체가 학생들의 '도전정신'을 기르는 데 아무런 도움이 되지 않는다고 봤을 것이다.

그러나 학생들이 막 이민온 이민자들보다 경제적인 눈이 떨어지는 데는 또 다른 중요한 원인이 있다. 하트만은 "어떤 목표를 잡기 위해서는 경험과 훈련 그리고 종합적인 능력이 필요하다."고 말했다. 그렇다면 좋은 교육을 받아 자신감이 있고 취직하기 쉬운 학생들이 미래의 전망 좋은 사업을 보는 눈이 밝을까, 아니면 미국에 이민 온 한국인 1세들일까? 그 해답은 아주 분명하다.

한국인들은 미국에 부자가 되겠다는 꿈을 안고 넘어왔다. 사업을 하고 장사를 하는 것이 그들의 미래를 더욱 넓혀주는 유일한 길이었다. 이러한 염원이 있기에 그들은 자기들의 목표에 다다를 수 있는 기회를 잡는 것이다.

이민 1세대 한국인들은 성공할 가능성이 높고 고수입을 창출할 수 있는 사업을 정확하게 선택하였다. 많은 성공한 한국계 미국인들은 크고 작은 기업단체나 문화단체를 통해 이에 대한 정보를 제공하였다. 그리고 성공하고자 하는 사람들과 지속적으로 교류를 함으로써 그들이 성공할 수 있도록 큰 도움을 주었다.

70년대 미국에서 가장 전망 좋은 사업은 세탁업이었다. 지금도 많은 한국인들이 이 일에 종사하고 있다. 그래서 이 세탁업과 관련된 잡지는 두 가지 언어로 되어 있다. 하나는 영어, 또 다른 하나는 한국어다! 통찰력이 뛰어난 한국인들이 처음에 선택한 업종은 이외에도 여러 가지가 있다. 그들은 미국의 대로변을 걸으면서 다른 사람들은 보고도 알지 못한 기회를 포착하여 자신의 사업으로 삼았다. 그래서 한국인들은 각종 전망 있는 사업 분야에서 주도적인 위치를 점하고 있다. 과일이나 야채 중소매점이나 신발수리점, 슈퍼마켓, 패스트푸드점 등에서 말이다. 게다가 그들은 보다 싼 가격에 좋은 서비스를 제공하면 성공할 가능성이 더욱 커진다는 것을 너무나 잘 알고 있었다. 아울러 경제적인 성공은 스스로 독립적인 위치에 설 수 있다는 것도 잘 알고 있었다.

직업을 발견하고 선택하라

기업 사장 출신인 대부분의 백만장자들은 모두 이렇게 충고할 것이다.

"내가 경제적인 성공을 거둔 이유는 매우 특별한 사업을 선택하였기 때문이다."

기업주 출신 백만장자들이 모든 백만장자들 중에서 차지하는 비율은 매우 높다. 그러나 미국의 모든 기업주들이 다 백만장자인 것은 아니다. 기업주가 됐다고 해서 바로 백만장자가 되는 것은 아니다. 자기 사업이 있다고 해서 백만장자가 되는 길이 열린 것은 결코 아니다. 그러나 열심히 사업을 성공시키기 위해 노력한다면 그 가능성은 더욱 커질 것이다.

우연히 찾은 직업

자수성가한 백만장자 짐은 대학을 졸업하지 않았다. 그러나 당신에게 경제적으로 독립할 수 있는 방법을 일러줄 수 있다. 가장 중요한 것은 아무도 알지 못하는 그런 일을 하라는 것이다. 짐은 바로 이러한 사업을 찾아 투자를 하였다. 그는 현재 유명한 몇몇 클럽의 사장으로 자기 분야에서 독보적인 경영력을 가졌다고 평가받고 있다.

짐은 현재의 직업이 자기에게 너무나 잘 맞는다고 한다. 그는 자기 사업을 매우 사랑한다. 그러나 그의 선택은 한순간에 결정한 것이 아니었다. 그는 몇 번의 시행착오와 엄청난 시간을 들여서 자기가 바라는 직업을 찾을 수 있었다.

(1) 자신의 능력과 재능을 유감없이 발휘할 수 있는 분야
(2) 경제적 독립의 기회를 재공하는 분야
(3) 스스로 자신감을 쌓을 수 있는 분야

다른 많은 자수성가형 백만장자들처럼, 짐은 젊은 사람들과는 다른 다양하고 특이한 경력이 있다. 부자 아빠는 그것을 사냥꾼의 후각이라고 얘기한다. 짐은 기회의 냄새를 맡을 줄 안다. 그는 진짜 기회와 거품이 많은 기회를 분별할 줄 안다. 짐이 항상 그랬던 것은 아니다.

그에게는 뼈아픈 기억이 있다. 그러나 그러한 경험이 있었기에 오늘 날 그는 성공의 달콤함을 맛볼 수 있었던 것이다.

짐은 대학졸업장을 가지지 못한 사람이다. 그는 플로리다 대학에 입학하였으나, 곧 '성적미달로 퇴학'을 당한다. 그리고 군에 입대하였다. 나중에 그는 장교가 되었다. 장교로서의 경험은 그에게 자기 절제력과 조직력과 지도력을 길러주었다. 이러한 중요한 자질은 그가 이후에 사업을 하는데 중요한 역할을 하였다. 군에 있을 때 그는 행정 분야에 대해 배웠다. 군을 제대한 후에 그는 다시 대학에 입학하였다.

짐은 기숙사나 아파트보다 단독주택을 선호하였다. 그러나 대부분의 단독주택들은 가격이 너무 비쌌다. 그래도 짐은 방이 많이 있는 단독주택을 빌렸다. 이 집은 그의 사업을 일으킬 밑천이 되었다. 그는 이 방들을 모두 친구들에게 빌려주었다. 그가 집주인이 된 것이다. 그에게 집을 세준 사람은 집 관리에 신경 쓰고 싶어 하지 않았다. 예를 들면 마당 제초작업, 입주금 독촉, 가구매입, 영수증 발행 등.

짐은 집주인 역할이 매우 맘에 들었다. 그는 부동산이 매우 전망 좋은 투자종목이라는 것을 깨달았다. 그는 자기 직감을 믿었다. 그는 부동산 관리를 통해 부자가 될 수 있다는 것을 알았다. 오랫동안 그는 대학 부근에서 24채의 주택과 아파트를 빌려 모두 세를 놓았다. 세입자가 안 들어올 거라는 걱정은 해본 적도 없다. 한때 그의 주택에는 5,000명의 학생들이 살았다.

서비스를 제공하느냐, 아니면 서비스를 제공받느냐?

짐은 부동산으로 많은 돈을 벌었다. 그리고 부동산개발 회사를 설립하였다. 그는 회사를 설립함으로써 경제력을 더욱 향상시키고 사회적 지위도 높일 수 있는 제 2보를 내딛은 것이다. 그는 이미 부동산 개발업에 뛰어들 정도로 충분한 자본을 모았으며, 이 부동산개발은 그의 창조성을 발휘하는 데 더할 나위 없는 사업이었다.

이렇게 사업을 시작함으로써 그는 자신의 사회적 지위를 고양시켰다. 한 기업의 총 매니저로서 말이다. 모든 하청업자들과 외주업자들 그리고 공급업자들은 모두 한 기업의 경영에 영향을 준다. 그러나 대부분의 상황에서 정말로 한 기업을 좌지우지 하는 곳은 바로 돈을 빌려주는 곳이다. 짐과 같은 대부분의 사장들은 제조업자들의 머리 위에 있을 뿐이다.

많은 사람들이 가장 많은 돈을 버는 곳은 개발업자와 제조업자 그리고 판매상이라고 생각한다. 그러나 사실 가장 높은 이익을 보는 곳은 그 판매상과 제조업자들에게 서비스를 제공하는 사람이다. 미국에서 가장 전망 좋은 사업은 부동산 관리이지 절대 부동산 개발이 아니다. 서비스를 제공하는 그 사람들이야말로 바로 경제 분야에서의 포식자이다. 이것이 소위 말하는 '디스코론'이다.

당신이 일찍 '이상적인 직업'을 찾는다면 더 이상 좋을 수 없다. 부자 아빠의 생각에 어떤 일이든 간에 가장 성공하기 쉬운 사람들은 세 종류의 사람이다. 바로 발명가와 관리자와 주관자이다.

어떤 연구소의 과학자든 연구원이든 모두 엄청난 노력과 시간을 들여 신제품을 개발하고 새로운 자원, 새로운 원자재를 만들어낸다. 이것은 회사에 막대한 변혁을 가져온다. 그리고 기업은 새로운 고객들을 확보하고 엄청난 이윤을 올릴 수 있게 된다. 이들이 바로 회사의 원동력이며 끊임없는 자원을 캐낼 수 있는 기업 자원의 보고인 셈이다.

기업의 관리인들은 회사의 경영관리 등 모든 부문을 관리하고 감독한다. 신상품을 생산하여 시장에 내놓아 이윤을 창출하는 것이다.

주관자가 하는 역할은 이 발명가들과 관리자들 사이를 조율하고 문제와 모순을 해결하는 사람이다. 바로 한 기업의 사장이 주관자라 할 수 있다.

후지 필름을 예로 들어 보자. 발명가는 사진필름을 개발한 연구원들이다. 관리자는 각 부문을 책임지는 부장이나 이사다. 이들은 광고부, 마케팅부, 생산부 등을 책임지고 있다. 주관자는 바로 사장이다. 그는 연구원과 관리자들의 의견을 종합하여 결정하는 권한을 가진다.

각 인재가 발전하는 속도를 살펴보면 발명가는 100% 기업에서 가장 빨리 발전한다. 게다가 직위도 매우 빠른 속도로 높아진다. 관리자는 비록 진급 속도는 발명가보다 못하지만 꾸준히 노력하여 자기 능력을 발휘한다면 높은 자리에 오르는 것이 어렵지 않다. 사장은 앞의 두 사람이 가지고 있는 우수성을 모두 가지고 있어야 한다. 그래야만 회사를 경영하며 모든 일을 관리하고 통제하는 중요한 역할을 맡을 수 있다.

자기 사업을 사랑하라

많은 요소들이 성공을 이끌어 낸다. 뛰어난 체력, 건강, 강인함, 풍부한 지식, 열정과 비범한 재능이 그것이다. 그러나 한 가지를 빠뜨린다면 모든 요소들을 아무리 한데 모아 노력한다고 해도 성공에 이를 수 없다. 그것은 바로 '일'이다.

당신은 세상에 두각을 나타낼 수 있다. 그러나 반드시 일을 해야 한다. 어떤 일을 성공시키기 위해 노력을 쏟아야 한다. 당신은 그런 노력을 쏟을 준비가 되어 있는가?

더 높은 위치에 올라서고 싶다면 당신은 더 특별한 일을 해야 한다. 그리고 더 특별한 노력을 기울여야 한다. 그러한 노력을 쏟을 때 정말 원해서 해야 한다. 어쩌면 당신은 그러한 노력을 쏟기 위해 많은 고통과 어려움을 겪어야 할지도 모른다. 하지만 결국 당신은 합당한 보상을 받게 될 것이다.

부자 아빠는 말한다.

"나는 한번도 돈을 벌기 위해 일하는 사람들을 불쌍히 여긴 적이 없다. 그러나 자기 일에 아무런 열정도, 흥미도 느끼지 못하는 사람들을 볼 때면 동정을 금치 못한다. 자기가 하고 싶은 일이 무엇인지 찾지 못한 사람은 젊은 시절의 열정을 발휘하기가 매우 어렵다."

당신은 살아가는 것이 싫은가? 그럼 자신을 완전히 몰입시킬 수 있는 어떤 일에 투입해 보라. 그리고 그것을 위해 살고 그것을 위해 목숨을 내놓으라. 이렇게 한다면 당신은 영원히 이룰 수 없을 것 같았던 성공을 이룰 수 있다.

일을 잘 하기 위해서는 먼저 좌우명을 세울 필요가 있다. 진지하고 심각하게 자문해 보라. 어떤 것이 우리가 일을 할 때 없어서는 안 되는 것일까?

그것은 상식적으로 생각해서 반드시 있어야 할 것이라든지 다른 사람이 말해 주는 내용이 아니어야 한다. 마음 속 깊은 곳에서 정말 원하고 당신이 더 즐겁게 일을 할 수 있도록 해주는 것을 말한다. 바로 사람들이 자주 얘기하는 사업 좌우명이다. 좌우명은 어떤 사업을 할 때만 필요한 것이 아니다. 어떤 직업을 구할 때에도 당신이 준수해야 할 기본원칙을 일깨워 주는 것이다.

좌우명을 세우는 가장 좋은 방법은 과거의 경험 중에서 무언가를 얻거나 잃게 된 원인을 모색해 보는 것이다.

만약 당신이 다른 사람들과 매우 깊이 있는 대화를 나누고 그들과 친해지고 싶다면 당신만 그렇게 원해서는 아무것도 안 된다. 그들과 함께 하나가 되어야 한다.

일은 즐겁게 놀듯이

당신이 일을 마치 '즐겁게 놀듯이' 할 수 있다면 어떤 결과가 나올까? 사람들은 흔히 일을 정할 때 취미나 특기, 심심풀이 오락 등을 고려하지 않는다. 사람들은 항상 일은 진지한 것이고 노는 것과는 완전히 다른 것이라고 생각한다. 부자 아빠는 이러한 고정관념을 바꿔야 한다고 본다. 일은 반드시 창조적 즐거움이 있어야 한다. 만약 당신이 취미생활이나 오락 활동에 가장 큰 창조력을 발휘한다면, 어째서 그것을 당신의 직업으로 삼아보지 않는가?

대기업에서 일해 온 한 50대의 직원이 갑자기 해고되었다. 그는 자신이 다시는 이전과 같은 일을 할 수 없다는 것을 깨닫게 되었다. 부자 아빠는 그에게 취미가 무엇인지 물었다. 그는 별 생각 없이 골프와 원예라고 대답했다. 그러나 그는 이러한 자기 취미를 직업으로 삼을 생각은 한번도 한 적이 없다. 부자 아빠는 그에게 원예 분야에 관한 과정을 이수하도록 권하였다. 그는 지금 대기업 간부에서 골프연습장 사장이 되었다. 그는 과거 회사에 있을 때 자주 다녔던 두 골프클럽과 계약을 맺었다. 그는 이 일이 "전혀 일 같지 않다."고 말한다.

성공한 많은 사람들이 자기 취미를 살려 결국에는 사업으로 발전시켰다.

덴버거씨는 가정주부로 집에 있을 때 암 협회나 여성선거연맹, 다른 자선 단체에 여러 번 기금을 전하였다. 그녀가 40세가 되어 일을 찾고 싶었을 때 기금모집이라는 취미가 훌륭한 직업이 될 수 있다는 것을 알게 되었다. 뉴저지의 심장협회는 그녀의 기금모집 경력을 보고는 그녀를 기금모집 사원으로 고용하였다.

스판리씨는 하버드 경영대학원에서 기업경영학을 딴 이후에 대기업에 입사하지 않았다. 놀랍게도 가수가 되어 무대에서 노래를 부르는 삶을 살았다. 이것은 그가 가장 좋아했던 것이지만 직업으로 선택하기에는 망설였던 분야였다.

미국의 많은 골동품상점이나 유행품상점은 모두 사람들이 개인적인 취미를 사업화 한 것이다. 다시 말하면 취미나 특기가 일이 될 수 있다는 것이다. 공부나 집중력이 모자란 사람들도 자기 취미와 특기를 살려 얼마든지 직업화 할 수 있다. 얼마나 그 일을 사랑하느냐에 따라 자신의 부족한 점을 보충하면 된다.

부자 아빠가 만난 모든 백만장자들은 사업과 일을 사랑한다. 그들은 자기 직업을 너무나 사랑했고 이 열정은 자신을 그만큼 높은 수준으로 발전시켰다. 사실 직업에 대한 애착과 부자가 되는 것은 아주 밀접한 관계가 있다. 만약 당신이 일을 좋아한다면 당신이 부자가 될 가망성은 그만큼 높은 것이다. 자기 직업에 갖는 애착과 열정이 때로는 불가사의한 결과를 만들어 낸다.

⋮ 역경을 딛고 올라가는 용기

등반가는 자기가 하고자 하는 분야에 매우 명확한 목표의식을 가지고 있다. 그리고 대단한 열정을 지니고 있다. 목적과 열정은 항상 그들을 이끌게 된다. 그들은 어떻게 하면 즐겁게 많은 것을 경험할 수 있는지 잘 알고 있다. 그리고 목표를 향해 정진해 나가는 것을 하늘의 축복이며 은혜라고 믿는다.

등반가는 눈앞의 이익과 수확을 잘 알고 있다. 하지만 그들이 중시하는 것은 미래의 막대한 성과이지 단기적인 수익이 아니다. 그들은 현재 자신이 가고자 하는 방향을 잘 안다. 그리고 정상까지 오르는데 얼마의 거리가 남아 있는지도 잘 안다. 또한 정상에 올랐을 때 얻게 될 장기적인 이익에 대해서도 너무나 잘 이해하고 있다. 이것이 도중에 포기하는 자와 완전히 다른 점이다. 등반가는 미래의 희망에 모든 것을 건다. 그러나 도중에 포기하는 자는 현재에 만족하고, 미래의 가능성 때문에 현재의 이익을 버리지 못한다. 등반가는 항상 용감하게 미래를 향해 발걸음을 내딛는다.

등반가는 보통 아주 강한 신념을 가지고 있다. 그리고 어떤 목표는 자기 생각보다 더 대단하다는 것을 잘 안다. 이런 매력적인 목표가 바로 그들이 다다르고자 하는 곳이다. 그들이 너무나도 힘하고 위험한 산봉우리를 만나게 되었을 때 용기를 잃지 않고 힘을 내서 앞만 보고 갈 수 있는 것은 이러한 신념을 가졌기 때문이다. 그리고 위험을 극복하는 것 또한 그들이 바라는 바이다. 이러한 신념이 있기에 그들은 다른 사람들이 두려워 하지 못하는 일을 할 수 있다.

등산하는 것과 마찬가지로 사람들은 어떤 길은 너무 위험해서 그 길로는 갈 수 없다고 단정해 버린다. 그러나 진정한 등반가는 절대로 속단하지 않는다. 그들은 그 길로 산 정상에 오른다. 그들은 극복 가능한 위험에 도전할 수 있을 뿐 아니라 도저히 극복하기 불가능해 보이는 위험에도 도전한다. 그리고 불가능을 가능으로 만든다. 그것이 진정한 승리인 것이다.

하인리히가 낭가파르바트를 오른 것처럼 등반가는 쉽게 포기하지 않는다. 매우 고집이 있고 강인한 체력과 회복력을 가지고 있다. 그들은 산을 오르는 중에 만나는 모든 장애물을 넘어서서 더 좋은 등산길을 찾는다. 만약 그들이 절대로 극복할 수 없는 장애물을 만났거나 더 이상 갈 수 없는 막다른 길에 몰렸다면, 그들이 취하는 해결 방법은 지극히 간단하다. 다시 원래 왔던 길로 돌아가는 것이다. 지쳐 더 이상 한걸음도 옮기지 못할 때 그들은 다시 한번 자신을 채찍질하며 앞으로 나아간다. 그들에게 '포기'라는 단어는 없다. 그들은 포기와는 거리가 먼 사람들이다.

등반가는 때로는 후퇴할 줄 알며 잠시 기다릴 줄도 안다. 그들은 이것도 앞으로 가기 위한 하나의 방법이라는 것을 너무나 잘 알고 있다. 그들은 깊은 지혜를 가지고 있다. 당연히 실패 역시 성공을 향한 과정일 뿐이라는 것을 너무나 잘 알고 있다. 그들이 그렇게 용기 있게 앞으로 나갈 수 있는 것은 미래에 대한 희망과 과학적 분석이 뒤따르기 때문이다. 그들은 성공을 향해 가는 사람들이다.

등반가 또한 사람이다. 어떤 때에는 그들도 피곤으로 지치고 앞으로 갈 길에 대한 걱정에 휩싸인다. 아마도 이 길이 정확한지 망설이거나 고독을 느낄 수도 있다. 그리고 상처를 입는다. 그들도 자기 행동에 의심을 품는다. 모험에 대해서도 의심한다. 때로 그들은 포기한 자들과 한데 어울려 누가 누군지 구분조차 하기 힘들 때도 있다. 그러나 그들 사이에는 명확한 차이가 있다. 등반가는 자신의 힘을 비축하여 상처가 회복되기를 기다린다. 그리고 다시 등반길에 나선다. 반면 중도 포기자는 다시 산에 오르려 하지 않는다. 그들은 그 자리에 머물길 원한다. 등반가에게 지금의 야영지는 잠시 머물다 가는 임시숙소일 뿐이다. 그러나 중도 포기자에게 이곳은 따뜻한 집이다.

등반가가 포기자와 다른 점은, 그들은 항상 도전의식을 가지고 있으며 생활은 항상 긴장의 연속이다. 그들은 자신을 채찍질하며, 정신을 갈고 닦는다. 그리고 자기 생명의 극한까지 노력한다. 아마도 등반가는 모든 일의 촉진제라고 할 수 있다. 그들은 항상 새로운 일을 창출해 낸다.

⋮ 먼 곳을 바라보라

등반가는 먼 곳을 내다보는 식견이 있다. 그들은 사람들의 마음을 북돋을 줄 안다. 그들은 훌륭한 지도자가 될 수 있다.

인도의 정신적 지주인 간디는 자유와 풍요로운 생활을 뿌리치고 어떠한 폭력과 위협에도 굴하지 않고 압제자들과 맞서 싸웠다. 그렇기에 그는 인도의 정신적 지주가 될 수 있었다. 간디는 바로 쉼 없이 산을 오르는 등반가였던 것이다. 그의 발자취는 끊임없이 전세계 사람들의 마음을 흔들어 놓았다.

네오틀라 데몬 축구팀의 감독 레오 허얼즈의 전기는 매우 주목할 만하다. 그는 어떤 변명도 용납지 않았고 아무런 행동을 취하지 않는 것을 가장 싫어했다. 그는 어렸을 때 매우 가난하게 자라났다. 게다가 그는 말을 심하게 더듬었다. 그는 공개적인 장소에서 말하는 것을 매우 힘들어했다. 심지어는 학교 국어시간에도 무서워서 들어가지 못할 정도였다.

어느 날 그는 자신의 삶을 바꿀 계기를 만나게 된다. 그때 이후로 그는 스스로 107가지 인생의 목표를 세웠다. 그 목표 중에는 미국 대통령과 식사하기, 스네이크 강에서 표류하기, 스카이다이빙할 때 낙하산을 최대한 늦게 펴기, 네오틀라 데몬팀 감독되기, 챔피언십 우승하기, 리그결승전 우승하기 등이 있었다.

현재 그는 자신이 세운 107가지 목표 중에 이미 98가지를 달성하였다. 그는 유명해졌고, 자신의 능력을 마음껏 발휘하였다. 이제 그는 자기가 하고 싶은 말을 자연스럽게 하게 되었다. 그는 끊임없이 승리를 위해 노력했다. 그는 매우 힘든 상황도 극복하였을 뿐 아니라 일반 사람들이 보기에는 불가능한 일까지 극복해 내었다.

매년 《성공》이라는 잡지에는 그 해의 대단한 인물들, 보통 성공한 기업가나 재기에 성공한 백만장자들의 이야기를 싣는다. 그들의 이야기를 살펴보면 공통점이 있다. 그들은 항상 많은 좌절과 위험을 이겨 왔으며, 용감하게 역경에 맞서 싸웠고 이를 극복하여 왔다.

애플컴퓨터사의 스티븐잡스가 전형적인 예이다. 그가 애플컴퓨터사를 설립한 것은 컴퓨터를 일반 사람들이 누구나 쓸 수 있도록 하는 꿈을 실현하기 위해서였다. 그가 애플사로부터 퇴출될 때 그는 이미 많은 경험을 쌓았다. 게다가 전설적인 국민영웅으로 불렸다. 그때부터 편히 인생을 즐긴다 해도 누가 뭐라 할 사람도 없었다. 하지만 그는 다시 새로운 등반을 시작하였다.

그는 Next사를 세웠다. Next사는 곧 다른 컴퓨터회사의 강력한 경쟁기업이 되었으며, 경쟁이 치열한 컴퓨터 하드웨어 부문은 무시한 채 독특한 방식으로 발전하였다. 현재 Next사는 애플사에 운영시스템을 공급하고 있다(애플사는 이미 소프트웨어와 인터넷응용 부문으로 사업방향을 전환했다). 그렇게 함으로써 애플사가 다시 일어서는 데 일조하고 있는 셈이다.

스티븐 잡스는 다시 픽사 프로덕션을 설립했다. 사람들은 다시 그의 행보에 관심을 기울이게 되었다. 픽사 프로덕션은 〈토이스토리〉를 제작하였는데 100% 컴퓨터 그래픽을 이용하여 만화영화사에 한 획을 그었다. 픽사 프로덕션을 세울 시기에 그의 자산은 이미 12억 달러가 넘었다. 스티븐 잡스는 모든 과정에서 직접 자금을 모으고 우수한 인재를 채용하였고, 픽사 프로덕션이 세계 일류 만화영화사임을 증명하였다. 그리고 중요한 계약을 직접 체결하였고, 회사를 대표하여 사람들 앞에 섰다. 스티븐 잡스는 한발 더 나아가 픽사를 일류 컴퓨터 그래픽 전문회사로 키울 생각이었다. 이 생각은 픽사를 설립하기 전에 이미 구상된 것이다.

스티븐 잡스의 꿈은 이미 현실이 되었다. 이렇게 간단히 얘기하였지만 그가 그동안 겪었을 각종 역경과 어려움은 능히 짐작할 수 있다. 만약 그냥 보통의 신념을 가지고 있었던 사람이라면 일찌감치 포기하였을 것이다. 최근에 스티븐 잡스의 사업은 애플사를 도와 컴퓨터사업의 새로운 장을 일궈나가는 것이다. 애플사가 컴퓨터업계에서 일류회사로 거듭날 수 있도록 하기 위해서이다.

당신은 어떤 사람인가? 포기자인가? 아니면 굳은 신념을 가진 등반가인가?

좌절을 두려워 않는 등반가가 되려면 당신은 반드시 미루는 습관을 고쳐야 한다. 오늘 일을 내일로 혹은 내년 이맘 때까지 미루는 습관은 당신이 목적을 향해 나아갈 때 커다란 장애물이다. 이러한 습관을 고치지 않고서는 어떤 성공도 이루기 힘들다.

미루는 습관을 고치기 위해서 다음과 같은 방법을 사용해 보라.

(1) 매일 자신이 해야 할 일을 확실하게 처리한다. 다른 사람의 지시나 간섭 없이 능동적으로 할 수 있는 일을 처리한다.

(2) 매일 한 가지씩 다른 사람을 돕는다. 그리고 절대로 어떤 대가도 바라지 마라.

(3) 매일 능동적으로 일하는 습관이 주는 좋은 점을 다른 사람에게 애기한다. 적어도 1명한테만이라도.

정확한 사고방식을 갖자

중요한 것에 정신을 집중하라

정확한 사고방식을 갖추기 위해서는 다음과 같은 두 가지 기초가 있어야 한다.

첫째, 사실과 순수한 자료를 구분 짓는다.

둘째, 사실을 둘로 나눈다. 중요한 것과 중요치 않은 것으로, 관련 있는 것과 관련 없는 것으로 구분한다.

목표를 향해 나아갈 때 당신이 사용하고자 하는 사실은 중요하고 또 매우 밀접한 관련이 있는 것이어야 한다. 중요하지 않고 그다지 관련도 없는 사실에 신경 쓸 겨를이 없다. 어떤 이들은 이러한 점을 망각하고 종종 실수를 저지른다. 하지만 기회를 볼 줄 알고 능력이 어느 정도 갖추어진 사람들은 그렇지 않다.

어째서 그런지 궁금할 것이다. 여러 사례들을 살펴보면 항상 좋은 성과를 올리는 사람들은 확실히 좋은 습관을 지니고 있다는 것을 알 수 있다. 바로 이러한 습관이 그들이 일을 하는데 필요한 모든 사실들을 종합하여 사용할 수 있게 한다. 그들은 다른 보통 사람들과 비교해 볼 때 일을 가볍고 즐겁게 한다. 그들은 이미 비결을 터득하였기 때문에 중요하지 않은 사안에서 중요한 것만 집어낼 줄 안다. 그렇기 때문에 업무의 스트레스를 줄일 수 있는 것이다. 그들은 스위치를 켜기만 하면 다른 사람들이 해결하지 못한 문제들을 단숨에 해결해 버린다.

당신이 주의력을 모두 중요한 일에만 집중할 수 있다면 그 중요한 문제를 쉽게 풀어낼 것이고 성공할 수 있는 기반을 닦을 수 있다. 당신은 엄청난 능력을 보유한 것이다. 비유하자면 다른 보통 사람들이 100kg의 해머를 겨우 들어올릴 수 있을 때 당신은 10톤의 크레인으로 건물을 단번에 부술 수 있는 것이다.

당신이 사실과 순수한 자료의 중요성을 분별해 내고자 한다면 우선 나폴레온 힐이 한 애기를 들어보자.

나폴레온 힐은 무슨 말에든 쉽게 영향을 받는 사람들을 연구해 보라고 당신에게 건의한다. 이런 사람들은 언제나 쉽게 소문에 영향을 받는다. 이런 사람들은 신문에서 본 기사를 분석할 줄 모르고 맹신한다. 그들은 다른 사람들을 판단할 때도 분석과 이해보다는 다른 사람들의 말과 의견을 여과 없이 받아들인다.

많은 진실과 사실들이 사람들의 일상대화에 있거나 혹은 신문보도에 실려 있다. 그러나 사고방식이 정확하게 정립된 사람들은 듣고 보는 모든 내용을 다 받아들이지 않는다.

⦂ 정확하게 사실을 파악하라

법률에는 '증거법'이라는 원칙이 있다. 이 법률의 목적은 정확한 사실을 얻고자 하는 데 있다. 사실에 근거하여 재판을 한다면 모든 법관들은 정당하며 공평하게 매 사건들을 처리할 수 있다. 그러나 법관이 '증거법'을 회피한다거나 근거 없는 소문에 귀를 기울이게 된다면 무고한 사람을 처벌하는 일이 생길 수 있다. '증거법'은 그 대상과 상황에 따라 조금씩 틀리게 사용된다. 만약 당신이 정확한 사실을 모르고 있을 때 지금 눈앞의 증거들 중에서 당신의 이익에 부합되고 다른 어떤 사람에게 해를 입히지 않는 것이 있다면 바로 그것이 사실에 근거한 증거라고 볼 수 있다. 이러한 증거로 판단을 내린다면 실수란 있을 수 없을 것이다.

하지만 실제 상황은 다르다. 많은 사람들이 잘못된 판단을 하고 있지만 그것이 잘못된 판단이라는 것조차 모르고 있다. 사람은 일의 이해관계에 따라 사실 여부를 판단해 버린다. 사람들이 무슨 일을 하거나 하지 않는 기준은, 그 일이 자기 이익과 부합되느냐 아니냐이지 다른 사람에게 해를 끼치느냐 아니냐가 아니다.

당신에게 실망감을 안겨줄지는 몰라도 이것은 피할 수 없는 사실이다. 오늘날 많은 사람들의 사고방식은 이해관계를 가장 중요시하고 있다. 어떤 일이 자신에게 유리할 때는 매우 '성실'하게 한다. 그러나 불리할 때에는 성실함은 온데간데 없고 제대로 이행하지 못하는 수만 가지 이유만 찾아낸다. 그러나 사고방식이 정확한 사람은 확실한 기준을 가지고 행동한다. 그들은 항상 이 기준을 준수하며 설사 불리한 상황을 몰고 온다 할지라도 기준을 꺾지 않는다. 왜냐하면 이러한 기

준이 결국에는 그들을 성공의 길로 인도한다는 것을 너무나 잘 알고
있기 때문이다.

심리적으로 안정되고 정확한 사고방식을 가진 사람이 되고자 한다
면 더 강인한 성격을 지녀야 한다. 사고방식이 정확하다는 것이 때로
는 자기에게 불이익을 가져온다. 그래도 정확한 사고방식이 가져올
보상과 대가는 전체적으로 보면 매우 막대한 것이다. 그러므로 이러
한 불이익을 기쁜 마음으로 받아들여야 한다.

사실을 추구하는 과정에서 상대방의 의견과 지식, 경험이 필요하
다. 이런 때에는 세심하고 조심스런 태도로 상대방이 모은 사실이 정
확한 증거가 갖추어진 것인지 확인하고 행동하라. 증거의 사실 여부
가 모든 상황에 영향을 미칠 만한 것이라면 더 자세히 그 증거를 조사
해 보아야 한다. 왜냐하면 때로는 어떤 이익을 위해 증거들을 위조하
거나 바꾸는 경우도 있기 때문이다.

진리만이 영원하다

당신이 정확한 사고방식을 가진 사람이 되기 전에 한 가지 명심해
야 할 것이 있다. 그것은 어떤 일을 하건 간에 당신이 어느 정도의 위
치, 예를 들면 부장이나 이사장이 되었을 때 당신을 반대하는 사람들
이 근거 없는 '소문'을 흘려 공격한다는 것이다. 당사자가 얼마나 높
은 인격을 갖추고 세상에 얼마나 큰 공헌을 하였던 간에 반대자들의
목소리는 여전히 존재할 것이며 그 공격을 피할 수 없을 것이다. 왜냐
하면 이들은 파괴하는 것을 즐기기 때문이다.

링컨의 정적은 링컨이 어떤 흑인여자와 동거를 하였다는 소문을 냈다. 소문을 낸 사람은 링컨과 워싱턴사람들이 모두 남쪽지방 사람들이기 때문에 이런 소문이 가장 적절하고 효과적으로 링컨의 명예에 흠집을 낼 것이라고 생각하였다.

미국의 윌슨 대통령은 파리에서 돌아올 때에 전쟁억제와 국제적인 대립문제를 해결할 아주 효과적인 방안을 마련하여 왔다. 그러나 대부분의 사람들은 근거 없는 소문을 듣고 그를 폭군 네로 황제나 가룟유다로 비유하며 욕하였다. 소문을 낸 사람은 이런 악의적인 소문으로 윌슨을 위해하려 한 것이다.

이러한 근거 없는 소문에 대비하여야 하는 것은 비단 정치계뿐만이 아니다. 경제계에서도 마찬가지이다. 만약 누군가가 그의 옆집 사람들 것보다 훨씬 좋은 쥐덫을 만들었다고 하자. 전 세계 사람들이 모두 그에게 몰려와 축하하고 고마워 할 것은 의심할 여지가 없다. 그러나 축하하러 온 사람들 중에도 분명히 그를 음해하려는 사람도 섞여 있을 것이다.

우리는 링컨 대통령이 비명에 갔지만 그가 후대에 어떤 평가를 받고 있는지 잘 안다. 진리와 사실만이 영원하며 시간이 모든 것을 판결해 준다.

부자 아빠는 당신에게 묻고 있다. 백만장자가 사업을 해 나갈 때 무엇을 배웠겠는가? 그들은 바로 다른 사람들과 다른 사고방식을 가져야 한다는 걸 배웠다.

생각을 자유롭게 하라

부자 아빠는 당신에게 말한다.

"자기 내면을 유심히 관찰하라! 이렇게 하면 당신은 위대한 발견을 할 수 있을 것이다. 그러나 당신 스스로가 하지 않는다면 그것은 불가능하다."

당신은 항상 무언가를 생각한다. 무엇을 생각하는가? 당신이 사고하는 과정은 매우 조리 있는가? 당신의 생각은 얼마나 솔직한가? 당신의 생각은 아주 깨끗한가?

모든 사람들이 생각을 한다. 그리고 아무리 위대한 생각이라 할지라도 그 생각에는 거미줄이 쳐져 있기 마련이다. 이러한 거미줄은 소극적인 생각이나 격정, 좋지 않은 습관이나 편견이라고 볼 수 있다. 우리의 생각은 가끔 이러한 거미줄에 잡혀 더럽혀지곤 한다. 어떨 때는 사람들이 혐오하는 습관을 길러내기도 한다. 이런 습관은 바꾸어야 한다. 어떤 때에는 이런 거미줄 때문에 나쁜 일을 하기도 한다. 마치 거미줄에 잡힌 곤충처럼 자유를 찾기 위해 몸부림친다. 곤충이 일단 거미줄에 사로잡히면 결코 벗어날 수 없다. 그러나 사람들은 벗어날 수 있다. 왜냐하면 사람은 신념을 가지고 있기 때문이다. 당신은 심리적인 거미줄에서 벗어날 수 있으며, 거미줄을 뜯어 버릴 수도 있다.

：역경을 이겨내고 성공의 씨앗을 심어라

"만약 나에게 신체적 결함이 있다면 어떻게 하죠?"

뎀프시라는 아이가 있었다. 그는 태어날 때부터 기형아였다. 그의 이야기는 아마도 당신에게 좋은 해답이 될 것이다.

그는 태어났을 때 사지가 온전하지 못했다. 단지 오른쪽 다리와 오른 쪽 어깨만 있었다. 그는 다른 아이들처럼 운동을 하고 싶었다. 그는 축구를 좋아했다. 부모는 그를 위해 나무로 의족을 만들어 주었다. 그리고 특별히 만든 럭비화를 신겼다.

뎀프시는 한 시간 또 한 시간, 하루 또 하루 매일매일 나무의족에 의지하여 럭비연습을 하였다. 골대에서 더 멀리 떨어진 곳에서 골을 넣도록 연습하였다. 그는 사람들에게 널리 알려졌으며, 뉴오리건주의 세인트팀에 선수로 채용되었다.

뎀프시가 절뚝거리는 발로 종료 2초를 남겨두고 골문에서 63야드나 떨어진 곳에서 골을 넣었을 때 럭비팬들의 함성은 미국 전역을 휩쓸었다. 이것은 당시 프로럭비시합 역사상 가장 먼 거리에서 넣은 골이었으며 세인트팀은 19대 16으로 디트로이트의 라이온스팀을 이겼다. 디트로이트팀의 감독은 이렇게 말했다.

"우리는 기적 앞에 무릎을 꿇었다."

뎀프시의 이야기는 매우 흥미롭다. 그 이야기가 주는 의미는 무엇일까? 당신이 노인이든 아이든, 몸에 장애가 있든 없든 자신을 위해서 하나의 원칙을 세우라는 것이다. 그리고 이 원칙을 정말 자기 것으로 하기 위해서 노력을 기울이라는 것이다. 최후의 마지막까지 말이다. 자, 당신이 뎀프시의 이야기에서 얻을 수 있는 원칙과 응용방법을 알아보자.

(1) 자기 꿈과 목표를 실현하기 위해 엄청난 노력을 마다하지 않는 사람은 위대해질 수 있다.

(2) 적극적인 태도로 끊임없이 노력하는 사람은 결국 자기 목적을 이룰 수 있다.

(3) 많은 사람들 사이에서 다른 사람을 이끄는 지도자가 되고 싶다면 경험하고 경험하고 또 경험하라.

(4) 특별한 목표를 세웠다면, 그 목표를 향한 노력과 고생을 즐기도록 하라.

(5) 엄청난 열정으로 지도자가 되고자 하는 사람들에게는 역경도 승리를 향한 밑거름이 된다.

(6) 사람이 가진 가장 큰 힘은 자기 자신에게 있다.

이러한 원칙을 배우고 실천하기 위해서 자신에게 숨겨져 있는 '적극적인 태도'를 바깥으로 드러내라. 그리고 다음과 같은 말을 되새겨라.

"나는 내 운명의 주인이며, 내 영혼의 존재를 증명할 것이다."

당신은 운명의 주인이다. 왜냐하면 당신만이 자기 태도를 결정할 수 있기 때문이다. 당신의 태도는 당신의 미래를 만든다.

부자 아빠는 이렇게 강조한다.

"당신은 마음속 깊은 곳에 숨겨진 꿈을 실현시킬 수 있다. 그러한 꿈과 이상이 무엇이든 간에 말이다. 당신이 가난한 생각을 하면 당신은 가난해진다. 그러나 부유한 생각을 하면 부유해질 것이다."

추측해서 행동하지 마라

당신의 행동은 생각, 습관, 직감, 경험과 기타 다른 환경적 요소에 의해 결정된다. 사실 어떤 의의를 가진 행동도 모두 자기가 하고자 꿈꾸던 일이다.

그리스의 한 철학자는 어느 날 바다 건너 다른 도시에 가고자 하였다. 그는 명상과 철학적 사고를 짜내어 가야 할 이유와 가지 말아야 할 이유를 늘어놓았다. 결국 그는 가지 말아야 할 이유가 가야 할 이유보다 훨씬 많다는 것을 알게 되었다. 그는 배멀미를 하고, 배는 너무 작고, 폭풍은 생명을 앗아갈 위험이 있고, 해적을 만나게 되면 가진 것을 모두 잃을 뿐 아니라 자칫 잘못하면 노예로 팔려 갈 위험도 있었다. 이러한 판단은 그의 여행길을 막았다. 그러나 그는 결국 여행길에 올랐다. 왜일까? 그는 가고 싶었기 때문이다.

일상생활 속에 감정과 이성은 균형을 이루고 있다. 어떠한 것이 항상 우위를 점할 수는 없는 것이다. 당신이 무언가를 하고 싶다면 그 일이 위험하다고 해도 시도하라.

소크라테스는 위대한 철학자이자 역사상 가장 큰 업적을 남긴 사상가 중의 한 명이다. 그러나 그의 사상에도 거미줄은 있었다. 그는 젊은 시절 크산티페란 아가씨를 사랑하게 된다. 그녀는 아름다웠고, 그는 볼품없는 철학자였다. 그러나 소크라테스는 설득력이 있는 사람이었다. 설득력이 있는 사람은 자신이 얻고자 하는 것을 얻곤 한다. 그는 크산티페를 설득하는데 성공하고 결혼하였다. 그러나 달콤한 신혼생활이 지난 후 그의 결혼 생활은 고통의 나날이었다. 아내는 그의 단점을 보기 시작했으며, 그는 아내의 단점을 보게 되었다. 하지만 소크라테스는 이렇게 얘기했다.

"내가 사는 목적은 사람들과 잘 지내는 것이다. 나는 크산티페를 선택하였다. 왜냐하면 그녀와 행복하게 지낼 수 있다면 다른 사람과도 잘 지낼 수 있을 거라 생각했기 때문이다."

그러나 그의 행동은 말과 일치하지 않았다. 당신이 누군가 만나서 그들의 단점과 잘못된 점만 지적하려 한다면 누구와도 친해질 수 없을 것이다. 소크라테스는 악처가 쏟아 놓는 욕설을 감내하였다. 그는 그것을 수양하는 방법으로 삼았던 것이다. 그러나 그가 정말 자신을 수양하고자 하였다면 감내하는 것이 아니라 아내를 이해하기 위해 노력했어야 한다. 관심을 기울이고 사랑으로 아내를 감쌌어야 하는 것이다.

당신의 가치를 높여라

: 자신을 격려하라

부자 아빠는 항상 언행일치를 강조한다. 일단 입 밖에 내놓은 말은 지켜야 한다는 것이다. 그러나 이 말은 보다 더 중요한 의미를 지니고 있다. 바로 말은 '자기암시'를 거는 효과가 있기 때문이다. 일단 말을 입 밖으로 내뱉게 되면 바로 행동에 영향을 주게 된다. 왜냐하면 말은 일종의 심리의식을 강화하는 수단이기 때문이다. 좋은 말이든 나쁜 말이든 그 영향의 결과는 필연적으로 나타난다.

일상생활에서 우리는 이런 경우를 자주 접한다. 항상 소극적인 말을 하는 사람들은 절대로 적극적으로 나서지 못한다. 반대로 무슨 일이든 최선을 다하는 사람들은 항상 적극적인 말을 한다.

오늘부터 자기를 격려하는 말로 항상 자신을 일깨워라. 그 말은 곧 마음속으로 스며들어 소극적인 태도를 바꾸어줄 것이다. 적극적인 태도를 길러주며, 강한 마음을 키워 줄 것이다.

유명한 '호손 실험'에서 알 수 있듯이 생산효율의 높고 낮음은 작업조건과 노동조건 외에도 직원들의 사기가 매우 큰 비중을 차지한다는 것을 알 수 있다. 사람들은 보통 특별한 방법으로, 예를 들어 어떤 구호나 행동으로 사람들의 심리를 자극하여 사기를 진작시킨다. 그리고 이렇게 함으로써 자신의 의지를 더욱 굳힌다.

우리는 항상 말로써 적극적인 암시를 건다. 당신은 가치를 더 높이기 위해서 끊임없이 자신을 격려해야 한다. 격려란 자신을 자극하는 것이다. 심리학에서 격려의 뜻은 동기를 유발하고 잠재력을 향상시키며, 목표를 향해 나아가도록 심리적 자극을 주는 걸 말한다.

하버드 대학의 유명한 심리학자인 윌리엄 제임스는 격려를 받아보지 못한 사람은 발휘할 수 있는 능력의 20~30% 정도만 발휘할 수 있다는 사실을 발견하였다.

그리고 격려를 받은 사람은 자기 능력을 80% 이상 발휘한다는 것이다. 같은 조건이라고 해도 격려를 받은 사람이 안 받았을 때 보다 약 2~3배 이상 자기 능력을 잘 발휘하게 된다.

부자 아빠는 부자가 되어가는 과정은 자신을 격려해 가는 과정이라고 말한다. 그러지 않으면 아무리 완벽한 사람이라도 목표를 향해 가고자 하는 동기가 부족하게 되어 부자가 되겠다는 처음 목표를 잃어버리기 쉽다. 자신을 격려하는 것은 부자가 되기 위해서 꼭 필요하다.

유명한 흑인목사 마틴 루터 킹은 "세상의 모든 일은 꿈과 희망이 있기에 이루어진다."라고 말했다. 사람들은 환경에 의해 가치관과 목표를 세우게 된다. 그리고 환경에 의해 동기를 얻는다. 그러나 동기가 그에 맞는 행동으로 표출되기 위해서는 목표까지 얼마의 시간이 걸리고 얼마나 성공 가능성이 있는지 정확한 예측이 필요하다. 이에 대해 심리학자 V. H. 비룸은 다음의 유명한 공식을 발표했다.

$$M = E \times V$$

격려＝기대가치×효과

이 공식은 사람들의 노력과 그 성과 사이의 인과관계에 대한 것이다. 격려란 가장 적절한 방법을 선택하여 행동으로 옮겨 최종 목표에 이르는 과정이라고 이 이론은 설명하고 있다. 사람들은 실현가능한 목표가 있을 때 적극적인 태도로 실천에 옮길 가능성이 더욱 커진다. 격려는 기대가치에 효과를 곱한 것이다.

• M : 사람들이 어떤 일에 종사하는 적극성의 정도를 말한다. 격려 수준이라 부른다.

• E : 어떤 행동이 가져올 결과에 대한 기대 수준으로 기대치라 부른다. 이것은 또한 자신이 목표를 실현할 수 있는가를 주관적으로 평가한 기대치이다. 이러한 주관적인 개념은 사람의 개성, 정서, 동기에 의한 영향이 모두 다르기 때문에 사람들의 기대치도 모두 다르다. 어떤 사람은 보수적이며, 어떤 이는 모험을 원한다.

자신을 격려하여 부자가 된다는 것은 자기가치와 자신감, 일 처리능력, 자신의 능력 평가, 주위환경을 얼마나 파악하고 있는가 등의 요소들이 모두 종합적으로 발현된 것이다.

• V : 사람들이 어떤 목표에 대해 가지는 중시도와 가치수준, 그리고 노력의 결과에 대한 주관적인 가치수준이다. 이것은 부자가 되고

자 하는 사람이 항상 자신을 북돋아 목표의식을 새롭게 하며, 자신의 성공이 가져올 정신적인 만족감을 끊임없이 생각하게 한다. 굳건한 신념과 성공에 대한 자신이 있어야 부를 창출할 수 있는 동기를 가질 수 있다. 자신이 성공하지 못할 거라고 항상 얘기하는 사람은 영원히 성공하지 못한다.

이제 힐 박사의 《부를 창출하는 심리요법》에 나오는 자신을 격려하는 6가지 방법을 살펴보자.

① Advice 마음속에 가지고 싶은 돈의 정확한 액수를 새겨라

장황하게 "나는 아주 많은 돈이 필요해."라고 하는 것은 쓸데없는 말이다. 당신은 정확하게 자신이 바라는 돈의 액수를 알아야 한다.

② Advice 돈을 갖기 위한 방법을 파악하라

당신이 그 돈을 갖기 위해서는 어떤 노력을 기울이고 어떤 대가를 들여야 하는지 정확하게 파악하라. 이 세상에 대가 없는 성과란 있을 수 없다.

③ Advice 정확한 시간계획표를 짜라

당신이 정한 시간 내에 목표하는 돈을 벌겠다고 다짐하라. 시간표가 없으면 당신의 배는 영원히 보물섬에 도착하지 못한다.

4 **Advice** 자신의 이상을 이루기 위한 가능한 계획을 세워라. 그리고 당장 시작하라

바로 시작하는 습관을 들이지 않으면 당신의 꿈은 몽상이 된다.

5 **Advice** 결심한 내용을 확실하게 기재하라

절대로 머리에만 기억해서는 안 된다. 반드시 종이 위에 검은 펜으로 적어라. 그래야 목표가 더 분명해진다.

6 **Advice** 적어도 매일 2번 정도 큰소리로 당신이 적은 계획을 읽어라.

한 번은 저녁 잠자리에 들기 전에, 다른 한 번은 아침에 일어난 후에 읽어라. 당신이 낭송하고 있을 때 자신감과 굳은 신념이 이미 자신 속에 자리하고 있음을 느낄 수 있을 것이다.

위의 내용은 토머스 에디슨도 심사숙고하여 인정한 것이다. 에디슨은 평생 동안 힐 박사의 6가지 사항을 실천하였다. 그는 자신을 격려하는 것이 성공을 향한 기초라는 것을 잘 이해하고 있었다.

자기 이미지를 창조하라

개인의 이미지는 천차만별이다. 좋게 볼 수도 있고 또 낮게 평가될 수도 있다. 마치 자동차를 감정하거나 새집을 볼 때처럼 말이다.

당신이 다른 사람에게 주는 인상이나 암시가 사람들이 당신에게서 받는 느낌이며 그 평가이다. 당신이 자신을 어떻게 평가하느냐는 다

른 사람들이 당신을 평가하는 척도가 된다.

많은 사람들이 오랜 시간 동안 열심히 일을 한다. 더 좋은 성과와 지위를 얻기 위해서, 그리고 이를 통해 자기 위치를 더욱 높이고자 한다. 많은 사람들은 자기 가치를 성공으로 향하는 과정 중에서, 사업에서, IQ로, 박사학위에서, 따뜻한 가정에서 찾는다. 또는 자신이 가지고 있는 돈이나 물건, 예를 들면 보석, 값비싼 옷, 주문 제작한 자동차, 호화로운 주택 등에서 가치를 평가한다. 그들은 이러한 것으로 자기 신분을 나타내고, 자기가 좋아하는 생활모습을 다른 사람들에게 보여준다. 자기가 얼마나 매력적이며 건강하고 젊은가, 그리고 얼마나 유명하고 대단한가를 말이다.

자기에 대한 평가를 직위 상승이나 재산의 유무로 평가하는 사람들은 이미 가지고 있는 자산을 유지하고자 애쓴다. 이들은 회사 안에서 그다지 좋은 대우를 받지 못하고 있지만 다른 직장으로 옮길 생각을 하지 못한다. 그리고 자기 상황을 다른 사람들이 모르도록 하려고 애쓴다. 또 어떤 사람들은 돈을 함부로 낭비함으로써 자신의 경제력을 뽐내고자 한다.

어떤 사람들은 회사 내에서 지위가 떨어졌지만, 인내로 이겨내고 업무에 충실함으로써 다른 사람들의 존경을 얻어낸다면 이보다 더 좋은 책략은 없다고 생각한다. 그들이 그렇게 하는 이유는 다른 사람들이 자신을 젊고 겸손하며 대범한 사람으로 인식해 주길 바라기 때문이다. 또는 잠재의식 속에 자신을 과시하여 경쟁자보다 우수함을 뽐내고 싶어 하는 심리가 있기 때문이다.

만약 당신이 어떤 사람에게 좋은 인상을 심고 싶다면, 먼저 자기 자신에게 좋은 인상을 심어라. 그러기 위해서는 자신을 긍정적으로 평가할 줄 알아야 한다. 부정적인 생각으로 자신의 긍정적인 면마저 가려 버려서는 안 된다.

최종적인 목표는 당신 스스로 자기 모습을 좋아해야 한다. 당신은 자신에 대해 타당하며 적절한 평가를 내려야 한다.

자기를 상상속의 적으로 삼지 마라

햄릿의 친구 호레이쇼는 학자이며 미래가 밝은 청년이다. 하지만 그에게는 한 가지 나쁜 습관이 있었다. 그는 항상 자신을 비하하는 버릇이 있었다. 그는 책임을 피하는 사람이라고 스스로를 질책했다. 자기가 해야 할 일을 하지 않았다는 것이다.

그러나 사실 그는 햄릿의 절친한 친구로서 자기 책임을 다했다. 그리고 자기 직책을 완수하였다. 햄릿은 호레이쇼가 자괴감에 빠지는 것을 막았다. 햄릿은 만약 누군가가 그를 욕한다면 절대 용서할 수 없다고 말하고 누구라도 자기 앞에서 친구를 모욕하는 행위를 참지 않았다.

당신이 자신을 비하하는 것은 바로 당신이 사랑하는 사람을 비하하는 것이다.

많은 사람들이 어떤 관계가 이루어질 때 자신을 비하하는 것이 결코 성실하지 못한 행동이라는 것을 알기 때문에 다른 사람들이 이런 자신을 알까봐 두려워 한다. 그래서 먼저 자기의 나쁜 점을 스스로 얘기한다. 사실 이것은 먼저 자신의 부족함을 내비침으로써 다른 사람들이 그 부분을 지적할 여지를 주지 않기 위해서이다.

직장에서 스스로를 비하하는 것은 금기이다. 당신은 자신에 대해 불리한 말을 아무렇지도 않게 하지만 만약 다른 사람이 당신을 이렇게 비하한다면 참지 못하고 폭발할 것이다.

기업가가 자신을 비하하는 말을 다른 사람 특히, 고객에게 흘리는 것은 실수도 보통 실수가 아닐 수 없다. "우리 회사는 망할 거예요." 이런 말을 하는 사람들도 속으로는 다시 회복되길 바라마지 않는다. 많은 경제계 사람들이 이런 말을 무심결에 흘려 자신을 더욱 궁지로 내몰곤 한다.

자신을 비하하는 사람을 보면 그러지 말도록 권하고 고쳐줘라. 그가 다른 사람에게 좋은 인상을 주게 만든다면, 당신에게 감사할 것이다. 이렇게 함으로써 그의 사기를 진작시키고 나아가 당신과 그와의 관계를 더욱 깊게 한다.

"에이! 그러지 마세요! 저는 당신이 스스로를 비난하는 말을 듣고 싶지 않아요."

상대방이 당신의 사장이든 상사든 이렇게 말하면 된다. 이런 태도가 반감을 살 수도 있지만 당신의 솔직함과 충성심에 반할 가능성이 더 많다.

기억하라. 스스로를 자신의 적으로 만들지 마라. 당신의 경쟁자가 듣고 싶어 하고 당신의 친구들은 기분을 상할 그런 얘기는 하지 마라.

본 받고 싶은 사람을 닮아라

본받을 사람이 있다는 것은 매우 큰 힘이 된다. 이 말은 아마 누구나 다 인정할 것이다. 자기 인생에서 본받을 사람을 찾았다면 완전히 그 사람처럼 되지 못해도 적어도 비슷해질 수는 있다. 그의 역할을 자신이 한다고 상상해 보라. 심리학에서는 '모방심리'라고 한다. 항상 자신이 되고 싶어 하는 그 '인물'처럼 행동하라. 말과 행동뿐만 아니라 생각과 사고방식도 그 사람처럼 하라.

한 프랑스인이 있었다. 42세가 되었지만 여전히 아무것도 이루어놓은 것이 없었다. 그는 자기가 매우 불운한 사람이라고 생각했다. 이혼, 파산, 실업……. 그는 자기가 살아가야 할 이유와 의의를 찾지 못하였다. 그는 자신에게 항상 불만이 가득하였으며 갈수록 성격이 괴팍해지고 쉽게 화내고 심약해져 갔다.

어느 날 그는 파리 길가에서 점을 치고 있는 한 집시에게 점을 보았다. 아무런 생각 없이 말이다. 집시는 그의 손금을 보더니 소리쳤다.

"오! 당신은 매우 대단한 사람이에요. 엄청난 위인이군요."

"뭐요?" 그는 매우 놀랐다. "내가 위인이라구? 당신 날 놀리는 거요?"

그는 속으로 생각했다. '나는 재수 없고, 가난뱅이에다가 모든 걸 포기한 실패자이지.' 그는 아무 말도 하지 않고 다시 조용히 물었다.

"내가 누구요?"

"당신은 위인이에요." 집시는 얘기했다. "당신은 전생에 나폴레옹이었어요. 당신 몸 안에는 나폴레옹의 용기와 지혜가 흐르고 있어요! 설마 당신 그걸 아직도 몰랐단 말이에요? 당신은 생긴 것도 나폴레옹과 똑같아요."

"말도 안 돼." 그는 망설이며 얘기했다. "나는 이혼했고, 파산했소. 게다가 실업자로 돌아갈 집도 없소."

“하! 그건 당신의 과거일 뿐이죠.” 집시는 다시 얘기했다. “당신의 미래는 엄청납니다. 만약 믿지 못하겠다면 오늘 복채는 필요 없어요. 하지만 5년 후에 당신은 프랑스에서 가장 성공한 사람이 될 거예요! 당신은 나폴레옹의 현신이니까!”

그는 겉으로는 믿을 만한 게 못 된다는 듯이 집시를 떠났다. 그러나 마음속에는 지금까지 없었던 위대한 감정이 용솟음쳤다. 그는 나폴레옹에 대해 흥미가 생겨 집으로 돌아온 후에 그와 관련된 모든 서적을 조사하였다. 그리고 나서 조금씩 그의 생활에 변화가 생겼다. 친구, 가족, 동료, 사장, 모두 다른 눈으로 그를 보았고 다른 표정으로 그를 대했다.

나중에 그는 깨달았다. 사실 다른 것은 변한 것이 아무것도 없었다. 변한 것이 있다면 단지 자신만 변했다. 그의 용기, 사고방식 모두 나폴레옹을 닮아갔다. 길을 걷는 것과 말하는 것까지 모두.

13년이 지난 후에 그는 55세가 되었다. 그리고 파리에서도 유명한 백만장자가 되었다.

성공으로 가는 길을 머릿속에 그려라

꿈을 영상화하라. 성공을 상상하라. 마치 영화처럼 매일 자신에게 방영하라. 자기 꿈에 대한 자신감을 끊임없이 표출하라. 한편 한편씩 머리에 각인해서 자기에게 얘기하고 또 다른 사람에게 얘기하라. 꿈조차도 꾸지 못한다면 그런 꿈은 영원히 실현될 수 없다.

상상이 가져다주는 암시효과는 매우 확실하다. 많은 종교와 각종 수련원에서는 모두 명상하는 수양 과정이 있다. 긴장을 풀고 충분히 상상력을 발휘하며 적극적으로 자기 암시에 들어간다.

어떤 심리교육자가 이런 실험을 한 적이 있다. 어느 고등학교 농구부에 실력이 비슷한 학생을 3팀으로 나누었다. 그리고 A팀에는 한 달 동안 아무런 훈련도 시키지 않았다. B팀은 하루 1시간씩 공을 넣는 훈련을 시켰다. 그리고 마지막 C팀은 하루 1시간씩 훈련을 하는 상상을 하도록 했다.

결과가 어떻게 나왔을까? 아무것도 하지 않은 A팀은 실력이 떨어졌다. B팀은 슈팅률이 전에 비해 2% 정도 향상되었다. 그런데 신기하게도 C팀 또한 슈팅률이 2%나 향상된 것이다.

상상은 가장 이상적인 훈련방법이다. 그곳에는 당신이 필요로 하는 모든 설비와 환경적인 조건이 갖추어져 있다. 게다가 1분의 시간도 허비할 필요가 없다. 그곳에서 당신은 어떤 실수도 하지 않는다. 당신은 항상 이긴다. 항상 이기는 상황을 상상하다 보면 자연스럽게 적극적인 사고방식이 갖추어진다. 아울러 자기가 목표로 하는 것이 무엇인지 마음속에 정확하게 새겨 넣게 된다.

훈련을 반복해서 습관을 길러라

연구에 따르면 한 동작이나 행위를 매일 반복 훈련을 하면 21일 이후에는 습관이 된다고 한다. 끊임없이 반복해서 '적극적 요소'를 당신의 몸속에 주입하라. 그래서 습관이 되도록 하라.

영국 전 수상 윈스턴 처칠의 강연은 사람을 설득하는 힘이 있었다.

그 연설의 단어와 어조, 제스처는 놀라운 용기와 힘이 느껴졌다. 2차 세계대전 중 가장 힘든 시기에, 영국 국민과 군인들의 사기는 거의 대부분 매일 방송되던 처칠의 강연에 의한 것이었다. 하지만 누가 알겠는가? 그는 젊은 시절 쉽게 부끄러움을 타던 젊은이였다. 한번 애기를 하게 되면 쉽게 얼굴이 빨개지고, 말을 더듬었다. 하지만 원대한 목표와 포부를 가진 후부터는 자신의 약점을 철저히 고치기로 마음먹었다. 그래서 매일 혼자 거울을 보면서 연설 연습을 하였다. 한마디 말과 어조에 힘이 실렸으며, 진지한 사고와 반복된 연습을 거쳤다. 그리고 실생활에서 끊임없이 자신을 단련하고 정진하였다. 몇 년 후 처칠은 범상치 않은 능력과 남을 설복시키는 힘을 지니게 되었다.

자기를 바꿀 수 있는 사람은 세계도 바꾼다

: 소극적인 사람은 성공할 수 없다

부자 아빠는 소극적인 사람은 결코 성공할 수 없다고 말한다. 소극적인 성격을 가진 사람이 어째서 성공할 수 없는지 알아보자.

(1) 기회를 잃는다.

중요한 순간에 소극적인 성격은 집중력을 잃고 산만해지기 쉽다. 기회가 와도 보지 못하고 잃기 십상이다.

(2) 희망을 갉아 먹는다.

소극적인 성격은 항상 원망하고, 다른 사람을 탓하며 질책한다. 변명거리를 찾고, 책임을 전가시킨다. 책임감을 잃어버렸기 때문에 자신감도 없다. 이러니 희망은 찾아보기 힘들다. 미래의 희망이 보이지 않으니 어떤 행동을 취할 동기도 가지지 못한다.

(3) 잠재력 발휘에 한계가 생긴다.

사람은 자기가 바라지 않는 것을 이루기 어렵다. 사람은 성과 없는 일에는 최선을 다하지 않는다. 소극적인 사람은 항상 최악의 상황을 생각하며 자신의 가장 나쁜 면을 본다. 그들은 아무것도 원하지 않는다. 이것은 잠재력을 발휘하는데 가장 큰 장애물이 된다.

(4) 90%의 에너지를 소모하게 된다.

소극적인 분위기는 악성 순환이다. 본래의 힘을 갉아 먹으며, 항상 소극적인 상황에서 벗어나지 못한다.

(5) 인생의 즐거움을 마음껏 누리지 못한다.

인생이란 항해에서 소극적인 사람이 가장 힘들다. 현재의 상황이 어떻든 간에 그들은 미래에 대해 항상 실망과 좌절을 생각하고 있다. 가장 '불운한 상황'에서 무의식적으로 목표를 정해 힘없이 항해해 나간다. 파도에 떠밀려 다니다가 표류하게 된다. 성공은 고사하고 인생의 즐거움을 제대로 누리기 힘들다.

(6) 사람들을 끌지 못한다.

아무도 소극적인 사람을 좋아하지 않는다. 다른 사람의 도움이나 믿음을 얻지 못하는 사람이 성공할 수는 없다.

당신의 생각이 모든 것을 바꾼다

부자 아빠는 말한다.

"대부분의 사람들은 세계를 바꾸려고 하지만 자기를 바꾸려고 노력하는 사람은 드물다."

사람은 사회적인 동물이다. 사회라는 거대한 구조물 중의 한 구성요소라는 뜻이다. 사람의 가치와 위치는 그 사람과 사회가 맺고 있는 관계로 결정된다. 이런 관계는 그 사람의 상황을 결정한다. 그리고 주위의 시스템과 물질, 에너지, 정보들을 교환한다.

사람은 매우 다양한 상태에 처하게 된다. 서로 다른 상태는 다른 결과와 효과를 낸다. 그리고 당신과 세계 (사회)와의 관계를 결정하며 당신의 위치를 결정한다.

당신이 변하면, 세계도 자연스레 변한다. 당신이 항상 인상을 쓰고 다닌다면, 당신과 관계를 맺고 있는 세계가 어떤 상황인지를 단적으로 증명하는 것이다. 만약 당신의 표정에 변화가 생긴다면, 예를 들어 미소를 띠게 된다면, 당신을 둘러싼 사회와 세계는 당신을 중심으로 변하게 된다. 주위의 인간관계에도 변화가 생긴다. 미소는 당신에게 다른 사람과 교류할 기회를 가져온다. 이러한 기회는 자연스레 사회에서 차지하는 당신의 위치에도 변화를 가져온다. 그렇게 되면 당신은 이렇게 말할 것이다. 아!! 세계가 변하는구나!

미국의 한 학자의 연구에 따르면, 진심으로 사람을 대하게 되면 약 60~90%의 사람들이 역시 진심으로 대답해 준다고 한다. 이 연구를 주관한 박사는 "사랑은 사랑을 낳고, 증오는 증오를 낳는다는 말은 절대 틀린 것이 아니다."라고 말했다.

당신이 다른 사람들을 대하는 마음가짐은 그대로 자신에게 돌아온다. 당신이 자기 생활을 대하는 태도가 그대로 당신의 생활이 된다.

자기를 바꾸면, 세상을 보는 눈이 달라진다.

세계를 바꾸면, 세계가 당신을 보는 평가가 바뀐다.

⋮ 자신의 직업에 만족하라

부자 아빠는 당신의 직업이 무엇이든 그 일을 그만 둘 때까지 자기 직업에 만족해야 할 의무가 있다고 말한다.

자신을 독려할 수 있는 말을 하라

한 대학생이 방학기간을 이용해서 보험사 일을 하였다. 2주간의 이론 교육 중 그는 많은 것을 배웠다. 그 중 하나는 필요하다고 생각할 때 자신을 독려할 수 있는 말을 하는 것이다. 예를 들면 "나는 건강하고! 즐거우며! 더 이상 좋을 수 없다!" 이런 말로써 당신은 성공을 향해 가는 길목에서 자기 힘을 더욱 북돋을 수 있다.

심리상태는 감정에 많은 영향을 준다

당신의 주위를 살펴보라. 그리고 자기 일을 만족하면서 하는 사람과 만족하지 못하는 사람을 주의해서 관찰해 보라. 일을 대하는 태도가 다른 이유는 무엇일까?

일을 즐기며 만족하는 사람은 자기 기분을 조절할 줄 아는 사람이다. 그들은 현재 상황을 항상 긍정적인 시각으로 바라본다. 그들이 추구하는 목표는 매우 매력적인 것이다. 만약 어떤 힘든 시기에 접어들면 자신이 시행하는 방법이 잘 된 것인지 확인하고 고칠 부분이 없는지 검토한다. 그들은 자신의 일을 매우 잘 이해하고 있으며, 더 능숙하게 하기 위해 노력한다. 그리고 일을 통해 만족감을 느낀다.

그러나 자기 일에 만족하지 못하는 사람들은 어떨까? 그들은 마치 괴로워하고 싶어 안달하는 사람들 같다.

이런 두 가지 상황에서 당신은 스스로 자기 상황을 선택할 수 있다. "내가 있을 곳을 정한다."는 말은 현대 심리학에서만 밝히고 있는 사실이 아니다. 이미 오래 전 고대 이집트의 작품에서 이런 형식을 발견하였다. 바로 우리의 사고방식은 우리의 행동과 생활에 깊이 관여한다는 것이다.

사고방식은 당신의 위치와 자기 존중을 이끌어 낸다. 만약 당신이 끊임없이 자신의 단점만을 얘기하고 다닌다면, 당신은 의심할 여지없이 형편없는 상황에 빠지게 될 것이다. 그러나 만약 자신에게 더 적극적인 정보를 제공한다면 더욱 발전할 수 있다. 이런 적극적인 심리작용은 당신을 더 좋은 상황으로 유도하여 성공에 이르게 할 것이다.

소극적인 사고방식은 자기를 자멸시키는 습관이다. 사고방식을 정확히 관찰하여 소극적인 성격을 고쳐라. 더 적극적인 말로 자신의 시간관리에 대해서 말하라. 시간관리는 더 실질적인 행동이다. 그러면 보다 효과적으로 시간을 절약하여 목표에 다다를 수 있다.

적극적인 사람은 업무를 완성하는 과정에서 항상 자신을 독려한다. 당신이 지금 바로 적극적인 사람이 될 수는 없다. 하지만 그렇게 되도록 더 효과적인 방법을 시도해 볼 수는 있다.

부자 아빠는 적극적인 사람이 되기 위한 3가지 효과적인 방법을 제시했다.

Advice 1 아무리 작은 것이라도 즐거운 일을 계획해 보라

휴식시간에 커피나 차를 마시면서 심신의 여유를 찾는 것도 좋은 방법이다. 업무를 시작하기 전에 이런 계획을 세우는 것도 좋다. 사무실의 꽃이나 화분에 물을 준다든지 책상을 정리한다든지 말이다.

Advice 2 매일 같은 시간에 일을 시작하라. 그리고 지속해서 하라

어떤 방법을 동원해서 자기 상태를 더 일에 집중할 수 있게 하든지 간에 기본적으로 일을 시작하는 시간은 매일매일 꼭 지켜라. 이렇게 하면 자기도 모르게 일을 시작하기 전에 낭비하는 시간을 줄일 수 있을 뿐만 아니라 그만큼 일에 더 집중할 수 있다. 우리는 모두 습관에서 벗어날 수 없다. 이 점은 직장생활에서 쉽게 확인할 수 있다.

Advice 3 내일 해야 할 일의 순서를 정확하게 파악하라

이렇게 하면 일을 시작하기 전에 무엇부터 해야 할까 고민하면서 시간을 낭비하지 않아도 된다. 가장 좋은 방법은 퇴근하기 전에 내일 할 일을 순서대로 정리해서 적어라. 그리고 그 종이를 책상위에 붙여 둔다. 이러면 다음날 바로 일을 시작할 수 있다.

적극적인 상태에서 일을 시작하는 것도 중요하지만, 그러한 상태로 일을 마치는 것도 중요하다. 만약 당신이 오늘 일을 마칠 때 자기 업무나 혹은 동료들과의 관계에서 뭔가 껄끄러운 기분을 느꼈다면 분명 내일 일에도 지장을 줄 것이다. 가장 좋은 방법은 오늘 해야 할 일을 오늘 완전히 끝내 놓는 것이다. 이렇게 해야만 자기가 한 일에 만족감을 느낄 수 있다. 하루의 업무를 구체적으로 계획하여 그 계획에 맞게 일을 처리해 나가라. 각 세부 목표를 그날그날 달성할 수 있도록. 그리고 그 사이사이 쉬는 시간을 두고 다른 사람들을 즐겁게 해줄 무언가를 하면서 업무스트레스를 풀도록 하라. 처음부터 끝까지 일에만 파묻히지 말고 말이다.

만약 오늘 최선을 다했는 데도 일이 생각보다 잘 안 되었거나 마무리를 짓지 못하였더라도 그것 때문에 고민하며 시간을 허비하지 말라. 내일은 아마도 더 잘 될 것이다. 분명 오늘보다도.

부자가 되려면
사고(思考)하라

부자 아빠는 모두가 대통령이 될 수는 없지만 각기 다른 분야의 지도자가 될 수는 있다고 말한다.

오리슨 마덴(Orison S. Marden)은 우리가 절실하게 원하면 에너지가 생겨나고 이는 다시 행동으로 이어질 수 있다는 사실을 증명했다. 이는 위대한 성과를 얻기 위해 꼭 필요한 과정이다.

오리슨 마덴은 7살 때 고아가 되었다. 그 때부터 그는 혼자의 힘으로 먹고 사는 일을 해결할 수밖에 없었다. 일찍이 그는 스코틀랜드 작가 사무엘 스마일스(Samuel Smiles)의 저서 《자조(Self-help)》를 읽었다. 사무엘 스마일스는 오리슨 마덴과 같이 유아시절 고아가 되었다. 그러나 스마일스는 절실한 바람이 숭고한 신념으로 승화된다는 사실을 깨닫게 되었고 이를 바탕으로 자신의 세계를 더욱 아름답게 장식했다.

경제대공황이 발생하기 전 오리슨 마덴은 여관 네 채를 운영했다.

그는 여관의 운영을 다른 사람에게 맡기고 자신은 많은 시간을 책을
쓰는 데 썼다. 그는 자신이 과거《자조》라는 책을 통해 힘을 얻었듯이
미국 젊은이를 격려하는 글을 쓰고 싶어했다. 그가 책 쓰는 일에 온 정
신을 몰두하고 있을 때 얄궂은 운명은 그의 용기를 시험하려 들었다.
오리슨 마덴은《전선으로 뛰어들어라》라는 제목의 책을 썼다. 그는 좌
우명을 이렇게 정했다.

"모든 순간을 소중하게 생각하자. 왜냐하면 나를 시험하기 위해 운
명은 언제 나를 더욱 중요한 곳에 데려다 둘지 모르기 때문이다."

그의 좌우명처럼 운명은 그를 시험하기 위해 그를 더 중요한 곳으
로 데리고 갔다.

1893년 경제대공황이 시작되자마자 운명의 시험이 시작되었다. 그
해 큰불이 나 오리슨 마덴의 여관 두 채가 모두 타버렸고 탈고를 눈앞
에 두고 있던 원고마저 하얀 재가 되어 버렸다. 유형재산은 모두 사라
졌지만 오리슨 마덴은 긍정적인 마음 자세만은 잃어버리지 않았다.
그는 나라와 자신에게 도대체 무슨 일이 벌어졌는지 주위를 살펴보기
시작했다.

그의 첫 번째 결론은 경제공황이 사람들의 두려움으로 인해 발생했
다는 것이다. 예를 들어 미 달러의 평가절하, 연이은 기업파산, 주가
폭락, 그리고 산업 불안정 등에 대한 두려움이 경제공황을 불러왔다
는 얘기이다. 이런 두려움은 다시 증시 붕괴를 가져와 567개의 은행과
신용대출회사 그리고 156개의 철도회사가 잇따라 파산했다.

오리슨 마덴은 물질적으로 황폐해질 뿐 아니라 사람들의 영혼까지
삭막해져 가는 것을 보고 나라와 국민들을 격려해야겠다는 사명감을
느꼈다. 주위 사람들은 그에게 남은 여관 두 채를 직접 경영하라고 충

고했지만 그는 그렇게 하지 않았다. 오리슨 마덴은 숭고한 신념과 긍정적인 마음을 바탕으로 책을 쓰기 시작했다. 그는 자신을 격려하기 위해 새로운 좌우명을 만들었다. "모든 순간순간이 중요하다." 그는 친구들에게 "만일 미국이 긍정적인 마음자세가 만들어내는 에너지가 필요할 때가 있다면 그것은 바로 지금이다."라고 말했다. 마침내 오리슨 마덴은 1893년 《전선으로 뛰어들어라(Pushing to the Front)》의 초판을 완성했다.

이 책은 출판 즉시 큰 호응을 얻었고 많은 국공립학교들은 이 책을 교과서나 보충교재로 채택했다. 또한 샐러리맨들 사이에서 널리 알려졌고 저명한 교육자, 정치가, 목사, 영업부장들은 긍정적인 마음을 일깨울 수 있는 책으로 이 책을 사람들에게 추천했다. 이 책은 25개 언어로 동시에 인쇄되어 수백만 부가 팔려나갔다.

어떤 사람들은 지도자의 위치에 오른 다음에도 여전히 실패자라 불리는 경우가 있다. 오리슨 마덴은 그 이유를 분명히 밝혔다. 그런 사람들은 부(富)를 위해 가정, 명예 그리고 건강을 희생시켰기 때문에 아무리 많은 재산을 얻었다 해도 일생동안 실패자의 이름으로 살아갈 수밖에 없는 것이다.

《전선으로 뛰어들어라》는 사람들이 소극적인 태도를 적극적인 태도로 바꾸는 데 도움이 되었다. 전 세계 사람들이 그의 작품을 통해 힘을 얻게 되었다는 사실이 아마도 오리슨 마덴에게는 가장 큰 보람이었을 것이다.

사고의 가치

부자 아빠는 백만장자의 성공비결을 연구할 때 한 가지 사실을 발견했다. 그들이 처음 성공철학 관련서적을 손에 넣게 된 그 시점이 성공의 시작이었다는 것이다. 당신은 책의 가치를 절대 과소평가해서는 안 된다. 책은 암울한 나날을 보내고 있는 당신에게 기쁨을 찾아 떠날 수 있도록 격려할 뿐만 아니라 실제로 이를 통해 기쁨을 얻을 수 있게 도와준다.

조지 스타페이커는 미국 일리노이주에서 한 퇴역군인이 운영하는 병원에서 요양했다. 그 곳에서 그는 우연히 사고(思考)의 가치를 발견했다. 그는 경제적으로는 파산했지만 건강을 회복하는 동안 많은 시간을 갖게 되었고 한 가지 아이디어가 떠올랐다.

스타페이커는 많은 세탁소가 막 다림질을 끝낸 와이셔츠의 구김을 방지하기 위해 와이셔츠를 딱딱한 마분지 위에 접는다는 사실을 발견했다. 그는 세탁소들이 와이셔츠의 구김방지를 위한 마분지를 천 장 구입하는 데 4달러를 쓴다는 사실을 알고 나서 세탁소 몇 곳에 편지를 보냈다. 그는 마분지 천 장을 1달러에 팔고, 원한다면 마분지 위에 광고도 실어줄 수 있다는 제안을 했다. 세탁소는 대신 일정액의 광고비를 지불하게 될 것이고 스타페이커는 그 만큼의 수입을 버는 것이다.

스타페이커는 이 아이디어를 현실화하기 위해 이런 저런 궁리를 했다. 퇴원 후 그는 드디어 실행에 옮겼다. 그는 광고계의 초보자였기 때문에 몇 가지 어려움이 뒤따를 수밖에 없었다. 다른 사람들은 경험을 통해 잘못된 점을 발견한다고 말하지만 부자 아빠는 "경험을 통해 성공을 얻는다.”라고 말한다. 결국 스타페이커는 성공했다.

스타페이커는 입원해 있는 동안 생긴 습관을 퇴원 후에도 계속 유지했다. 매일 일정한 시간을 공부하고 생각하고 계획하는 데 투자했다. 그 후 그는 서비스 효율을 제고하고 업무량을 늘려나가기로 결심했다. 그는 고객들이 마분지를 일단 와이셔츠에서 제거하고 나면 보관하지 않는다는 사실을 발견했다. “어떻게 해야 많은 사람들이 광고가 실린 마분지를 보관할까?” 그 해답은 그의 머릿속에 들어 있었다. 그는 와이셔츠용 마분지 한 면에 흑백 혹은 칼라 광고를 인쇄하고 또 다른 면에는 재미있는 어린이용 게임, 주부를 위한 가정용 식단, 혹은 사람들의 마음을 감동시킬 수 있는 좋은 문구 등 신선한 내용을 실었다.

스타페이커가 말해 준 일화가 하나 있다.

어떤 한 가정의 남편이 어느 날 입고 나가려고 마음먹었던 와이셔츠가 갑자기 보이지 않아 의아하게 생각했다. 더 입을 수 있는 와이셔츠를 아내가 세탁소에 보낸 것이었다. 알고 보니 뜻밖에도 그의 아내는 스타페이커의 광고지에 실린 ‘새로운 식단’을 더 많이 얻기 위해서 서둘러 와이셔츠를 세탁소에 보낸 것이었다.

스타페이커는 여기에서 멈추지 않았다. 그는 서비스를 더욱 확대했다. 그는 어떻게 하면 더 많은 서비스를 제공할 수 있을까 끊임없이 연구했고 결국 답을 찾았다.

스타페이커는 각 세탁소에 와이셔츠 구김 방지용 마분지를 팔아 거둔 수입을 모두 세탁학회에 기부했다. 이 학회의 회원들은 스타페이커의 성의에 보답하기 위해 그의 마분지를 구입했다. 이때 스타페이커는 또 다른 중요한 발견을 하게 되었다. 그것은 다른 사람을 위해 좋은 물건이나 만족할 만한 물건을 많이 제공할수록 그것은 자신에게 더 큰 보람과 보답으로 되돌아온다는 사실이다.

　스타페이커는 마침내 큰 부를 얻게 되었다. 그가 부자가 되기까지는 일정한 시간 동안 사고하는 습관이 꼭 필요했다. 스타페이커의 성공 비결은 바로 힘겨운 상황 속에서 가장 탁월한 생각을 얻을 수 있었기 때문이었다.

　일정한 시간을 사고하는 데 투자하는 것을 시간낭비라고 생각하면 안 된다. 사고는 인류가 사회를 건설하는 데 있어서 기초가 된다. 만일 당신의 시간 가운데 1%를 학습하고 사고하고 계획하는 데 할애한다면 당신은 놀라운 속도로 목표에 다다를 수 있을 것이다.

　당신의 하루 1,440분 가운데 최소 1%에 해당하는 14분 동안만이라도 학습하고 사고하고 계획에 투자하는 습관을 길러라. 설거지를 하거나 자전거를 타거나 혹은 빨래를 하는 어떤 순간에도 당신은 건설적인 생각을 얼마든지 할 수 있다.

25

자기와 타인을
정확하게 평가하라

부자 아빠는 많은 사람들이 실패하고 포기하는 원인이 주로 편견과 원망에 사로잡혀 경쟁자의 장점을 과소평가하는 데 있다고 보고 있다. 정확한 판단능력을 가진 사람은 우수한 운동선수처럼 공정해야 다른 사람의 장점과 단점을 찾을 수 있다. 왜냐하면 모든 사람은 각기 다른 장점과 단점을 가지고 있기 때문이다.

"나는 내가 다른 사람을 속일 수 있다고 생각하지 않는다. 나는 내 자신을 속일 수 없다는 것을 알기 때문이다."

이 말을 당신의 좌우명으로 삼아라.

존 록펠러는 특별한 장점을 가지고 있었다. 그는 자신의 장점을 반짝이는 별처럼 세상에 보여주었다. 그는 사실을 경영철학의 기초로 삼고 자신의 평생사업과 밀접한 관계가 있는 사실에 대해 항상 관심을 기울였다. 어떤 사람들은 존 록펠러가 행정관리의 기준으로 경쟁자를 대하는 것이 때로 불공평했다고 말한다. 이는 사실일 수도 있고,

사실이 아닐 수도 있다. 그러나 록펠러가 상대방의 실력에 대해 경솔하게 판단하거나 과소평가했다고 생각하는 사람은 지금까지 아무도 없었다. 그는 자기 사업과 밀접한 관계가 있는 사실을 한 눈에 알아볼 수 있을 뿐만 아니라 언제 어디서나 그 자리에서 알아볼 수 있었다. 만약 어떤 사람이 사실에 근거해서 일을 한다면 자신감이 생기고 망설이거나 기다리는 일 같은 것은 없을 것이다.

그는 사전에 자기 노력이 어떤 결과를 가져 올 수 있을지 알고 있었다. 따라서 그의 업무능률은 누구보다도 높고 그에 따른 성과 역시 다른 사람보다 컸다. 다른 사람들은 자신이 하는 일이 사실에 부합한지 확신할 수 없어서 앞으로 나아갈지 말아야 할지 망설이곤 한다.

어떤 일을 하든지 믿음과 용기가 필요하다. 특히 운동경기에 없어서는 안 되는 요소이다. 한 스타급 운동선수는 "미국에서 학교간 아마추어 시합과 프로 테니스 경기 사이에는 큰 차이가 존재한다."고 말했다. 아마추어 경기는 기교를 사용하여 상대방의 약점을 파악해서 공격하면 이길 수도 있다. 그러나 프로게임은 다르다. 탄탄한 실력을 갖추고 있어야만 상대를 이길 수 있다.

테니스 스타 보리스 베커(B. Becker)는 강력한 서브로 유명하다. 상대 선수는 이를 막아내느라 바빠서 반격할 겨를이 없었다. 베커는 강한 서브로 자기 약점을 보충하고 시합에서 승리할 수 있었다.

기업경영에서 성공하는 사람이 눈부신 성과를 얻는 방법은 무엇일까? 여기에서 중요한 것은 '지피지기(知彼知己)' 즉 나를 알고 상대를 알아야 한다는 것이다. 그들은 이 지피지기 전술을 잘 활용하여 부족한 점을 보충했다. 그들은 자신의 부족한 점을 채우기 위해 수비할 방법을 찾은 것이 아니라 공격이 가장 좋은 수비라는 것을 알았다.

안타깝게도 보통사람들은 자신의 장점과 단점에 대해 잘 알지 못한다. 보통 사람들은 자신의 장점을 과대평가하기 쉽고 단점에 대해 지나쳐 버리거나 심지어 전혀 느끼지 못할 때도 많다.

한 사업가의 경우를 살펴보자. 그는 천부적인 세일즈맨이었다. 일단 그의 세일즈가 시작되면 사람들은 주머니를 털지 않을 수 없었다. 그런데 세일즈에서는 이런 큰 능력을 가지고 있었지만 그는 경영이나 관리에는 서툴렀고 세부적인 문제 처리에 특히 약했다. 회사 안에서 뛰어난 세일즈맨이 될 수 있었지만 자신이 직접 창업하기에는 역부족이었다. 그러나 그는 자신의 능력과 결점을 정확히 알지 못하고 회사를 경영하려는 욕심을 버리지 못해 10년 동안 실패를 거듭하면서 아무런 성과도 이루지 못했다. 그가 만약 자기 시간과 에너지를 장점을 발휘하는 데 쓰고 단점을 보완하는 데 낭비하지 않았다면 성공 확률은 훨씬 높았을 것이다.

부자 아빠는 사업가나 기업의 중견간부로 성공하려면 자기가 갖고 있는 단점과 장점을 잘 파악해서 사업 전략을 세우는 것이 효과적이라고 지적한다. 당신이 만일 숫자에 능하지만 성격이 고지식하고 목석 같은 사람이라면, 자신을 완전히 바꿔서 붙임성 좋은 사람으로 변화시킬 생각은 하지 않는 것이 좋다. 최소한 손해를 줄일 수 있도록 자신에게 숨어 있는 부드러운 면을 살려보도록 하는 것이 좋다. 이때 10점 만점에 5점만 얻어도 성공하는 것이다. 남은 시간과 노력은 숫자에 대한 감각을 강화하는 데 사용하여 자신 있는 면에서 10점 만점을 얻으면 된다.

26

목표를 가지고 미래를 계획하라

∶ 일단 동기를 부여할 만한 목표가 생기면, 이미 절반은 성공한 것이다

당신은 아이처럼 자유롭게 상상의 날개를 펼쳐 본 적이 있는가? 당신은 또 하늘이 내려주신 능력과 재능을 발휘하여 당신의 인생을 잘 꾸며나간 적이 있는가?

지금까지 부자 아빠는 많은 성공방법을 얘기했다. 대부분 당신이 바로 응용할 수 있고 일부는 머릿속 한구석에 저장되었다가 적당한 시기가 되면 즉시 꺼내 쓸 수 있을 것이다. 부자 아빠는 결정의 중요성을 말한 적이 있다. 지금 당신이 중요한 결정을 해야 하고 마음속에 있는 꿈을 현실화할 수 있다고 느껴지면 행동으로 옮기라고 충고한다.

많은 사람들이 살면서 무슨 일들을 해야 하는지 분명히 알고 있지만 실천을 미루는 경우가 허다하다. 그것은 그들의 마음을 사로잡는 목표가 없기 때문이다.

당신이 마음만 먹는다면 올해 안에 처음 만나는 기회를 잡기 위해 행동으로 옮길 수 있게 될 것이다. 그러면 당신의 꿈은 이루지는 것이다. 당신의 상상력을 맘껏 펼쳐보라. 어린 시절로 돌아가 마음속에 있는 말을 용감하게 입 밖으로 표현해 보라. 진심이라면 꿈은 곧 실현될 것이다.

《아라비안나이트》가운데 부자 아빠가 가장 좋아하는 이야기는 바로 <알라딘의 램프>이다. 부자 아빠는 당신이 알라딘의 램프처럼 가볍게 한 번 문지르기만 하면 신기한 요정이 나와 당신의 소원을 들어주는 램프를 손에 넣고자 한다는 사실을 잘 알고 있다. 지금 비밀을 말로 표출해 내면 당신 옆에 요정이 나타나 더 많은 소원을 들어줄 수도 있다.

지금 주위에 램프의 요정이 있다면 당신은 분명 소원을 들어 달라는 말을 하기 위해 요정을 깨울 것이다. 당신은 상상력을 머릿속에 묶어 두지만 않고 결심만 한다면 당신의 꿈은 조만간 이루어질 수도 있다.

어떤 사람은 "내 어려움은 목표가 없는 데서 온다."라고 말한다. 그 말은 그가 목표를 분명히 세우지 않았다는 것을 내포하고 있다. 사실 어려움을 피하고 쾌락을 추구하는 게 우리 인생의 목적이다. 따라서 문제는 당신이 목표를 가지고 있다고 해도 이 목표가 과연 실행에 옮기게 하는 동기가 될 수 있느냐에 있다.

유감스러운 것은 이루고자 하는 목표가 단지 귀찮은 일을 제거하는 데 그친다면 굳이 성공을 애기할 필요가 없다.

목표에 따라 인생은 변화할 수 있다. 당신이 분명히 기억해야 할 것은 목표를 세우는 것이 마치 인생에 씨앗을 심는 것과 같다라는 사실이다. 씨앗은 당신이 특별히 신경을 쓰지 않고 잊고 생활할 때도 아주 빠른 속도로 왕성하게 자라날 것이다.

만약 당신이 내면의 잠재력을 충분히 발휘하고자 한다면 큰 목표를 세워야 할 것이다. 부자 아빠는 당신의 목표와 도전이 당신에게 끝없는 기회를 가져다주고 아울러 삶의 질을 한 단계 높여줄 것이라 확신한다. 지금 당신은 내면에 숨은 능력을 십분 발휘하고 있는가?

오늘이 결코 끝이 아님을 믿고 지금 다시 한 번 마음을 굳게 먹어라. 그리고 당신이 추구할 가치가 있다고 생각되는 인생목표를 세워라.

⦂ 장애인에서 미식축구선수가 되기까지

여기 재미있는 실화가 하나 있다. 주인공은 샌프란시스코 빈민촌에서 자란 한 남자아이다. 그 아이는 영양실조에다 구루병까지 걸려 6살 때 두 다리가 활 모양으로 휘어지고 종아리는 기형적으로 얇아졌다.

그러나 소년은 어릴 적부터 아라비안나이트 같은 꿈을 갖고 있었다. 바로 뛰어난 미식축구선수가 되겠다는 꿈을 키워온 것이다. 소년은 전설적인 인물 짐 브라운(Jim Brown)의 열렬한 팬이었다. 그래서 짐 브라운의 소속팀 '클라블랜드 브라운스(Cleveland Browns)'와 '샌프란시스코 포티나이너스 (San Francisco 49ers)' 팀이 샌프란시스코에서 경기가 있을 때마다 두 다리가 불편한 것도 잊은 채 경기장에 달려가 짐 브라운을 응원했다. 게다가 소년은 경기장에 들어갈 입장권을 살 돈조차 없었기 때문에 경기가 끝날 때 즈음해서 직원이 정문을 여는 틈을 타서 잽싸게 숨어 들어가 마지막 몇 분의 경기를 감상했다.

13살이 되던 해에 소년은 경기가 끝난 후 마침내 한 아이스크림 가게에서 몇 년 간 꿈에서 그리던 영웅을 만났다. 소년은 용감하게 짐 브라운 앞으로 걸어가 큰 소리로 말했다. "브라운 아저씨, 저는 아저씨 팬이에요!" 짐 브라운은 "고맙다, 애야!"라고 말했다. "브라운 아저씨, 한 가지 말씀드릴까요?" 그러자 브라운은 돌아보며 물었다. "그게 뭔데 그러니, 꼬마야?"

소년은 자신 있게 말했다. "저는 당신의 모든 기록과 모든 경기상황을 기억하고 있어요." 브라운은 이 말을 듣고 기쁜 미소를 지으며 "이거 기분 좋은데!"라고 말했다. 소년은 가슴을 쭉 펴고 두 눈을 반짝이며 자신에 찬 목소리로 말했다. "미스터 브라운, 언젠가는 제가 당신이 가진 모든 기록을 깨고야 말 거예요!" 깊은 인상을 받은 짐 브라운이 물었다. "꼬마야, 네 이름이 뭐니?" 소년이 대답했다. " 오렌탈 제임스예요. 친구들은 저를 오 제이라고 부르죠."

오 제이 심슨(O.J. Simpson)은 그가 소년시절 말한 대로 짐 브라운의 모든 기록을 갱신했고 몇몇 신기록을 세우기도 했다.

어떻게 목표가 몸이 불편한 사람에게 막대한 능력을 발휘할 수 있게 하며 한 사람의 운명을 바꾸어 놓을 수 있었을까?

환상에 불과한 꿈을 성공적으로 현실화하기 위한 전제조건은 목표를 설정하는 것이다. 이는 인생 전체의 초석이 된다. 목표는 당신의 생각을 주도할 수 있고, 확고한 신념은 당신의 인생을 결정할 수 있다.

계획을 설정할 때 중요한 규칙이 하나 있다. 어느 정도의 어려움이 뒤따르고 처음에는 성공하기 어려운 듯이 보이지만 당신은 이에 대해 상당한 매력을 느끼고 목표를 달성하고자 하는 바람이 절실해야 한다.

일단 마음을 끌 만한 목표를 갖고 거기에 성공할 수 있다는 믿음을 더한다면 반은 성공한 것이다.

목표 설정 외에도 필요한 것이 또 있다. 바로 행동이다. 목표를 세우는 과정은 당신이 두 눈으로 세상을 관찰할 때와 유사한 점이 있다. 당신이 가까이 다가가서 관찰하고 싶은 목표가 생기면 더욱 열심히 관찰해야 한다. 그 대상에는 당연히 목표 외에도 주변에 있는 다른 사물도 포함된다.

피터 구버의 성공

인생에서 자기 뜻대로 되지 않는 일은 허다하다. 설사 목표가 생긴다 해도 일단 좌절을 맞게 되면 목표를 바꾸는 것은 불가능한 일이 된다. 만일 당신이 성공을 하고 싶다면 한 번 즐겨보자는 식의 안이한 마음가짐으로 일을 해서는 안 된다. 반드시 전력을 다 해야 한다.

여러 해 동안 부자 아빠는 성공한 사람들의 성공원인에 대해 끊임없이 연구해 온 결과 가장 중요한 것은 의지력이라는 사실을 발견했다. 개인의 재능을 훨씬 뛰어넘는 영향력을 지닌 사람들이 실패하는 이유는 중도에 그만두거나 끈기가 부족하기 때문이다.

끈기는 오랫동안 우리 인생을 시험해 오고 있다. 끊임없이 노력하는 사람만이 운명이 주는 호의를 받을 수 있다. 끈기는 산을 옮기기도 하고 바다를 메우기도 한다. 성공한 사람들이 수많은 사람들 속에서 두각을 나타낼 수 있었던 것 역시 끈기 때문이었다.

부자 아빠가 무에서 유를 창조해 낸 사람들을 모범으로 삼아온 데
는 나름대로의 원인이 있다. 바로 그들 자신의 마음속에 있는 꿈을 실
현시켰기 때문이다.

여기 현실에서 자신의 꿈을 실현시킨 모범적인 사례를 찾아볼 수
있다. 자신 안에 있는 창조력을 온몸으로 쏟아 낸 끝에 씨넬리의 이사
장 겸 회장이 된 피터 구버(Peter Guber)다. 씨넬리 엔터테인먼트의
전신은 세계적인 영화사 콜럼비아사이다. 48세가 되던 해에 피터 구
버는 영화업계에서 가장 능력있는 사람으로 인정받았다. 그와 파트너
존 피터스(Jon Peters)는 제52회 오스카상에서 가장 많은 상을 휩쓴
사람들이다. 그들은 누구나 한 번 들으면 아는 영화 <레인맨>과 <배트
맨> 등을 함께 제작했다.

1989년 그들은 구버-피터스영화사를 2억 달러에 다른 사람에게
넘기고 나서 콜럼비아 영화사를 더 잘 운영할 수 있게 되었다.

경쟁이 치열한 영화사업에서 그가 이처럼 중대한 영향력을 행사하
게 된 원인은 어디에 있을까? 첫 번째 원인은 그가 다른 사람보다 더
큰 믿음을 가졌다는 것이고, 두 번째는 보통 사람보다 끈기가 있었기
때문이다.

피터 구버는 목표를 설정할 때 경솔하게 '불가능하다'라고 말하는
법이 없다. 사실 1986년 이미 《배트맨(Batman)》 필름을 사들였지만
1988~1989년 2년 동안 이 필름은 그대로 사장될 위기에 놓여 있었다.
많은 사람들이 이 영화가 성공할 확률이 거의 없다고 예언했다. 왜냐
하면 이 영화의 관중은 어린아이나 배트맨 원작만화의 매니아뿐이라
는 것이 그들의 주장이었다. 그러나 구버와 피터스는 잇따른 충격과
좌절 등 많은 역경을 딛고 결국 이 영화를 제작했고 미국 박스오피스

의 신기록을 휩쓸었다. 배트맨 관련 제작 상품만 해도 10억 달러의 매출액을 기록했다.

구버의 끈기는 영화《레인맨(Rain Man)》에서도 여실히 빛을 발했다. 놀라운 것은 이 영화가 제작 과정에서 편집자 5명과 감독 3명이 번갈아 가면서 최선을 다해 만들었다는 사실이다. 그 중 한 사람이 바로 그 유명한 스티븐 스필버그 감독이다. 사람들은 모두 관중들이 영화 전체에 단지 두 사람이 나와 차를 몰고 미국 전 지역을 돌아다니며 나누는 대화에는 별 관심을 느끼지 못할 것이라고 염려했다. 더구나 주인공 가운데 한 사람이 자폐증 환자이기 때문에 극적인 효과를 높이기 위해서는 충돌, 암살 등의 요소를 첨가하는 것이 가장 좋다는 데 의견을 같이 했다.

그러나 사람들의 심금을 울릴 만한 감동적인 영화를 제작하고야 말겠다고 결심한 구버는 사람들에게 이 영화는 형제간의 이해를 주제로 하는 영화라고 강조했다. 그 후 이 영화는 1988년 오스카상에서 작품상, 남우주연상, 감독상 및 각본상 등 4개 부문에서 대상을 휩쓸었다.

할리우드 영화계에 몸담고 있는 동안 구버는 새 영화를 제작할 때마다 마지막 영화라는 마음가짐으로 일했으며 교만하거나 경솔하게 행동한 적은 한 번도 없었다. 이러한 마음가짐을 바탕으로 그는 줄곧 할리우드 영화계를 이끌었다.

실패할까 두려워 미래의 목표를 세울 엄두도 내지 못하는 사람이나 목표를 세우자마자 주춤거리거나 후퇴하는 사람들을 흔히 볼 수 있다. 목표를 위해서 머나먼 길을 떠났다가 끈기가 부족하여 중도에 포기하는 사람도 당연히 있다. 성급하게 성과를 기대하는 사람은 포기역시 빠르다. 그러나 끊임없이 노력하는 사람은 반드시 멋진 인생을 얻게 된다. 일부 변수의 등장으로 행동 노선을 변경해야 하는 경우도 있겠지만 그들은 절대 자신의 인생목표를 포기하지 않을 것이다.

⋮ 즉시 행동하라

불확실한 꿈을 현실로 바꾸고 싶다면 즉시 행동하라! 당신이 일단 아래의 네 가지 목표를 완성한다면 위대한 미래가 다가올 것이다. 당신이 이 목표를 끝까지 포기하지 않는다면 인생의 청사진은 순조롭게 눈앞에 펼쳐질 것이다.

개인의 발전 목표

(1) 1단계 : 깨끗한 종이 위에 당신의 마음, 체력, 정서 및 지식이 포함된 개인의 발전 청사진을 그린다. 당신은 어떤 몸을 갖고 싶은가? 당신은 무엇을 배우고 싶은가? 당신은 셰익스피어 전집을 읽어보고 싶은가? 당신은 좋은 혈색을 유지하고 싶은가? 당신은 다른 사람과의 갈등을 해결하고 싶은가? 당신은 자신의 신앙이 더욱 돈독해지기를 바라는가?

당신은 청사진을 그릴 때 대뇌를 제한하지 마라. 청사진 안에 있는 내용은 단기간 내에 실현 가능한 목표뿐만 아니라 몇 십 년이 지난 후에야 비로소 성공할 수 있는 구상이 포함될 것이다. 끊임없이 쓰고 또 써라. 아이처럼 다른 사람이 비웃는 것을 신경 쓰지 말고 용감하게 써 내려가라. 어떤 때는 엉뚱한 생각 하나가 당신의 인생을 변화시킬 수도 있다.

(2) 2단계 : 당신이 개인의 발전을 위한 원대한 계획서를 작성했다면 그 아래에는 모든 목표에 대한 시간표를 그려야 한다. 이 때 목표가 성공할 수 있을지 여부는 신경 쓰지 말고 모든 목표의 완성시기가 언제인지만 기록하면 된다.

완성시기가 있어야 목표라고 부를 수 있고 그렇지 않은 경우에는 꿈에 불과하다는 사실을 잊지 말라. 일단 목표의 완성기한을 정하고 나면 당신의 대뇌는 잠재의식 속에서 당신을 목표방향으로 이끌 것이다. 만일 당신이 목표를 1년 안에 완성하기로 결심했다면 '1'이라고 써라. 만일 기한이 3년으로 정해지면 '3'이라고 쓰면 된다. 십 년 후에 이룰 목표까지 모두 이런 식으로 기록하면 된다.

(3) 3단계 : 당신은 1년 내에 자신이 가장 중요하다고 생각되는 목표를 하나 찾을 수 있다. 만일 이 목표를 1년 안에 달성할 수 있다면 당신은 기쁨과 흥분을 맛볼 수 있을 것이다. 그러면 이제 1년 안에 이루고 싶은 목표들의 청사진을 그려보도록 하자. 청사진에는 당신이 결정하게 된 중요한 원인, 배경, 목표 달성 후 얻게 될 성과 및 실패했을 때의 손실 등을 기록해야 한다.

이런 원인들은 과연 당신의 동기를 유발할 수 있을까? 만약 아무런 동기를 불러일으키지 못한다면 아름다운 청사진을 또 한 장 마련해야 한다.

부자 아빠가 오늘의 성과를 얻은 데는 이유가 있다. 그가 여러 해 전 목표를 세울 때 확고한 믿음을 가졌기 때문이다. 만약 당신의 꿈을 현실화 할 만한 충분한 이유를 찾았다면 목표달성 루트를 마련해야 한다. 마음을 사로잡을 만한 청사진이 생겼다 해도 그 일을 해야 할 근본적인 원인을 알아야 끈기를 갖고 해 나가게 될 것이다.

경제적인 사업 목표

경제적인 사업 청사진을 그려나가는 과정은 다음과 같다.

(1) 1단계 : 당신이 꿈에 그리던 미래의 사업과 경제는 어떠한지, 재산규모는 어느 정도인지를 기억하라. 당신은 어떤 지위를 원하는가?

이 때 당신은 백만 달러의 가치가 있는 청사진을 그려야 한다. 당신은 5만 달러의 연봉을 원하는가? 아니면 10만 달러? 50만 달러? 천만 달러? 그것도 아니면 천문학적인 숫자의 연봉을 원하는가? 당신은 자신의 회사가 어떻게 발전하기를 바라는가? 어떤 부문에 투자하겠는가? 자기 회사를 차리고 싶은가 아니면 다른 사람과 합작투자를 하겠는가?

(2) 2단계 : 당신의 사업과 관련된 모든 것을 기억하고 나서 시간표를 작성해야 한다. 만일 당신이 1년 내에 목표를 달성하기로 결심했다면 '1'이라고 쓰면 된다. 2년이나 3년 안에 목표를 이루려 한다면 '2'나 '3'이라고 기록하면 된다.

여기에서 당신이 반드시 기억해 두어야 할 것이 있다. 목표달성 가능성이나 목표달성 기한은 실제상황과 상관없이 당신이 결정한 것이라야 한다.

(3) 3단계 : 1년 안에 달성할 목표를 선택하라. 그런 다음 그 목표를 달성해야 할 이유를 기억하고 당신을 격려하고 동기를 부여하는 힘의 원천이 되는 이유들을 열거하라. 만일 당신의 마음을 사로잡는 원인

이 부족하거나 행동으로 옮기고 싶지 않은 경우에는 다시 한 번 그 원인을 찾아보거나 목표를 수정하는 것이 가장 좋은 방법이다.

관심분야 및 취미에 대한 목표

만일 경제적으로 풍족하다면 당신은 또 어떤 것을 원할까? 램프 요정이 갑자기 당신 앞에 나타나 소원을 들어준다고 한다면 당신은 어떤 소원을 빌 것인가?

(1) 1단계 : 5분 동안 당신이 사는 동안 갖고 싶거나 하고 싶은 것, 그리고 경험해 보고 싶은 것을 적어라.

(2) 2 · 3단계 : 앞에서와 같이 1년 안에 실현 가능성이 비교적 높은 목표 청사진을 다시 한 번 골라라. 그런 다음 2분 동안 그것을 완성할 수 있는 원동력이 무엇인지 기억하라. 이런 이유들은 앞으로 전진하기 위한 원동력이 있다는 사실을 일깨워 줄 것이다. 만일 원동력이 부족하면 목표를 수정하라.

사회 환원 목표

이 목표가 실현되기만 한다면 당신의 명성은 후대에까지 길이길이 전해질 것이다. 후손들이 당신의 공헌을 함께 나누며 당신을 우러러 볼 것이다.

(1) 1단계 : 5분 동안 각종 사회환원 가능성을 기록하라. 예를 들어

당신이 하고 싶은 사회봉사활동이라든지 생태 환경 보호활동 등을 구체적으로 기록하면 된다.

(2) 2·3단계 : 모든 목표의 달성기한을 정하고 기한이 1년으로 정해진 목표 가운데 자신이 가장 중요하다고 생각하는 목표를 하나 골라 그것이 성공해야 하는 이유를 기록하라.

지금까지 당신은 1년 안에 달성해야 할 목표를 네 가지 갖게 되었고 아울러 이 목표는 당신이 노력해야 할 충분한 이유를 갖고 있다. 이처럼 목표를 찾는 동시에 목표달성의 충분한 이유를 찾아 그 목표를 더욱 더 분명히 할 필요가 있다.

당신은 항상 이 네 가지의 목표를 생각하고 종이에 기록하여 눈에 띄는 곳에 붙여 두도록 한다. 자동차 유리, 욕실 거울, 사무실 책상모서리 등에 붙여 두면 그것을 보며 수시로 자극을 받게 되고 그 목표들을 이루어야 한다는 사실을 잊지 않게 될 것이다. 인내심을 가지고 지속적으로 노력해야 수확이 생기는 것은 당연한 사실이다.

지금 당장 행동하라, 지금 당장!

시간은 당신을 기다려 주지 않기 때문이다!

당신이 이루고자 하는 목표를 정하고 아울러 행동에 들어갈 만한 동기를 그 목표에 부여한다면 당신의 꿈이 현실로 되기 위한 행동이 시작되는 것이다. 당신의 정보선별시스템은 그 목표와 이유에 근거하여 목표와 관련된 각종 자원을 스스로 찾게 될 것이다. 모든 목표의 성공을 보장받기 위해 당신은 우선 대뇌 프로그램을 조정하여 목표가 기쁨을 가져다 줄 수 있다고 굳게 믿도록 하라. 이때 하루 두 번 씩 목표들을 읽어보면서 성공의 기쁨을 미리 음미해 보는 것이 가장 좋은 방법이다.

이런 활동을 두 번 세 번 반복하게 되면 당신의 대뇌에 있는 뉴런이 작동하여 당신의 꿈과 현실을 하나로 묶고 목표를 향한 간절한 바람을 생겨나게 하며 나아가 행동으로 옮기게 하는 것이다. 더 이상 시간 낭비하지 말고 지금 당장 시작하라!

가장 중요한 한 걸음

목표설정은 쉬운 일이지만 그것을 견지한다는 것은 어려운 일이다. 당신도 목표를 정할 때만 해도 의욕이 넘쳤지만 수십 일이 지난 후에는 투지가 모두 사라진 상태에서 성공에 대한 자신감마저 온데간데없이 사라지는 경험을 한 적이 있을 것이다.

당신이 일단 한 가지 목표를 정했다면 그 다음 중요한 단계는 바로 어떻게 해야만 목표를 이룰 수 있는지를 종이 위에 쓰는 것이다. 아쉽게도 많은 사람들이 이렇게 간단한 한 걸음을 내딛지 않으려 한다.

당신이 목표를 적은 후 해야 할 가장 중요한 한 걸음은 바로 즉각 행동으로 옮겨야 한다는 것이다. 더 미루지 말고 목표를 실현시킬 수 있는 방향으로 실질적인 행동을 시작해야 한다. 일단 진정으로 결정을 내렸다면 당장 실행해야 한다. 당신이 생각하기에 특별히 서둘러 해결해야 할 목표 네 가지가 정해졌으면 지금 행동으로 옮겨야 한다. 우선 당신이 어디까지 행동해야 하는지에 대해서는 신경 쓰지 않도록 한다. 중요한 것은 시작하는 것이다. 행동방안을 기획하거나 전화를 한 통 거는 것은 모두 실행가능한 일이다. 앞으로 10일 정도 매일 잊지 말고 지속적으로 행동하라. 일단 그렇게 하면 그 10일 동안의 작은 행동들은 당신의 습관이 될 것이며 결국 당신은 성공으로 갈 수 있을 것이다.

가령 '개인의 발전 목표'가 일주일 내에 재즈댄스를 추는 것이라면 먼저 손가락을 움직여라. 전화번호부에서 재즈댄스 학원을 찾아 전화해서 당신이 배우고 싶은 것과 시간 등을 상담하고 계획하면 된다.

만일 '관심분야 및 취미에 대한 목표'가 1년 안에 벤츠자동차 한 대를 사는 것이라면 대리점에 전화해서 벤츠자동차 관련 자료를 모두 보내달라고 하라. 아니면 지금 당장 직접 대리점을 방문해서 벤츠자동차에 대해 알아볼 수도 있다. 이는 당신이 즉각 구매해야 한다는 것은 아니다. 가격이나 성능을 잘 알고 나서 당신의 구매에 대한 믿음을 더욱 키워나간다는 의미이다. 당신이 기대하는 목표를 실현시킨 후에도 원래 가지고 있는 열정을 유지하고 싶다면 자기 마음을 움직일 수 있는 새로운 목표를 세우면 된다. 이렇게 하면 당신이 처음에 얻게 된 성공의 기쁨을 또 다른 새로운 목표에 남김없이 쏟아 붓고 계속해서 자신을 성장시켜 나가게 되는 것이다. 성장의 원동력이 없다면 인생은 멈춘 것이나 마찬가지이다. 사람의 노화는 결코 육체에서 시작되는 것이 아니라 정신에서 시작된다.

부자 아빠는 사회 환원을 인생의 영원한 목표로 삼는 것이 당신을 실망의 늪 속으로 빠지지 않게 해 준다고 강조한다. 다른 사람에게 도움을 줄 수 있는 루트를 찾아 도움을 준다면 당신은 앞으로 더욱 가치 있는 인생을 살 수 있을 것이다. 사는 동안 자신의 시간, 열정, 돈, 사랑 그리고 창의력을 쏟아 부을 곳이 없으면 어쩌나 하는 걱정 같은 것은 할 필요가 없다.

로빈 윌리엄스(Robin Williams)에 대해 이야기해 보자. 그는 잠재력의 중요성을 세상에 널리 알린 세계적인 인물 고(故) 존 로빈(John Robin)의 좋은 친구였다. 그는 줄곧 사회 환원을 위한 일을 해 왔기 때문에 그의 삶은 뜻 깊은 의미로 가득했다. 로빈은 두 친구와 함께 부랑인보호협회를 세워 노숙자 등 부랑인들을 돕는데 온 힘을 기울였다.

또 한 가지, 세계적인 슈퍼스타 아놀드 슈왈츠제네거 애기를 좀 할까 한다. 그는 장애인 올림픽을 지원하고 전미 장애인위원회의 대통령고문을 담당했으며, 연예인 가운데 건강한 이미지를 갖는 전형적인 모델이 되었다. 그들은 사회 환원에 전념을 다하는 것이 그 어떤 일을 하는 것보다 삶의 의미를 맛볼 수 있게 해 준다는 사실을 발견했던 것이다.

성공을 좇는 과정에서 잊지 말아야 할 것은 끈기이다. 끝까지 인내를 버리지 않고 앞으로 나가는 것이 바로 당신이 활력을 영원히 유지할 수 있는 지름길이다. 당신의 마음을 움직이는 목표가 바로 삶의 양식이다. 건강한 정신을 위해서라도 끊임없이 노력할 필요가 있다는 사실을 기억하라.

세부적인 계획을 세워라

계획표 만들기

목표가 분명해진 지금, 당신은 이러한 목표들을 어떻게 이루어 나갈지에 대한 계획을 세워야 한다. 이 과정을 생략할 생각은 아예 하지 않는 것이 좋다. 우리가 일을 할 때 능률이 오르지 않는 이유 가운데 하나가 바로 일을 어떻게 해 나가야 할지 제대로 계획하지 않았기 때문이다. 이런 계획은 목표를 세울 때처럼 구체적이어야 하며 글로 써 내려가야 한다. 계획표 한 장을 잘 그리는 것도 방법 중에 하나다. 계획표를 우선 세 칸으로 나눈다. 첫 번째 칸에는 목표를 기입하고 두 번째 칸에는 목표 실현 방법을 적어 넣는다. 부수적인 요구사항을 세 번째 칸에 기입한다.

예를 하나 들어보자. 당신의 목표가 고객 방문을 위한 외근시간을 최소한 반으로 줄이는 것이라면 다음과 같은 계획표를 만들 수 있다.

〈방문시간 절약 계획표〉

목 표	방 법	부 가 요 구
외근시간 반으로 줄이기	불필요한 코스 제거하기	지난 주 시간 낭비한 코스 열거
	되도록 코스 하나로 합치기	대형 시내지도
	더 좋은 코스 선택하기	색깔압정으로 방문고객가정 표시하기

이 계획표의 도움으로 당신은 외근시간을 실행 가능한 비율까지 줄일 수 있게 될 것이다. 또한 당신은 해야 할 일과 그 성공여부가 자신에게 달려 있음을 분명히 알 수 있게 된다.

지도 위에 당신이 일 때문에 방문할 곳들을 표시해라. 각각의 방문 코스를 정해서 서로 다른 색깔 압정으로 코스별 방문지점을 표시해라. 고객 방문을 위해 출발할 때마다, 예를 들어 빨간색 압정으로 표시된 코스 안에 있는 한 고객을 방문하러 갈 때 당신은 같은 코스 안에 또 다른 고객이 있음을 알게 될 것이다. 이렇게 하면 퇴근시간 무렵 또 한 차례 외근을 나가야 하는 일은 없을 것이다.

시내지도가 있기 때문에 당신은 어떤 코스의 동선이 가장 짧으냐 하는 것과 어떤 길로 가야 교통체증을 피할 수 있느냐를 연구할 수 있다. 지난주에 헛수고했던 코스의 리스트를 작성하여 같은 헛수고를 되풀이하지 않을 수 있는 방법을 생각해 볼 수 있다. 예를 들면 집에 거의 없는 고객의 경우 미리 전화해서 약속을 잡은 후 방문을 해야 한다. 또 매출이 거의 없는 고객인 경우에는 앞으로 방문을 조금씩 줄여 나갈 수도 있다. 혹은 서신이나 전화로 연락하면 되는 고객을 따로 분리해 관리할 수도 있다.

코스를 이렇게 조정한 후에는 시간을 정말 반으로 줄일 수 있을까?

이 문제는 당신이 그 계획을 행동으로 옮긴 다음에 다 밝혀질 것이다. 외근시간을 최소한 반으로 줄이겠다는 목표는 다소 높은 기대일 수도 있다. 그러나 이런 확실한 목표는 '외근시간 절약'이라는 애매 모호한 결심보다 훨씬 좋다. 이는 어떤 현실적인 평가에 근거해서 제공한 것으로 당신에게 명확한 목표를 제공한다. 가령 당신이 처음에 시도해 본 이후에도 절반 정도의 시간을 여전히 줄일 수 없다면 이 수치의 하향조정 등 구체적인 계획을 더 많이 세울 수 있다.

이런 방법으로 계획의 유효성에 대해 평가를 하게 되면 당신은 성공적인 계획 아니면 실패한 계획을 통해 경험을 얻게 되는 것이다. 만일 어떤 한 계획이 예상했던 효과를 얻지 못한다면 그 이유는 무엇일까? 다음과 같은 이유가 아닐까 생각해 보자.

(1) 계획에 차질이 있었을까? (불충분, 비현실, 부적합)

(2) 당신이 무슨 잘못을 했을까? (이 계획들을 효과적으로 이해하지 못했는가 아니면 끝까지 견지하지 못했는가?)

(3) 다른 사람이 무슨 잘못을 했을까? (협조를 거절했는가 아니면 그들이 필요로 하는 일을 잘 몰랐는가?)

가장 간단한 계획도 이런 방법으로 평가할 필요가 있다. 아울러 과거의 경험을 반드시 기억하고 그런 경험을 바탕으로 하여 앞으로 업무능률을 높일 수 있도록 노력하자.

⋮ 매일매일 계획을 확인하라

당신이 하고 싶은 일을 잠재의식 프로그램 속에 입력할 필요가 있다. 가장 좋은 방법은 바로 자신의 계획을 매일 큰소리로 낭독하는 것이다. 당신이 읽은 적이 있는 성공철학 관련 서적은 대부분 매일 당신이 바라는 것을 '확인'하라고 알려줄 것이다. 이런 책들이 그것을 강조하는 이유는 이것이 효과가 있기 때문이다.

당신은 항상 자기 생각의 주체가 되는 방향으로 계속해서 정진하고 있다. 계획을 눈앞에 놓고 제일 먼저 고려하는 대상으로 삼는다면, 당신이 하고자 하는 일을 유익한 방식으로 도전할 수 있을 것이다. 당신이 신문기사에서나 다른 어떤 사람을 통해 자신이 원하는 것을 찾거나 혹은 자신의 마음속에서 원하는 바를 만들어 낼 수 있을 것이다.

매일 하루도 빼놓지 않고 당신의 계획을 확인하라. 그렇게 하면 당신은 긴장감을 느끼게 되고 하고 싶은 일을 완성하도록 지속적인 동기를 부여할 것이다. 그러면 매일 원하는 방향으로 한 발씩 나아갈 수 있게 되는 것이다.

당신의 집이나 사무실에 자신을 격려할 수 있는 포스터를 붙이거나 장식품을 진열해 두자.

마이크로소프트사의 창립자 빌 게이츠는 이런 방법을 '임의의 규칙'이라고 부른다. 빌 게이츠는 자기 목표를 적은 메모나 자기 꿈을 연상시킬 수 있는 포스터나 장식품 등을 매일 보면서 스스로에게 각인시킴으로써 에너지를 얻었다. 그는 훈련을 통해 습관을 바꿀 수 있다는 믿음을 가지고 있었다.

습관을 바꿀 수 있는 방법이 하나 있다. 바로 당신의 계획을 간단명

료하게 기록하는 것이다. 이때 25자를 넘으면 안 된다. 계획을 적은 종이를 집이나 사무실 그리고 당신이 머무는 곳 어디나 눈에 띄는 곳에 붙여두도록 한다. 계획한 목표를 매일 읽고 머릿속에 각인시켜라. 당신의 잠재의식은 그 목표를 천천히 받아들일 것이다.

나만의 컨설팅팀을 구성하라

: 팀을 구성할 수 없다면, 더 중요한 직책을 맡을 능력이 생기지 않는다

조직을 구성하는 기술은 매우 중요하다. 만약 당신이 팀 하나 구성할 능력이 없다면 당신은 더 중요한 직책이나 프로젝트를 책임질 능력이 생기지 않을 것이다. 이와 반대로 팀을 구성할 능력이 있다면 당신이 맡은 일의 효율이 높아지고 임무를 완성할 수 있으며 더 많은 사람들 사이에 이름이 알려질 것이다.

한 사람이 회사내의 지위가 높아질수록 그 이해관계의 범위 역시 넓어진다. 효과적인 팀 구성에 대한 절대적인 필요성이 점점 눈에 띄게 커지고 있다.

조직을 구성하기 전에 당신은 핵심목표를 정하고 세 개 지점으로 구성된 컴퓨터네트워크를 건설해야 한다.

당신이 어떻게 해야 하는지 알았다면 그 목표를 실현시키는 데 어떤 사람들이 당신에게 도움을 줄 수 있을지 추측해 보아야 한다. 네트워크를 통해 부서 밖의 사람들이나 같은 부문의 상급자 관련 인사들에 대해 알아둔다.

부자 아빠는 말한다.

"되도록 많은 사람들과 네트워크를 형성하라."

당신은 잠재적인 적과 함께 권력과 명예를 공유할 수 있겠는가? 당신은 현재의 상황을 반전시키기 위한 동기를 다른 사람에게 부여할 수 있는가? 당신은 다른 사람들이 새로운 방법을 시도하는 데 거부감을 갖지 않도록 할 수 있는가?

당신은 사전에 당신을 지지해 주는 사람들에게 어떤 우대조건으로 그들의 마음을 잡아둘 수 있는지에 대한 계획을 세워야 한다. 당신의 종합적인 전략은 어떻게 해야 당신을 도와주는 사람들에게 보답할 수 있을까, 또는 당신의 반대편에 서 있는 사람들을 끌어들일 수 있을까 하는 것이다.

부자 아빠가 강조한 조직 구성의 핵심은 다음과 같다.

(1) 당신의 목표실현에 영향을 미칠 만한 인사의 이름을 적고 두 개의 칸을 만든다. 그 중 한 칸에는 당신의 목표실현을 도와줄 수 있는 사람을, 또 한 칸에는 온갖 방법을 다 동원해서 당신을 방해할 사람을 적어라.

(2) 지금 당신과 당신의 목표에 대해 사람들의 태도가 어떠한지 분석하라. 당신이 성공할 수 있도록 도울 수 있고 이미 당신 편에 서 있는 사람은 누구인가? 당신의 성공을 도와줄 수는 있지만 오히려 당신

을 방해하는 사람은 누구인가?

(3) 당신이 어떻게 해야 반대편에 있는 사람을 당신 팀으로 끌어들일 수 있는가?

(4) 당신이 이미 얻은 지원세력을 유지할 수 있는 방법은 무엇인가?

(5) 당신이 어떻게 하면 계획을 이행하는 데 발생할 수 있는 걸림돌을 제거할 수 있는가? 당신은 수단을 동원하여 방해세력과 타협할 수 있는가?

⋮ 싫어하는 사람에게도 호의를 보여라

경기에서 승리하기 위해 남자아이들은 활력 있고 협조적이며 강인하고 신체 건강한 팀웍이 필요하다는 사실을 알고 있다. 이와 마찬가지로 협력 파트너를 선택할 때 남성들은 상대가 임무를 완성할 능력이 있는지 여부를 중요시한다.

이와 반대로 여성은 '좋은 사람'과 함께 하는 것을 선호한다. 만일 믿을 수 없다고 생각하는 동료가 있다면 여성들은 그 동료와 어떤 왕래도 하고 싶어 하지 않는다. 결국 여성들은 무의식적으로 도움을 받을 수 있는 가능성을 줄이는 결과를 낳을 수도 있다.

브렌다는 한 항공회사 인사팀 팀장이다. 그녀는 몇 년 동안 줄곧 자신이 매우 중요시하는 프로젝트를 완성할 예산이 부족했다. 그녀에게 핵심적인 걸림돌이 된 건 바로 예산팀 팀장 토드였다. 토드는 브렌다의 예산경로를 통제하여 그녀의 자금 운용을 지시하려 했다. 그러나 다른 팀 팀장이 그와 좋은 친구일 경우에는 그렇게 엄격하게 하진 않았다.

브렌다가 상사에게 이 일에 대해 불만을 털어놓았을 때 상사는 전혀 신경 쓰지 않았다. 오히려 상사는 "브렌다, 자네는 문제를 해결하는 방법을 터득해야겠구먼."하고 말했다.

한 여성 관련 세미나에서 부자 아빠는 브렌다에게 토드와 친해지라고 권했다. 그러나 그녀는 절대 그럴 수 없을 거라고 말했다. "그 사람은 정말이지 참을 수가 없어요. 권력으로 다른 사람들을 무시하는 독불장군이거든요."

부자 아빠는 인품과 일은 별개의 것으로 봐야 한다고 말했다. "토드가 독불장군일 수도 있지요. 그러나 당신이 계획을 완성하는데 필요한 경비를 확보하고 싶다면 그가 필요하지 않겠어요?"라고 덧붙여 설명했다.

브렌다는 한 번 해 보겠다고 억지로 대답했다. 3개월 후에 부자 아빠는 그녀를 우연히 만나게 되었고 그녀가 게임의 법칙을 알기 시작했다는 사실을 발견했다. 그녀는 부자 아빠에게 그동안의 일들을 얘기했다."토드와의 관계가 좋아지기 시작했어요. 제가 좀 까다로운 인사문제를 도와준 적이 있거든요. 그와 점심을 몇 차례 함께 먹기도 하고요. 많은 시간을 함께 하고 싶은 사람은 아니지만 그가 제 편이 될수 있다면 문제가 쉽게 해결될 것 같아요."

많은 남성들과 복잡한 머리싸움 같은 것은 결코 필요 없다. 남성들은 다른 사람과 유쾌한 협력을 위해 단지 상대와 우호적인 관계만 유지하면 되는 것이다. 남성들은 다른 사람이 자신의 감정세계에 개입하는 것을 절대 원하지 않는다. 그리고 다른 사람들과 거리를 유지하고 사적인 감정은 서로 신경 쓰지 않는다. 여성들의 눈에는 이것이 진실하지 않게 보인다. 왜냐하면 우호적인 관계에 대한 시각이 여성과 남성이 서로 다르기 때문이다. 그러나 게임의 법칙에서 당신에게 정말 필요한 것은 호의적인 관계이다. 유일한 목표는 임무의 완성이다.

⦂ 조직 내의 언어를 익혀라

부자 아빠는 모든 조직은 '그들만의 언어'를 가지고 있다고 말한다. 조직내의 언어는 간편함을 위한 것일 뿐 아니라 관계자와 비관계자를 구분 짓는 기준으로 쓰이기도 한다. 사실상 회사 안에서 쓰이는 언어는 빠르게 전파된다. 예를 들어 책임자가 새로운 단어를 하나 쓰기 시작하면 얼마 안 지나 다른 사람들도 하나둘 이 말을 모방하여 사용하게 되는 것은 당연한 결과일 수 있다. 만일 그런 새로운 단어를 일개 비서가 쓰기 시작했다면 아무도 아랑곳하지 않을 것이다.

조직 내 언어의 약어, 예를 들어 R&D(연구개발), ROL(투자수익), EOC(공정명령전환) 등은 모두 서로 다른 업종, 산업부문 및 조직들과 밀접한 관계가 있다. 당신이 조직 내의 언어를 말할 수 있을수록 조직 내 인사는 당신을 조직의 일원으로 인정할 가능성이 커진다.

때로는 당신이 팀의 일원이 될 수 있느냐 하는 것이 그들 조직의 언어를 할 수 있느냐에 달려 있기도 하다. 여기서 패트라는 한 여성의 경험을 들어보자.

얼마 전 패트는 항공기 제조회사의 회의에 참석한 적이 있었다. 이 회사는 경영인사들 사이의 교류업무 담당자로 패트를 고용했다. 새로 온 경영자는 여성이 프로젝트에 참여한다는 데 대해 의혹을 갖게 되었다. 패트를 시험해 보기 위해 경영자는 패트에게 대량의 ECO와 통신 중단이 연관이 있느냐고 질문했다.

다행히도 패트는 항공업계에서 수년간 일해 왔기 때문에 ECO의 뜻을 알고 있었다. 만약 패트가 그 경영자에게 이 용어를 설명해 달라고 할 수밖에 없었다면 어떻게 되었을까? 그 경영자는 패트를 업무에서 배제시킬 충분한 구실을 얻게 되었을 것이다. 패트는 그 가설이 아마도 정확한 것 같다고 그에게 대답했다. 그 경영자가 마음을 놓는 것이 보였고 그 일은 그렇게 넘어갔다.

만일 회의에서 컴퓨터용어만을 애기하는데 당신이 '컴맹'이라면 어떻게 하겠는가? 만일 당신이 여성이라면 자신의 무지를 탓하여 "나는 이 회의에 참석할 자격이 없어. 내가 참석하지 말았어야 하는데."라고 생각할 수 있다. 아니면 "이 방면을 잘 알아야 하지만 난 잘 모르잖아. 난 바보야."라고 생각할 수도 있다. 반면 남성들의 전형적인 반응은 공격을 수비로 삼는다는 것이다. 남성들은 일반적으로 "당신네들이 무슨 애기를 하는지 도대체 모르겠군! 영어로 말할 수는 없는 건가?"라고 생각할 것이다.

만일 회의에 참석한 사람들이 당신과 지위가 비슷한 동료라면 그들에게, "나는 자네들이 말하고 있는 컴퓨터용어를 잘 모르겠네. 자세히 설명을 해주든지 아니면 나 같은 비전문가도 알아들을 수 있는 말로 풀어서 해주면 안 되겠나?"라고 말할 수 있다. 이것도 효과적인 방법

중 하나다. 그러나 만일 당신이 규모가 큰 회의에 참석했거나 회의 참석자들 가운데 지위가 낮다고 한다면, 그런 질문은 당신의 무지함을 드러내는 것과 마찬가지이다.

이런 상황에서 가장 좋은 방법은 당신이 이해 못한 용어를 메모했다가 회의가 끝난 후에 믿을 만한 동료에게 묻는 것이다. 또한 회의 후에도 컴퓨터용어를 열심히 공부하여 앞으로 있을 회의에 대비하는 것 역시 필요하다.

독창적인 시각을 가져라

시각은 문제를 보는 습관이다

"그 사람은 시각이 매우 독창적이야."라는 말을 우리는 종종 쓴다. 일반적으로 시각이 독창적인 사람은 모두 성공했다. 그러나 그를 지나치게 존경할 필요는 없다. 왜냐하면 당신도 독창적인 시각을 가지고 있기 때문이다.

세상에 똑같은 생활을 하는 사람은 없다. 문제를 보는 시각이 제각기 다른 것은 어쩌면 당연한 일이다. 가난한 사람과 부자가 새벽에 우연히 만났다. 부자는 가난한 사람에게 "나는 입맛을 좀 찾으려고 산책하러 나왔소. 당신은 여기서 지금 무엇을 하시오?" 그러자 가난한 사람은 긴 한숨을 내뱉으며 대답했다. "나도 산책을 나오기는 했습니다만, 내 식욕을 채워줄 먹을거리를 찾으러 나왔습니다."

이야기에 나온 두 사람 다 산책을 하고 있지만 그들의 목표는 다르다. 부자는 자신을 기분 좋게 할 수 있는 것에 관심을 갖고 있지만 가난한 사람은 배고픈 위를 채우는 데만 신경을 쓴다. 서로 다른 경제상황으로 사람과 사람 사이에 시각 차이가 존재한다는 사실을 알 수 있는 이야기이다.

누구의 시각이 가장 독창적이냐 하는 것을 증명할 방법은 없을 것이다. 하지만 부자 아빠는 세상에서 시각이 가장 독창적인 전문가는 아이들이라고 말한다.

수많은 성인들이 문제를 볼 때 공감대를 형성할 수 있는 데는 이유가 있다. 유사한 교육방식, 생활 및 경험으로 인해 성인들 개개인의 시각차이가 거의 사라졌기 때문에 가능한 것이다. 그러나 아이들은 호기심이 가득한 맑은 눈망울로 모든 사물을 바라본다. 아이들의 눈은 그 어떤 목적도 없다. 단지 아무런 거리낌 없이 세상을 관찰할 뿐이다. 이 때문에 아이들이 어른들의 탄성을 지르게 만드는 놀라운 말들을 쏟아낼 수 있는 것이다.

아이들은 지위, 피부, 경제상황 등의 차이 때문에 위축되지 않는다. 그러나 어른들은 그렇지 않다. 시각이란 무엇인가? 아마도 많은 사람들이 시각에 관한 경험은 있어도 정의를 내리기는 어려울 것이다. 그렇다면 먼저 '시각' 하면 바로 떠오르는 것을 종이에 적어라. 그것은 아마도 각도, 고저, 범위 등의 단어일 것이다.

시각이라는 말은 사실 이해하기 쉽다. 시각은 사물에 대한 이해력이며 일정한 틀을 가진 사고 습관이다.

여기 돌 한 덩이가 있다. 농부의 눈에 그 돌은 논 밖으로 던져 버려야 할 쓰레기로 보인다. 하지만 화학자의 눈에는 그 돌이 대표하는 화학성분으로 보일 것이며, 지질학자는 그 돌을 통해 지각변동의 역사를 볼 것이다. 고고학자의 눈에는 그 돌 위에 있는 문자가 보이고 건축가가 보기에 그 돌은 건축자재일 뿐이다. 돌은 변함없는 돌이다. 따라서 이들 중 그 돌을 잘못 본 사람은 없다. 단지 사고의 습관이나 개인의 주관적 틀이 다르기 때문에 같은 돌을 각각 다르게 이해하는 것이다.

시각은 문제를 보는 습관이다. 당신 자신을 제외하고는 당신의 시각을 제한할 사람은 아무도 없다. 당신이 현재의 시각에 만족하지 못하는 걸 알았을 때 당신은 바꿀 수 있다. 예를 들어 고고학자 겸 지질학자의 눈에 보이는 돌은 두 가지로 이해될 것이다. 당신이 노력만 한다면 당신의 시각은 더욱 넓어질 수 있다.

⦂ 시야에 들어온 장애물을 제거하라

수많은 유명기업들은 일정한 시일이 지난 후 높은 연봉으로 '능률제고전문가'를 스카우트함으로써 업무 능률이 높아지기를 기대한다. 능률제고전문가란 사실 '시각이 독창적인 전문가'라고 해야 한다. 그들은 낯선 기업에서 능률을 높일 수 있는 방법을 찾는다. 이는 단지 그들의 전문지식이 만든 결과가 아니다. 그들이 참신한 시각으로 업무 흐름을 바라보기 때문에 찾아내는 방법을 기업 내부 사람들은 발견하지 못할 뿐이다. 기업 내부 사람은 모든 업무에 대해 습관이 되어 버렸기 때문에 그들의 시각도 습관에 젖어 있다. 그래서 변화에는 민감할 수 있어도 변화가 없는 상황에는 민감하지 않다. 그러나 '능률제고 전문가'는 제삼자의 입장에서 사물을 객관적으로 관찰할 수 있기 때문에 합리적인 방법을 더 빠르게 찾을 수 있는 것이다.

시야에 있는 장애물을 제거하면 당신은 신세계를 볼 수 있다. 현재 당신의 시력을 결정하는 요소는 무엇인가?

당신이 눈앞의 이익에만 급급하고 5년이나 10년 후의 이익은 신경 쓰지 않는 것은 백해무익한 일이다. 바로 근시안적인 태도 때문에 사람들은 삼림을 남벌하여 심각한 환경오염 문제를 야기시키고 오존층을 파괴하게 되었다. 20년 후에 공기가 상품화될 것이라는 말은 어처구니 없어 하며 웃어넘길 일이 절대 아니다.

당신이 20년 후의 아름다운 미래만을 동경하여 지금 이 순간의 기회를 포기한다면 당신은 '원시'이다. 먼 곳만을 바라보게 되면 가진 것은 의지뿐 재능은 태부족인 비극적 결과를 낳을 가능성이 있다.

⠆ 먼 곳에 있는 풍경과 함정을 봐라

미국의 한 첨단과학기술 회사가 대공황 시기에 회사를 살리기 위해 한 책임자를 스카우트해 왔다. 그는 취임 직후 시장 불황을 극복할 독창적인 아이디어를 냈다. 그의 아이디어는 임금이 높은 기술개발 인원을 해고함으로써 생산비용을 절감할 수 있고 이를 통해 회사는 빠르게 회복세로 돌아설 것이라는 내용이었다. 이사회는 모두 새로운 사장이 미래를 보는 안목이 있는 사람이라며 입을 모아 칭찬했다.

그러나 5년 후 찾아온 경제회복시기에 이 회사는 오히려 생각지도 못했던 파산위기에 직면하게 되었다. 새로운 사장이 당초에 눈앞의 이익만을 보고 기술개발 인원을 대량 해고했기 때문에 지난 5년 동안 기술개발연구가 정지되었던 것이 파산의 가장 큰 원인이 되었다. 시장수요가 회복세를 찾으면서 사람들의 요구가 점차 높아지는데 회사의 제품은 오히려 시대적 흐름을 따라가지 못하게 된 것이다.

이 이야기는 실화로 한치 앞만 보는 근시안적 시각의 위험성을 경고하고 있다. 그로 인한 피해는 단기간 내에 발생하지는 않지만 당신이 애초에 가지고 있던 시야를 넘어서는 즉시 피해의 진흙 속으로 빠지게 되는 것이다. 고개를 들어 저 먼 곳의 풍경과 함정을 살펴보도록 하자.

독창적인 시각을 잃어버리는 이유

독창적인 시각은 두 가지 의미를 가지고 있다. 하나는 당신이 같은 사물을 볼 때 다른 사람들과 다른 의미를 읽는 것이고, 두 번째는 다른 사람은 보지 못한 사물을 발견할 수 있는 것이다. 이 두 가지 종류의 독창적인 시각은 모두 당신에게 큰 이익을 가져다 줄 수 있다.

예측불허라는 증시의 경우를 얘기해 보자. 다른 사람이 생각지 못한 주식에 대해 당신이 급상승할 만한 잠재력이 있다고 생각하여 매입을 했다가 주가가 오르면 당신은 그만큼의 수익을 얻게 되는 것이다. 가격이 폭등하고 있는 주식의 경우 당신이 그 주식에 위험요소가 있다고 생각되어 전부 매각했다면 그 후 주가가 폭락할 때 당신은 손실을 피할 수 있게 되는 것이다.

독창적인 시각은 어떻게 생기는가?

부자 아빠는 사실상 많은 사람들이 독창적인 시각을 가지고 있지만 단지 이런 시각을 지킬 수 있는 자신감이 부족한 것뿐이라고 말한다.

당신은 독창적인 시각을 가진 사람일 수도 있다. 다른 사람이 발견하지 못하는 것을 당신이 종종 발견하는 것이다. 그러나 눈을 돌려 주변을 보았을 때 반응하는 사람이 없다면 당신은 자신의 발견을 믿지 못한다. 당신은 아마도 자신이 잘못 봤거나 아니면 누구나 다 아는 사실이기 때문에 놀랄 일도 아니라고 생각해 버린다. 당신은 이런 안이한 자세 때문에 기회를 눈앞에서 놓치게 되는 것이다.

안델센 동화《벌거벗은 임금님》에서 모든 사람들이 실 한 오라기도 걸치지 않은 임금님을 보았지만 다른 사람들이 자신을 비웃는 것이 두려워 말을 하지 못한다. 그러나 한 아이가 "임금님은 벌거벗었대요!"라고 말하자 모두 따라했다. 당신은 절대 동조자가 되지 말라. 세심한 관찰과 생각 위에 자신감을 더해서 사실이 아닌 것은 아니라고 말하라. 전 세계에서 당신 혼자만 보았다고 하더라도 믿어야 한다.

당신의 눈으로 세상을 보도록 하라. 다른 사람의 눈으로 세상을 보는 일은 없어야 한다. 창조주가 당신에게 준 두 눈과 심장은 장식품이 아니다. 독창적인 시각을 갖고 싶다면 다른 사람의 시각을 따르는 추종자가 되어서는 안 된다. 많은 사람들은 대부분의 경우 어쩔 수 없이 대세에 따르고자 한다. 이는 사실 매우 바보 같은 일이다. 자기 운명을 다른 사람에게 맡긴다는 것은 자신에 대해 무책임한 일이다. 이 때문에 탄탄대로를 갈 수 있는데도 불구하고 어둡고 험난한 길을 가는 사람들도 종종 찾아볼 수 있다.

시각도 이와 마찬가지이다. 왜 자신의 시각으로 자신이 나아갈 길을 찾지 않는가? 왜 길이 어디로 뻗어 있는지 제대로 보지 않는가? 당신의 시각으로 결정한다면 잘못이 있을지언정 당신의 선택이 되는 것이다.

호기심을 잠재우지 마라

아이들은 당신이 대답하기 곤란한 질문을 할 때가 종종 있다. "흑인의 피부는 왜 까맣지요?" "다른 새들은 다 날 수 있는데 타조만 왜 못 날아요?" "달은 볼 수 있는데 해는 왜 쳐다볼 수가 없나요?" 등등의 질문들은 정말 대답하기 어렵다. 당신은 아이들의 이런 질문에 대해 "왜 아이들은 우리가 생각지도 못한 것들에 관심을 갖는 걸까?"라고 묻고 싶을 것이다. 대답은 간단하다. 아이들의 호기심이 당신보다 강하고 시각 역시 더욱 독창적이기 때문이다.

어른이 되고 나서 당신의 호기심을 자극하는 일을 만났다고 하자. 그러다 다른 사람들이 당신을 보고 어린아이 같다고 말하는 것을 듣기 싫어서 차라리 호기심을 마음 속에 묻어 두었다. 이런 과정 속에서 당신은 점차 호기심 없는 성인이 되어 가는 것이다. 하지만 호기심을 잃는 것이 성숙을 위해 지불해야만 하는 대가가 될 수는 없다. 호기심 때문에 당신은 이해할 수 없는 사물에 대해 충분히 이해하고 관찰할 수 있게 되는 것이다. 바로 이것이 독창적인 시각의 시작이다.

호기심은 독창적인 시각을 갖기 위한 중요한 조건이다. 당신의 호기심을 잠재우지 말라.

모든 것을 의심하는 태도

모든 것을 의심해야 한다. 듣기에는 매우 삭막한 말이다. 그러나 생각해 보면 의심하는 태도는 세상과 단절하기 위해서가 아니라 자신의 시각을 더 잘 갖추기 위해서이다. 따라서 의심은 결코 잘못된 것이 아니다.

중세기에 유럽교회는 지구가 평면이며 인간은 평면 위에서 생활하고 평면 끝나는 곳에는 깊이를 모르는 심연이 있다고 주장했다. 이런 주장은 오늘날 황당한 얘기에 불과하여 반박의 필요성조차 느끼지 못한다. 그러나 수백 년 동안 사람들은 이런 주장에 대해 전혀 의심하지 않았고 당연한 사실로 받아들였다는 것을 생각해 본다면 모든 사물에 대해 의심해 보지 않을 수 없다.

의심은 더 잘 이해하기 위해서이다. 의심하는 태도가 있어야만 증거를 구하려는 행동도 있을 수 있다. 차라리 의심을 수단으로 하여 잃어버린 시각을 찾아보는 것도 좋은 방법이다.

⦂ 당신의 시각이 인생을 좌우한다

사업이라는 것은 반드시 막강한 경제력이나 실력을 가지고 수천 명 직원을 거느리며 회사를 경영하는 것만이 아니다. 주부의 경우 가정을 돌보는 것, 교사는 제자의 성공을 보기 위해 제자를 가르치는 일이 일종의 사업일 수 있다. 따라서 사업에 대한 시각을 되도록 넓게 가져야 한다. 당신에게 무언가를 강요하는 사람이 없다면 당신을 강요하는 것은 단지 사업에 대한 당신의 편견이다.

눈 속에 있는 감정은 눈과 정신을 혼미하게 하는 사랑뿐이 아니다. 물보다 진한 혈육의 정이나 형제간의 우정도 그것이다. 그런 감정들 중에 하나라도 부족하다면 살맛 나는 인생은 기대하기 어려울 것이다.

사랑은 최선을 다하는 희생이고 현실에 만족하는 너그러움이며 기쁜 마음에서 샘솟는 용기와 같다. 희생 없는 사랑은 진실이 아니고, 열매가 없는 사랑은 창백한 빛을 띠며, 용기 없는 사랑은 가련하다. 가족들과의 정에서 가장 중요한 것은 서로에게 상처를 주지 않는 것이다. 사람들은 가족에게 쉽게 상처를 주기 때문이다. 잠재의식 속에 가족은 자신을 가장 잘 이해해 줄 수 있고 항상 받아줄 수 있는 '항구' 같다는 생각을 가지고 있다. 가족이 만약 항구라면 무엇 때문에 항구를 산산조각 내려고 하는가?

금전적 가치에 지나치게 신경 쓰지 말라. 속된 말로 돈은 사랑하는 것이 아니라 쓰는 것이다. 금전에 지나치게 신경 쓰게 되면 당신의 시야도 사소한 것까지 신경 쓰게 된다. 운명이란 모든 사람에게 일생 동안 해답을 찾아야 할 문제이다. 만약 그렇다면 우리는 운명의 앞날에 대해 항상 걱정할 필요가 없다. 어쨌든 모든 일에는 결과가 있기 마련이다. 차라리 주위에 있는 자연과 신선한 세상을 둘러보는 것이 더 좋다.

시각이 인생을 결정한다는 말은 지나친 표현이 아니다. 어떤 시각을 갖느냐 하는 것이 인생을 결정한다. 당신의 시각이 독창적이라면 성공은 따놓은 당상이라 할 수 있다.

성공한 사람들에게 배워라

: 성공한 사람에게 성공 방법을 배워라

성공의 가장 중요한 비결 중 하나는 이미 증명된 가장 효과적인 성공 방법을 사용하는 것이다. 성공 비결은 어디에 있는가? 성공한 사람들에게 그 비결이 있다. 성공한 사람들에게 성공 비결을 배우는 것이 바로 성공에 이르는 지름길이다.

먼저, 성공한 사람들에게 성공 방법을 배울 때 이미 실제 검증을 거쳤고 실현 가능하다는 사실을 인정해야 한다. 둘째, 성공한 사람에게서 성공 방법을 배우고 싶다면 직접이든 간접이든 성공한 사람들과 어울리면서 그들의 세계관, 사고방식 등의 영향을 받는 것이다.

미국의 한 조사를 보면 한 사람의 실패 원인 가운데 90%가 그 사람 주변에 있는 가족, 친구, 파트너, 동료 및 지인 등이 모두 실패를 거듭했거나 소극적인 인물이기 때문이라고 한다. 이는 주변에 그 사람을 격려하고 이끌어줄 사람이 없고 성공 방법을 제시해 주는 사람이 없다는 것을 의미한다. 이렇게 되면 내리막길을 가는 것은 어쩌면 당연한 일일지 모른다. 따라서 성공한 사람에게 성공 방법을 배우게 되면 생각보다 빨리 성공할 수 있다.

소위 말하는 성공 비법이라고 해서 그들이 수년 간 공을 들였거나 무수한 실패 경험을 통해 이룬 것만은 아니다. 당신은 그들의 오래된 길을 걸을 필요는 없다. 또한 그들의 경험이나 원칙을 직접적으로 받아들일 필요도 없다. 성공한 사람의 사고방식을 이해하여 자신에게 맞도록 적용하면 된다.

성공한 사람이 더 뛰어난 기량을 보이거나 두각을 나타낼 수 있는 것은 반드시 다른 사람과는 다른 방법이 있기 때문이다. 그의 행동을 조금도 빠뜨리지 않고 모두 배우기만 한다면 그와 유사한 결과를 얻을 수 있을 것이다.

성공학은 1930년대에 미국에서 정식 학문의 하나로 등장했다. 성공학의 주요임무는 바로 선인의 성공경험과 성공철학을 종합하고 여러 학문을 운용하여 성공의 법칙을 연구하고 방법을 단련해 나가는 데 있다.

현대 성공학의 창시자와 기초를 다진 사람들에는 프랭클린, 데일 카네기, 나폴레온 힐 등이 있다. 그 후 전 세계에 성공학 열풍이 불었고 각종 성공학이 등장했다.

⁝ 할리 데이비슨의 경쟁력

1982년 미국 할리 데이비슨(HARLEY-DAVIDSON) 오토바이의 한 담당자가 오하이오주에 있는 일본 혼다 오토바이를 방문했다. 그 결과 할리 데이비슨의 담당자는 크게 놀랐다. 당시에 혼다는 미국 중형 오토바이 시장에서 40%의 점유율을 보이고 있었기 때문에 할리 데이비슨의 강력한 경쟁상대였다. 당시 오토바이를 탔던 사람들은 모두 혼다 오토바이가 가격이 저렴할 뿐 아니라 할리 데이비슨보다 오래 탈 수 있고 승차감도 좋다고 생각했다.

할리 데이비슨은 그들보다 우수한 혼다의 기술을 배우고자 했다. 그러나 혼다 공장 안에서는 컴퓨터나 로봇 등 특별한 작업시스템이라곤 찾아볼 수 없었다. 단지 종이 위에 적힌 작업내용만 있을 뿐이었다. 할리 데이비슨의 담당자가 알아낸 것이라곤 30명의 직원이 470명의 조립공을 지도하고 있다는 사실과 직원들 모두 자기 일에 매우 만족하고 있다는 것뿐이었다.

혼다의 성공은 상식(常識)을 잘 활용한 데서 온 것이며 이것이 할리 데이비슨이 배울 점이었다. 할리 데이비슨의 피어스 회장은 두 공장을 비교하면서 "사실 난 우리 실력이 그렇게 떨어질 거라곤 믿기 어려웠소. 그렇지만 우리는 확실히 뒤떨어져 있었소."라고 말했다.

5년 후 할리 데이비슨은 재기했다. 미국 중형 오토바이 시장에서 점유율을 배로 끌어올려 46%에 달했고 매출액 역시 역사상 처음으로 1,770만 달러를 기록했다. 과연 어떻게 한 것일까?

오하이오 주를 다녀온 후 할리 데이비슨은 근무태도부터 혁명적인 변화를 꾀했다. 그들은 미국기업의 전통적인 호전적인 이미지를 벗고 겸손하고 친근한 태도로 언제 어디서나 지식을 탐구하는 기업이라는 이미지를 형성하는 데 성공했다. 1년 안에 할리 데이비슨은 가장 효과적인 인사관리제도와 품질관리전략을 채택했고 이는 할리 데이비슨이 새로운 모습으로 탈바꿈하는데 결정적인 역할을 했다.

할리 데이비슨은 일본 오토바이가 생산라인 마지막 단계에서 5%의 불량률을 보이는 데 비해 자신들은 같은 부문에서 50~60%의 불량률을 보인다는 사실을 알게 되었다. 내구성만 보더라도 부품 부족 원인으로 발생한 불량률이 혼다 오토바이의 전체 불량률보다 몇 배나 높았다. 때로는 창고 저장 시간이 지나치게 길어져서 생산라인으로 보내질 때면 이미 녹이 슬어 있거나 어떤 때는 규격에 맞지 않아 바로 폐기처분되는 경우도 있었다.

이유가 무엇인지 고심한 끝에 할리 데이비슨은 마침내 문제의 핵심을 발견하게 되었다. 창고관리 자동화시스템으로 관리하는 할리 데이비슨의 전 제조과정은 당시 미국의 기준으로 봤을 때 모범적이었다. 그러나 일본 공장을 연구한 끝에 이런 미국식 방법이 실제로는 대량의 폐기물만 생산할 뿐이라는 사실을 발견했다.

일본인의 성공 비결은 생각 외로 매우 간단했다. 혼다와 그 부품공급업체는 미국 기업처럼 매년 몇 차례에 걸쳐 부품을 대량으로 생산하는 것이 아니라 매일 필요한 부품만을 소량 생산했다. 그래서 부품이 저장되는 과정에서 손실되는 일도 막을 수 있었고 회사는 매년 재고율 0%로 수백만 달러의 이자를 줄일 수 있었다. 뿐만 아니라 공간을 절약하여 전체 공장 작업을 간략화 하고 있었다. 만일 불량부품이 발견되더라도 생산량이 하루 이틀 분이기 때문에 쉽게 수리할 수 있었다.

할리 데이비슨은 혼다의 창고관리시스템 가운데 직원참여모델과 통계 자료를 기초로 하는 품질관리제도를 모방했다. 여기에 미국 국내 오토바이 소비자들의 기호를 잘 알고 있다는 장점을 잘 살린 결과 미국 중형 오토바이 시장뿐 아니라 세계무대에서 최고 기업으로 우뚝 섰다.

항상 공부하라

부자 아빠는 두각을 나타내고 싶다면 항상 공부해야 한다고 강조한다. 스스로 미래의 주인이 되고 싶다면 자신이 종사하고 있는 일과 같은 업종에서 이미 두각을 나타낸 사람들을 보고 배울 수 있는 마음가짐을 가지고 있어야 한다. 두각을 나타내고 싶다면 반드시 자신의 목표와 능력을 객관적인 시각에서 평가할 수 있어야 하고, 그런 다음 다른 사람이나 기업의 성공방법을 모방, 학습, 적용하도록 해야 한다. 여기에 각고의 노력이 뒤따른다면 청출어람도 가능하다. 즉 자신이 원래 보고 배우고 싶거나 모방하던 대상보다 더 큰 능력과 성공을 얻을 수도 있다는 얘기이다.

모든 분야에는 각각 모방하고 배울 만한 대상이 있다. 예를 들어 소크라테스가 없었다면 플라톤도 없었다. 러시아의 아이스하키 팀은 캐나다 팀을 배웠다. 마티스는 고갱의 회화기법을 모방했다.

오늘날 기업들은 오히려 다른 사람을 모방하고 배우고자 하는 마음과 노력이 부족하다. 용기도 있고 계획도 있지만 겸손하게 배우는 태도만은 부족하다.

하지만 할리 데이비슨, 에머슨 전기, 웨스팅하우스 전기, 제록스 및 아메리칸 에어라인 등 일부 소수의 회사들은 동종업계의 다른 기업들의 장점을 배우고 모방하는 방법을 통해 큰 성과를 거두었다. 이들 일부 소수 기업을 제외한 대다수의 기업들은 경쟁 기업에 의해 고통의 쓴맛을 본 후에야 비로소 배움의 길이 있다는 사실을 알게 되었다.

탁월함을 추구하는 것은 완벽함을 추구하는 것과 같다. 완벽한 기준을 세우고 난 다음 이 기준을 넘기 위한 방법을 모색해야 한다. 그렇지 않으면 앞으로 10년 안에 성공을 이루기란 쉽지 않을 것이다. 이런 경험이 있는 회사들은 모두 상품과 서비스의 품질과 효율을 대폭 개선했다.

부자 아빠는 자기가 하는 일과 관련해서 배울 만한 가치가 있다고 생각되는 대상을 찾아 배워야 한다고 말한다.

개방적인 마음과 배움의 태도로 이런 선생님들에게 배우도록 하자. 이미 가장 좋은 스승을 찾았다거나 스스로 이미 두각을 나타내고 있다는 단언은 영원히 하지 말라. 더 좋은 방식을 부단히 찾아야 한다. 이치는 아주 간단하지만 그 효용성은 무한하다.

부자 아빠는 "상업에 종사하는 사람이 가장 넘기 어려운 벽은 바로 성공이다."라고 말한 적이 있다. 맞는 말이다. 비록 목표를 설정하는 것은 아주 쉬운 일일지라도 이처럼 목표를 설정하는 사람이 몇십 년 전에야 비로소 처음 등장했고 그 수도 아주 적었다는 사실을 유념해야 한다.

많은 회사들이 2차 세계대전 이후 순풍에 돛단 듯이 순조롭게 발전해 왔고 이는 많은 사람들이 돈 버는 일을 당연히 여기게 만들었다. 그들은 다른 나라의 문명이나 사상을 배척하고 다른 세상을 배우려 하지 않았다. 그들은 성공의 비결을 다른 사람과 공유할 수 있다는 생각을 하지 않았던 것이다.

재미있는 것은 그런 생각을 가지고 있던 회사들이 자신의 성공비결을 아무런 거리낌 없이 외부인에게 공개했다는 사실이다. 수백 개의 일본 시찰단이 카메라를 메고 찾아와 현대화된 비즈니스 마인드를 배워 돌아가는 것을 두 눈으로 보면서도 그들은 태연하게 말했다. "뭐가 걱정입니까?"

많은 기업들이 이미 내리막길을 걷기 시작했다. 그들은 지나친 자기 과신으로 외부 세계의 변화를 소홀히 대하고 다른 기업이나 다른 사람의 장점을 배우려 하지 않았다. 시장 점유율이 점차 낮아지는 것도 값싼 노동력이나 불공평한 경제무역수단 때문이라고 탓하기만 하고 자기반성은 거의 하지 않았던 것이다.

오늘날 마침내 개혁이 시작되었다. 좌절을 겪은 회사는 성공한 사람에게 성공경험을 배우고, 앞서 가는 회사는 배울 만한 대상을 도처에서 찾기 시작했다. 그 답안은 종종 자신 안에서 찾아야 하기도 하고 공급업체, 심지어 경쟁상대에서 찾아야 하는 경우도 있다.

⋮ 성공한 사람을 배우는 효과

성공기준을 정하는 것은 성공을 위한 강력한 도구이다.

IBM사는 직원 10명을 2주 동안 일본에 파견해서 알아본 결과, 성공한 기업이라도 또 다른 성공한 사람들에게 쉬지 않고 배운다는 것을 알 수 있었다. 도요타, 닛산, 파나소닉사 등 세계적인 일본 기업들은 새로운 기술과 경영모델을 배우는 데 투자를 아끼지 않는다.

부자 아빠는 성공한 사람에게 배울 때의 학습효과는 정말이지 놀랍다고 말한다.

안경 제조업체인 구바이스의 전임 회장인 토니의 경우 비록 할리 데이비슨처럼 파산위기에 처해 본 경험은 없었지만 기꺼이 다른 기업의 성공사례를 배움으로써 철저한 개혁을 추진했다. 그가 보고 배운 수십 개의 모범대상에는 캘리포니아 주 샌디에고에 있는 엘리 릴리 제약회사(Elly Lilly)가 포함되어 있다. 그는 세심함과 고객지상주의만이 세계무대에서 우뚝 설 수 있는 지름길이라는 사실을 깨닫게 되었다. 이는 그가 원래 가지고 있던 경영마인드를 완전히 바꾸어 놓았다.

"우리는 '할 수 없다' 라는 말을 자주 합니다. 우리가 일반 사람들하고만 만나기 때문입니다. 일반 사람들은 그들의 눈앞에 놓인 성과만을 기쁘게 생각합니다."

토니가 방문한 또 다른 기업 ACS사는 업무흐름이 다른 기업들과 완전히 다른 데다 구바이스보다 더 큰 효율을 가지고 있었다.

"우리 공장에는 선반 몇 개, 주조 센터 하나, 청결센터 하나와 연마 센터 하나가 있습니다. 일이 발생할 때마다 항상 먼저 '어느 부분에서 잘못된 건가?' 라고 묻습니다."

ACS사의 모든 작업은 U자 형으로 배열되어 있는 작은 부서에 집중되어 있었다.

토니는 ACS사를 방문한 결과 새로운 사실을 발견할 수 있었다.

"이런 작은 부서는 완전히 독립적인 여덟 아홉 명으로 구성되어 있고 제조 시작부터 완성까지 모두 작은 부서 안에서 이루어집니다. 사람들은 자신의 도구를 수리하여 문제를 해결하며 스스로 자신의 작업 진도를 결정합니다. 그리고 그들은 선반공이나 품질관리직원 등 하나의 일만 하는 것이 아니라 모두 한 가지 이상의 기술을 가지고 있습니다.”

구바이스로 돌아온 토니는 모든 관리방식에 변화를 일으켰다.

“개혁을 시작하고 6개월 동안 우리 회사의 불량률, 회전율 및 비용면에서 모두 커다란 충격을 피할 수 없었습니다.”

그러나 8개월이 지난 다음에는 구바이스의 시장점유율이 18%에서 26%로 급증했고 매출 1위 자리까지 차지할 수 있었다.

회사의 새로운 면모를 갖추기 위해 토니가 기업 견학이라는 방법만을 사용한 것은 아니었다. 그러나 그는 다른 기업을 견학하는 것이 책 안에 있는 이론을 공부하는 것보다 확실히 더 유용하다는 것을 인정할 수밖에 없었다.

부자 아빠는 말한다.

“되도록 많은 기업을 둘러보고 서로 비교하라. 당신은 다른 회사가 당신보다 강하다는 사실을 더욱 잘 받아들일 수 있을 것이다. 완벽한 회사는 없다. 그러나 만일 당신이 전 세계의 모든 회사에서 가장 좋은 면들을 보고 배운다면 당신 회사는 가장 훌륭한 회사가 될 것이다.”

부자 아빠가 가장 잘 배우는 방법

성공하고 싶다면 배우는 것을 떠나서는 불가능하다. 그렇다면 어떻게 배워야 하는가! 부자 아빠는 다음의 방법을 제시했다.

 문제가 어디에 있는지를 찾아라

1990년 포드자동차는 연구팀을 미국 국내에 있는 포드와 일본 자동차 회사의 마케팅팀으로 파견했다. 연구팀은 보증기간 내에 구매자를 위한 수리와 보상을 어떻게 해 주었는지 기록을 비교해 보았다. 그들은 일본 자동차의 보상 수리 신청률이 포드자동차에 비해 훨씬 낮다는 사실을 발견했다. 이는 포드 연구팀이 방문을 통해 처음으로 받은 인상이었다. 이것은 일본 수입 자동차의 미국 내 판매량이 급증하는 것 때문에 압력을 받은 포드가 자기반성과 검토를 하게 된 이유이기도 했다.

당신은 어느 부분이 부족한지 면밀히 검토해 봐야 한다. 당신의 회사가 인사고용이나 승진 문제에 착오가 있지는 않은지, 신제품이 출시될 때 잘못된 부분이 많지는 않은지, 그리고 고객 수요를 만족시켜 주지 못하는 것은 아닌지에 대해 연구해야 한다. 이런 문제를 해결할 때 당신은 다른 회사와의 대화를 통해 더 많은 수확을 거둘 수 있다. 만일 당신 회사의 제조비용이 지나치게 많은 것을 발견했더라도 그 원인이 어디에 있는지 모를 경우에는 생산라인의 모든 부분을 철저히 조사해 보아야 하며 동종업계의 다른 기업과도 비교해 보아야 한다.

당신을 대신해서 문제를 해결해 줄 만한 회사를 선택하라

당신의 문제를 대신 해결해 줄 수 있는 대상을 찾을 수만 있다면 공급업체, 고객, 동종업계의 협회, 컨설팅회사와 상의해 볼 수 있다. 특히 고객을 소홀히 해서는 안 된다. 경쟁회사에 전화를 걸어 "우리 회사는 문제가 많습니다. 그래서 우수한 귀사의 방법을 배우고 싶습니다. 우리와 방법을 좀 공유합시다."라고 말하면 안 된다.

당신 회사보다 조금 더 뒤쳐지는 회사를 방문한다는 것을 잊지 말라. 그리고 기술 세부사항에 중점을 두고 가장 관심이 가는 경영비결에 대해 묻는 것을 잊지 말라.

당신은 뜻밖에 받은 환대에 기쁘면서도 놀라게 될 것이다. 그리고 그들의 경험을 공유할 수 있을 것이다.

3 Advice 사전 준비를 철저히 하라

다른 회사를 방문하기 전에 우선 자신의 문제점이 무엇인지 연구해야 한다. 이런 방문을 주선해 주는 것으로 유명한 워싱턴 주 델타컨설팅회사는 고객관리팀이 다른 회사를 방문하기 전에 8권의 책을 먼저 읽고 80개의 문제점에 대한 테스트를 통과한 후에야 그들에게 다른 회사를 방문할 수 있는 기회를 제공한다.

출발 전 설문지를 통해 상대방에게 당신이 알고 싶어 하는 것과 질문할 수 없는 문제 그리고 사진 촬영 가능 여부 등에 대해 확실히 묻고 넘어간다. 충분한 준비 후에 이루어진 방문은 당신에게 예상 밖의 답안을 얻게 해줄 것이다. 명확한 목표는 당신에게 꼭 필요한 질문을 할 수 있도록 도와주고 당신의 동기와 이런 방문이 당신에게 어떤 변화를 가져다 줄 수 있을지를 이해하게 해준다.

4 Advice 회사 문을 나서서 방문하러 가라

다른 회사를 방문하러 나갈 때 회사 직원 몇 명과 함께 가야 한다. 나중에 참고할 자료를 서로 기록할 수 있고 회사로 돌아와 보고할 때 힘을 더할 수 있기 때문이다.

방문하는 그 날 당신은 다음의 몇 가지 일을 해야 한다.

(1) 작은 기념품을 한 점 가지고 가서 그들의 가르침에 대한 감사를 표시하라.

(2) 쌍방이 모두 중시하는 문제에 주의하고 당신의 성과에 대해 말하라. 상대방도 당신에게서 무언가 배우고 싶어 할 수도 있기 때문에 당신이 얘기하는 것은 또 다른 화제를 불러올 수 있다.

(3) 서면문제를 준비하고 질문할 사람을 지정하라. 시간에 유념하여 꼭 질문해야 할 문제를 정리하고 질문할 시간이 모자라는 일이 없도록 한다.

(4) 질문하는 것을 두려워하지 말라. 만약 꼭 질문해서는 안 되는 문제가 있다면 상대방이 알려줄 것이다.

(5) 상대방의 견해를 칭찬하고 비난이나 지적은 피하도록 하라. 상대방에게 당신이 그 사람보다 아는 것이 더 많다는 인상을 주어서는 안 된다. 그래야 당신이 필요로 하는 것을 얻을 수 있다.

(6) 끝으로 당신이 알고 싶은 답안이나 기술에 지나치게 치중해서는 안 된다. 보기에는 그다지 중요하지 않지만 사실상 당신에게 도움이 되는 것을 놓치지 않기 위해서이다.

부자 아빠는 최근 한 차례 시찰을 위해 일본에 간 적이 있다. 그때 모든 회사의 다양한 사용도표, 기호 또는 사진을 이용하여 제시한 문제에 대해 놀라움을 금치 못했다. 효과가 있었을까? 당연히 있었다. 부자 아빠는 당시에 다른 곳에 관심을 갖고 있었지만 어쩔 수 없이 이 현상에 눈을 돌릴 수밖에 없었다. 그래서 의외의 수확을 얻어 돌아왔고 지금은 회사 창문에 도표가 가득하다.

임무를 마친 후 브리핑하라

방문을 한 차례 마치고 돌아오면 수많은 생각과 느낌들이 서로 섞여 있기 때문에 정리를 해야 한다. 그렇지 않으면 완벽한 효과를 기대할 수 없을 것이다. 임무를 마친 후에는 브리핑을 해야 한다. 출발 전 브리핑 시간을 미리 정해 놓지 않으면 새로운 문제를 처리하느라 바빠 잊어버리게 된다. 또한, 출발 전에 돌아온 후 브리핑할 시간을 정함으로써 당신이 일을 하러 가는 것이지 놀러 나가는 것이 아니라는 사실을 분명히 해야 한다.

다음 세 가지 업무 브리핑을 섞어서 사용하는 것이 가장 좋은 효과를 얻을 수 있다.

첫째, 팀 전체에게 간단하게 브리핑을 하는 것이다. 가장 빠른 브리핑은 당신이 상대방 회사를 떠나자마자 하는 것으로 첫인상을 잊지 않고 얘기할 수 있다.

둘째, 공식 브리핑이다. 보고 들은 것과 회사에 유익한 내용에 대해 상세히 연구해 볼 수 있다.

셋째, 팀원 전체에게 서면브리핑을 보내 각각 살펴보게 한다.

배운 것을 행동으로 옮겨라

무엇을 배우고 어떤 전략을 채택할 것인지를 결정한 후에는 실행하라. 회사에 행동팀을 구성하고 목표와 평가기준을 명확히 정하라. 당신이 진정한 평가를 하고 동료들이 지식들을 흡수하고 사용할 수 있도록 제시한다.

 ### 배운 것을 회사 전체에 전달하라

회사가 채택해야 할 중요한 방법을 명확히 결정한다. 단편적인 것이 아니라 전면적이어야 한다. 당신이 다른 회사에서 배운 것을 정리하여 강연, 세미나, 비디오 제작 등 어떤 방식으로든 회사 직원 전체가 배우고 활용할 수 있도록 해야 한다. 당신의 새로운 지식을 거듭 강조함으로써 회사가 그것을 통해 새로운 모습으로 거듭나게 될 것이라는 것을 보여주어야 한다.

 ### 우수한 성적으로 증명해 보여라

당신이 무엇을 배웠는지 회사를 어떻게 도왔는지 사람들에게 보여주는 것을 잊지 마라. 일정한 시간이 지난 후 당신이 배운 것을 활용한 결과와 문제점 등을 사람들에게 다시 한 번 알려야 한다. 그들과의 만남에서 얻은 결과를 유지함으로써 당신의 방법을 더욱 이해할 수 있는 기회를 제공하고, 다른 기업이나 사람을 돕고 싶은 마음이 생길 수 있도록 만든다. 이렇게 해야 새로운 문제에 봉착했을 때마다 그들에게 가르침을 요청할 수 있게 되는 것이다.

 ### 계속 반복하라

같은 성격의 변화로는 더 이상 아무런 성과가 없다고 판단되거나 성과가 눈에 보이는 시기가 계속 늦춰질 때, 당신은 문제점을 다시 찾고 더 많은 기구를 찾아가 협조를 구해야 한다. 이때 당신은 소위 말하는 지속적인 변화의 궤도에 오르기 시작하는 것이다.

성공한 후에도 계속 공부하라

포드의 타우러스(Taurus)를 제작한 엔지니어들은 400여 대의 진품을 설계할 때 모두 최고의 자동차로 인정받게 하고야 말겠다는 결심을 다졌다. 포드는 비록 이 목표를 77%까지 달성했다고 생각했지만 다른 부분들에 대한 개선을 게을리 하지 않았다. 일본 제조업체의 경우 설계 부문에서는 포드를 추월할 방법이 없지만 생산 시간 면에서는 여전히 우세를 차지하고 있다.

제록스 직원들은 언제나 자기 기업을 세계 각지의 동종업계 회사들과 비교 분석할 준비를 하고 있어야 한다는 것을 배웠다. 제록스는 복사기 서비스에 있어서만은 최고라고 자부할 수 있었다. 그러나 빈(Bean)사의 창고를 방문한 후 제록스는 즉각 창고관리체계를 재정비했다. 제록스는 사내 실험실이 연구 끝에 얻어낸 성과, 즉 제품의 '속도'를 다른 대형 기업들과 비교하기도 했다.

성공한 이후에도 공부에 더욱 매진하라.

미국 커네티컷주 노바크에 소재한 스토리아오나는 탁월한 경영으로 전 세계에 정평이 나 있는 슈퍼마켓이다. 스토리아오나는 소속 버스 한 대를 가지고 있었다. 스토리아오나는 정기적으로 직원들을 이 버스에 태워 동종업계의 다른 회사로 견학을 보냈다. 400마일이나 떨어진 슈퍼마켓으로 견학을 가는 일도 종종 있었다. 그들은 이런 현장 견학 프로그램을 '원 포인트 클럽 (one point club)'이라고 불렀다. 모든 직원들은 견학을 다녀온 후 할 일이 있었다. 견학 대상 가운데 스토리아오나보다 뛰어난 슈퍼마켓을 최소한 한 곳 이상 찾아서 그 슈퍼마켓과 경쟁할 수 있는 방법이나 심지어 앞서나갈 수 있는 핵심 방안을 제시하는 것이다.

마리오트 호텔(MARRIOTT HOTEL)은 다른 호텔의 서비스 실태를 조사하기 위해 직원을 파견한다. 예를 들어 비누나 샴푸는 어떤 브랜드를 사용하는지, 특별서비스에는 어떤 것이 있는지, 예약 절차는 어떠한지 조사하여 마리오트 호텔과 비교한다.

비교와 관찰은 회사의 가장 효과적인 개선방안이 될 수 있다. 비교와 관찰을 통해 당초에는 불가능하다고 여겨졌지만 사실상 실현 가능한 목표를 즉시 설정할 수 있다.

1981년 모토로라(Motorola)는 거의 실현 불가능하다고 생각되는 목표를 세웠다. 5년 안에 품질관리 통계방법을 10배 개선하겠다는 계획이었다. 결국 1983년 말 모토로라는 예상보다 2년 일찍 이 목표를 실현했다. 그 이후에도 모토로라는 일본에서 가장 뛰어난 기업 몇 곳을 견학했다. 그 결과 생산과정에서 발생 가능한 착오를 최소화 할 수 있는 방법을 배웠고 이에 따라 모토로라는 제품 기준을 한층 강화했다.

모토로라의 녹스 부회장은 이렇게 말한다

"우리는 이제 불가능하다고 생각될지도 모르는 큰 목표를 세워야 한다는 것을 알게 되었습니다. 과거 우리 회사는 15% 수준의 연간 성장률을 유지했습니다. 만약 우리가 그것을 20%로 상향조정했다면 직원 모두가 회사의 요구를 만족시키기 위해 더 많은 땀을 흘렸을 것입니다. 그러나 작업 방식에는 진정한 개선이 있지 않았을 것입니다. 만약 지금 우리가 10배로 성장할 것이라고 말한다면 직원 모두가 뼈를 깎는 듯한 노력이 없어서는 안 된다는 사실을 알 것입니다."

성공한 사람에 대해 수년간 연구한 결과 부자 아빠는 간단한 규칙 하나를 발견했다.

"만약 당신이 부자가 되고 싶다면 경제적으로 성공한 사람과 많은
자리를 함께 하라."

세상보다
더 빨리 움직여라

: 민첩성과 탄력성을 키워라

전통적인 기업은 경비의 통제를 중시하는 반면 민첩성이 강한 기업은 시간의 통제를 중시한다. 민첩성이 강한 제조업자는 대량생산을 하지 않는다. 그들의 생산규모는 작고 탄력적인 제도를 가지고 있다. 이런 새 세대 기업은 대량생산에 의존하지 않고 완벽한 서비스제도와 고객중시를 무기로 틈새시장을 공략한다.

민첩성이 강한 백만장자들은 모든 일을 다 하려고 하지 않으며 탄력성을 유지한다. 가장 자신 있는 부분에 집중투자하고 협력관계를 통해 다른 사람에게 남은 부분의 일을 완성해 주도록 부탁한다. 민첩성이 강한 기업의 직원들은 컴퓨터, 과학기술 등의 전략적인 무기를 가지고 고객의 수요에 빠르고 가깝게 다가갈 수 있다.

이제부터 부자 아빠가 말하는 민첩성과 탄력성을 키울 수 있는 방법을 알아보도록 하자.

 ## 시간은 핵심요소다

"이 일은 얼마나 많은 시간을 필요로 하는가?"

모든 기업이 중요한 일을 할 때 반드시 이 문제를 생각해 보아야 한다. 전통적인 성공모델 가운데 기업은 최저의 비용으로 고객을 위해 가치를 창출해야 한다. 오늘날 등장한 새로운 성공 모델은 최저 시간으로 고객을 위해 최대의 가치를 창출하는 것이다. 탄력성과 민첩성은 성공의 열쇠이다. 따라서 고객들이 원하는 제품을 그들이 요구하는 시간과 방식에 따라 제공해야 한다.

시간은 새로이 급부상하고 있는 핵심전력이다. 시간 단축으로 수익을 증가시키는 반면 비용을 절감할 수 있다.

 ## 일부 기능이 아닌 전반적인 과정의 개혁을 중시하라

사람들은 모두 손 안에 있는 일을 효과적으로 해야 한다는 사실을 잘 알고 있다. 그러나 모든 사람들의 일이 조화를 이룰 수 있는 효과적 방법을 찾는 데는 소홀히 하고 있다.

이와는 반대로 민첩성이 뛰어난 백만장자는 전반적인 과정의 개선을 중시한다. 그들은 개혁의 중점을 결과가 아닌 과정에 두고 있다. 그들은 일을 더욱 탄력적으로 진행하기 위해 수시로 전체 과정을 재조정한다. 조직화의 초점을 기능 몇 가지가 아니라 제품과 고객의 입장에 맞추고 있다. 또한 회사가 전반적인 과정을 재조정함으로써 고객의 요구에 더욱 빨리 응할 수 있다.

 **3** Advice 기업구조는 더욱 효율적이어야 한다

매우 다행인 것은 적극적인 분위기와 민첩성이 대기업의 중시를 받고 있다는 것이다. 방법은 간단하다. 대기업을 많은 계열사로 나누고 모든 회사가 특정고객이나 시장을 전담하게 하는 것이다.

앞으로의 추세는 대기업도 고객 중심의 일부 소형 기업들처럼 효과적인 운영을 해야 한다. 기업의 민첩성은 시장의 필수요건이다. 중간 관리층 위주의 업무체계는 오히려 시장에서 점차 자리를 잃어가고 있다.

4 Advice 되도록 많은 권한을 담당자에게 부여하라

효율이 중시되는 이때 만일 직원들이 일을 하기 전에 보고서 3부를 작성하고 각 부서장의 동의를 얻어야 한다면 그들은 고객의 요구나 불만에 대해 즉각적으로 대응할 수 없을 것이다.

이런 난제를 해결하기 위해서는 기업의 피라미드식 구조를 파괴하여 권한을 담당직원에게 부여해야 한다. 이로써 직원들은 능력을 자유롭게 발휘하고 고객의 수요를 만족시킬 수 있게 된다.

정보 전달 속도가 날로 빨라지면서 기업은 둔화되는 성장률이나 엄정한 통제를 인내할 필요가 없어졌고 고객의 만족을 높이는 데 더 큰 관심을 갖게 되었다. 생산라인에서 일하는 직원이든 어떤 직책의 직원이든 간에 규칙을 변경할 수 있고 자신의 판단에 따라 일함으로써 고객을 확보할 수 있는 자주권을 부여해야 한다. 그들이 일을 망치지나 않을까 하는 걱정은 필요 없다. 컴퓨터기술의 도움으로 큰 사건이 발생하기 전에 문제점을 쉽게 발견해낼 수 있기 때문이다. 회사가 만약 고객의 요구에 신속하게 대응할 수 없을 경우 고객을 잃게 되거나

무능함을 온 세상에 알리는 등 더욱 비참한 대가를 치르게 될 것이다.

5 Advice 자신의 장점을 집중 개발하고, 다른 사람과의 협력을 통해 단점을 보완하라

민첩성이 뛰어난 백만장자들은 생산 과정 전체를 통제하지 않으면서 장기적으로 회수율이 높고 자신에게 맞는 능력을 길렀다. 그들은 다른 기업들과 고효율의 협력자 관계를 구축하여 기타 중요한 활동을 파트너에게 책임지도록 한다.

또한, 대리점이나 소매업체들, 심지어 강력한 경쟁상대와의 협력관계를 통해 자신의 독립성을 추구했다. 그들은 파트너를 찾은 다음 "당신은 이 일을 하세요, 저는 다른 일을 하겠습니다. 이렇게 하면 우리 둘 다 이익을 얻을 것입니다."라고 말한다. 이런 새로운 방식은 정보 공유, 신임, 다국적 기업의 컴퓨터 연결 시스템과 밀접한 관계가 있다. 이는 전통적인 방법과는 동떨어진 것이지만 수익률이 매우 높다는 사실은 두말할 나위 없다.

민첩성이 뛰어난 기업은 자신의 장점에 관심을 갖고 그 나머지 일은 협력 파트너에게 넘긴다. 이렇게 함으로써 기업은 덜 중요한 일로 영향 받지 않게 되는 것이다. 따라서 기업은 아무런 걱정 없이 새로운 세상을 열어갈 수 있게 된다.

속도의 우세를 차지하라

치열한 경쟁 사회 속에서 기회는 매우 소중하다. 일단 잃어버리게 되면 다시 찾기 어렵다. 기회는 시간의 제한을 받기 때문에 영원히 한 곳에서 움직이지 않고 당신을 기다리는 일은 없을 것이다. 어떤 기회는 눈 깜짝할 사이에 사라져 버릴 수도 있다. 이 때문에 기회는 제 때 잡아야 하고 즉각 행동해야지 시간을 허비하거나 지체해서는 안 된다.

프란시스 베이컨(Francis Bacon)은 말했다.

"기회는 처음에 당신에게 앞이마에 있는 머리칼을 잡을 수 있게 할 것이다. 그러나 당신이 그것을 놓친다면 기회는 대머리로 변해서 당신 앞에 놓일 것이다. 또, 기회는 당신에게 최소한 병의 손잡이를 잡을 수 있게 할 것이다. 그러나 당신이 그것을 또 잡지 않는다면 기회는 너무나 잡기 어려운 둥근 병의 모양으로 당신 앞에 나타날 것이다. 따라서 기회가 다가왔을 때 처음부터 잘 잡는 것이 가장 지혜로운 일이다."

현대생활은 안정적이고 태평무사한 과거의 틀을 완전히 뒤집어 빠른 리듬과 다양한 변화를 특징으로 한다. 모든 사람들은 힘을 기르고 속도를 제고하고 있다. "시간은 금이고 효율은 생명이다."라는 말은 이미 시대적 기조가 되었다. 이 때문에 당신은 부자 아빠가 강조한 속도의 관점에 동의하고 경쟁에서 지고 싶지 않다면 이런 저런 구실을 들며 일의 진행을 미루어서는 안 된다. 속도를 높여 신속하게 일을 진행해야만 경쟁 상대에게 추월당하지 않을 것이다.

부자 아빠는 항상 상황을 주시하고 자세히 관찰하며 진지하게 생각하고 있다가 일단 기회가 나타나면 잡고 놓지 말아야 한다고 주장한다. 기회는 총알처럼 빨라 당신이 발견하기 쉽지 않다.

속도가 기업들을 어떻게 변화시키고 새로운 승리자와 패배자를 만들어내는지 그 사례는 셀 수 없이 많다. 이런 추세는 앞으로 산불처럼 다른 업종, 지역, 도시 및 시장으로 번질 것이며 당신이 일하는 곳까지 빠르게 파급될 것이다. 당신은 어떻게 대응하겠는가? 이제 당신이 속도의 우세를 개척하는 것을 도울 수 있는 8단계를 소개한다.

1단계 : 속도가 관건인지를 결정하라

많은 요식업체는 이미 속도의 우세를 이용해서 큰돈을 벌어들였다. 패스트푸드 식당이 그 대표적인 예이다. 지금은 패스트푸드 식당이 아니라 해도 속도라는 요소를 개발하는 경우가 많다. 한 패밀리 레스토랑 체인점은 속도가 중요하다는 사실에 눈을 돌리게 되었다. 이는 패스트푸드점과 뷔페 음식점과 경쟁해야만 했기 때문이다.

여기서 말하는 '빠르다', '알맞다', '신속하다' 라는 말은 고객의 기대를 결정짓는 요소이다. 예를 들어 고급 식당에서 밥을 먹을 때 손님들은 속도보다는 격에 맞는 서비스와 분위기를 중요시한다. 따라서 당신의 고객이 속도를 중시하는지의 여부를 먼저 고려해야 한다.

2단계 : 완성 시간에 대한 가설에 도전하라

가구산업을 예로 들어보자. 한 고객이 이미 소파의 디자인, 재질 및 주문 후 제품 발송가능 시간 등을 결정했다고 하자. 만일 A공장이 3주일 안에 완성할 수 있는 일을 B공장은 3개월을 필요로 한다면 A공장은 경쟁우세를 가지게 되는 것이다.

당신이 제공하는 서비스 범위나 내용에 상관없이, 예를 들어 자동차 휘발유를 팔거나 새로운 창고를 막 지었거나 아니면 새로운 소파를 운송할 때 고객을 만족시킨다면 당신은 성공을 갖게 되는 것이다.

 **3단계 : 고객 수요를 조사하고 자신의 직감을 믿어라**

코닥사는 1980년에 필름 즉석 인화에 대한 수요가 어떤지 조사해 보았다. 그 결과 필요하다고 생각하는 고객은 5%에 불과했다. 이에 따라 코닥은 이 계획을 포기했다. 그러나 얼마 안 있어 소형 즉석 인화점 열풍이 불었다.

이런 교훈은 코닥의 연구방법이 틀렸다는 것이 아니라 고객들이 결과물을 본 이후에야 그것을 원할지 여부를 결정하는 유형이었음을 보여주는 것이다. 따라서 고객의 의견을 적극 수렴해야 하지만 그들이 당신에게 답안을 제시할 거라곤 기대하지 않는 것이 좋다. 당신이 새로운 방법을 시험해 보기 전에는 고객의 인정을 기대하지 말라.

 **4단계 : 고객 만족 시간을 계산하라**

고객이 주문할 때부터 만족을 느끼는 그 순간까지 소요되는 평균시간을 계산하는 것은 시간의 중요성을 더 잘 깨닫게 할 것이다.

비즈니스에는 크게 두 종류의 속도가 있다. '제품 제조 속도'와 '고객 만족 속도'가 그것이다.

보스턴 컨설팅사의 이스트반(Istvan) 부회장은 소위 '시간 전략'을 적극 지지한다. 이스트반은 언젠가는 속도가 반드시 원가나 품질을 추월하여 경영 우선 목표로 떠오를 것이라고 믿고 있다. 이스트반은 시간의 주기를 강조하는 기업이 앞으로 원가제한, 품질, 창의성 등의 계획들을 다시 한 번 조화시켜 최대의 능률을 발휘할 능력을 갖게 될 것이라고 믿는다.

이스트반은 이렇게 강조했다.

"일이 지연되는 가장 큰 원인은 바로 인사 관리 문제입니다. 사람들은 기업의 작업 컨베이어 시스템을 일직선상에 있다고 봅니다. 모든 작업들은 서로 다른 전문가들이 하게 됩니다. 비록 각 부문 모두가 중요하지만 서로 연관은 없습니다. 이런 과도한 부문별 전문화는 인력을 낭비하기 쉽습니다. 매번 각 부문의 협조를 얻어야 하기 때문에 정책결정이 더욱 늦어지게 됩니다. 따라서 시간 경쟁을 위해서는 같은 일을 두 번 하지 않는 방법을 모색하여 속도를 제고해야 합니다. 기업이 협력 부문과의 의사소통을 위해 노력하는 한편 시기 적절한 대응을 할 수 있도록 융통성을 높여야 합니다. 이렇게 된다면 인사관리 구조를 개선할 수 있고 소수정예 직원으로도 효율을 제고할 수 있습니다.”

이스트반의 이런 관점은 강한 설득력을 갖고 있다. 그는 이런 경영 철학을 기업의 모든 부분에 적용하겠다고 선언했다. 담당 사무실 안에 비서가 해야 할 일을 적은 메모함을 설치하도록 했다. 이는 모든 공장에 재고 조사 리스트가 필요하고 각 상점이 창고 조사 리스트를 작성해야 하는 것과 마찬가지로 제조업 및 서비스업의 사무실 관리도 이런 리스트가 필요하다는 생각에서 결정한 것이다.

5단계 : 당신이 어떤 일을 하고 있는지 고객에게 알린다

1990년 미국의 한 바닷가재 전문점은 전국적인 전화예약서비스를 시작했다. 고객이 집을 나서기 전에 이미 자신이 예약한 좌석과 대기시간 등을 미리 알 수 있도록 하는 것이다. 정식으로 문을 열기 전에 이 바닷가재 전문점은 텔레비전 광고와 홈 마케팅을 통해 이름이 널리 알려졌다.

6단계 : 돈 내는 것을 아까워하지 않는 고객을 위해 더 빠른 속도를 제공하라

당신이 가격을 올려야 한다면 고품질의 서비스도 함께 제공해야 한다. 헤스(Hess) 렌트카는 VIP 고객에게 시간을 절약할 수 있는 황금계획을 제시했다. 회원은 자동차 렌트 계약서 한 장을 작성하고 연회비 50달러를 납부하기만 하면 비행기에서 내려 헤스 렌트카의 전용버스를 타고 주차장으로 가게 된다. 그 곳에 대기하고 있는 차는 이미 트렁크를 열고 엔진도 가열된 상태이며 렌트 계약서도 이미 백미러 위에 걸려 있는 것이다.

로스앤젤레스 지역을 위주로 사업을 하고 있는 저렴한 가격의 양복 체인점 C&R양복회사는 고객을 위해 신속한 수선서비스를 제공하고 있다. 고객은 이 양복점에서 맘에 드는 양복을 고른 후 15 달러만 내면 신체에 맞게 즉시 수선이 가능하다. 보통 다음달 아침에 고객은 그 양복을 입고 연회에 참석할 수 있다. 신속한 수선 서비스 계획이 단번에 성공하자 이 회사 대변인은 "그것은 고객이 우리를 찾는 주요 목적이랍니다!"라고 자신 있게 말했다.

설령 새로운 서비스가 많은 돈을 내야 한다 해도 더 빨리만 된다면 당신의 고객은 기꺼이 그것을 받아들이려고 할 것이다. 먼저 주문에서 제품 운송까지의 과정을 검토하고 어떤 문제점이 있는지 살펴보라. 비용 문제는 고객에게 맡기면 된다. 그런 다음 비싸긴 하지만 더 빠른 방법을 찾아내고 고객의 수요를 조사해 봐야 한다.

7단계 : 신속한 일 처리를 하는 직원을 독려하라

매주 토요일 미국 각지에서 오는 비행기가 UPS 택배사의 운송본부에 착륙한다. 서비스 망이 세계 119개국에 설치되어 있는 UPS는 속도가 그 무엇보다 중요하다. 왜냐하면 그들이 고객과 약속한 것이 바로 속도이기 때문이다.

사실 한때 UPS는 화물운송센터에서 약속시간 안에 임무를 완성하지 못하는 문제가 발생한 적이 있었다. 어떻게 하면 직원들이 보이지 않는 고객에게 관심을 갖도록 할 수 있을까?

UPS의 스미스 회장은 직원들에게 이렇게 말했다.

"우리는 고객과의 약속시간을 지킬 수 없었던 적이 있습니다. 그래서 모든 기계 통제 방식을 시험 삼아 사용해 봤지만 소용이 없었습니다. 결국 화물운송센터의 운반직원에게서 문제점을 발견했습니다. 그들 대부분은 전문대 학생들로 더 많은 시간 수당을 받기 위해 천천히 일하는 것을 좋아했던 것이었습니다. 저는 그들에게 '만일 당신이 일정한 시간 안에 일을 끝낸다고 해도 일정액의 보수를 보장받도록 할 것입니다. 당신의 능력을 보여주세요!' 라고 말했습니다. 성과는 상상할 수 없을 정도로 컸습니다. 45일 안에 화물운송센터의 속도는 당초 예상했던 진도표를 앞섰습니다. 저는 이러한 정신력이 만들어낸 결과들을 그들이 알고 했다고는 생각하지 않습니다."

스미스 회장은 업무에 가속도가 붙을 수 있는 중요한 요소 한 가지를 이미 이해하고 있었다. 바로 직원들이 최선을 다 할 수 있도록 격려하여 그들의 참여를 이끌어 내는 것이다.

8단계 : 시간약속을 정하라

한 프랑스은행은 만일 고객이 5분 이상 줄을 서서 기다리게 된다면 현금 5 달러를 배상하겠다고 약속했다.

포춘(Fortune) 슈퍼마켓 체인점은 편의점과 패스트푸드 식당과 경쟁하면서 계산대에 3명 이상의 고객이 줄을 서 있게 될 경우에는 계산창구를 늘리겠다고 약속했다.

고객은 과연 이런 약속을 신경 쓸까? 신경 쓰는 것이 당연하다. 불록(Bullock) 세무대행회사가 1990년 세금환급신청시 신속대행서비스 계획을 제시했을 때 폭발적인 반응이 있었던 사실은 가장 좋은 예이다.

25달러만 있으면 고객의 세금환급신청은 곧바로 국세청의 컴퓨터로 입력되어 고객이 직접 줄을 설 필요가 없었다. 결국 290만 명이 이 신속대행서비스를 선택했고, 그 중 100만 명은 과거에는 다른 누구의 손도 빌리지 않았다고 말하는 사람들이었다. 이제 사람들은 세금환급신청 처리가 더 신속하게 이루어지기를 바라고 있는 것이다. 소액의 수속비만으로 고객은 며칠 안에 불록 세무대행회사로부터 환급금액을 돌려받게 되었다. 국세청에 직접 신청을 하는 경우에는 몇 배의 시간을 허비해야 했다.

켄사스에 본부를 두고 있는 불록 세무대행회사의 회장 겸 CEO인 불록은 이렇게 말했다.

"저는 세금환급 신속대행서비스가 우리를 차별화 해줄 것이라고 믿고 있었습니다. 또한 이 서비스는 우리의 경쟁상대뿐 아니라 국민 전체의 반을 차지하고 있는 직접 세금환급을 신청하는 사람들에게도 강한 인상을 줄 수 있었습니다."

당신은 신속한 서비스로 고객의 만족도를 높여줄 방법을 생각해 낼 수 있는가? 당신은 이것이 반드시 반향을 일으키게 되는 것을 발견할 수 있을 것이다.

속도를 강조할 때 나타나는 가장 큰 문제점은 생각 외로 큰 스트레스를 받을 수도 있다는 것이다. 그러나 사실상 속도는 직원의 사기를 진작시키고 단체의 협력정신을 길러주며 개인이 성장할 기회와 항상 시간 약속을 지킨다는 명예를 가져다준다. 만일 일이 잘 처리되었다고 한다면 신속함 때문에 고객 만족도 역시 더욱 높아지고 고객이 만족할수록 직원들도 더 큰 보람을 느끼는 것이다.

UPS의 트럭 운전자가 하는 일은 고속주행이지만 이 회사 소속 운전자 가운데 스트레스를 많이 받는다고 말하는 사람은 들어본 적도 본 적도 없다. 대부분의 사람들은 이런 빠른 리듬을 좋아한다. 그 이유는 업무효율이 높고 그들 역시 약속을 지키면 고객의 존경을 받을 수 있게 되기 때문이다.

부자 아빠는 말한다.

"속도는 당신의 미래에 없어서는 안 되는 요소로서 이미 세상을 변화시키기 시작했다. 우리는 이미 속도의 우세를 개발해야 할 단계에 이르렀다. 당신이 앞으로 10년 안에 한 단계 위로 올라서고 싶다면 속도의 우세를 확보하라. 부와 성공은 당신과 속도 사이의 관계를 다시 한 번 시험해 보려 할 것이다. 더욱 중요한 것은 지금 즉시 시작해야 한다는 것이다."

선두자가 되어라

기회를 잡아라

당신은 좋은 기회가 있을 때 그것을 놓칠 사람은 없다고 생각하겠지만 사실은 그렇지 않다. 제2차 세계대전 중 독일군의 장갑부대가 야크(Yak)고산지대를 넘어 잉글랜드 해협에 접근했을 때 30여 만 명의 영국 원정군의 퇴로를 끊을 수 있는 상황을 맞이했다. 그런데 히틀러는 갑자기 "지상부대는 잠시 공격을 멈추고 공군이 전투를 끝내라."는 명령을 내렸다. 영국은 하늘이 내려주신 호기를 놓치지 않고 성공적으로 퇴각했다.

현대 사회에서는 무슨 일이든 간에 먼저 시작한 사람이나 기업이 외국자본을 더 빨리 유치할 수 있고 영리추구라는 최대 목표를 실현할 기회를 잡을 수 있다. 반면 어떤 사람들은 주위 상황을 지나치게 고려하느라 망설이며 관망만 하다가 기회를 놓쳐 버리기도 한다.

인생의 여정에서 29세는 중요한 단계다. 29세의 카네기를 위해 전쟁이 큰 기회를 만들어 주었다. 하지만 작은 잘못으로도 앞날을 망치거나 생명을 잃을 위험 역시 뒤따른 시절이었다. 확실한 것은 그가 이런 청년기를 훌륭하게 잘 넘겼다는 것이다.

카네기는 펜실바니아 철도회사에 사표를 냈다. 그 후 그는 인생의 전환기에 대해 생각할 기회를 갖기 위해 여행을 갔다가 친한 친구인 헨리 펠프스(Henrry Phelps)와 펀디 포터(Pundy Potter)와 함께 돌아왔다.

그는 여행을 가기 전 말다툼 때문에 절교했던 크루먼 형제와 동생 톰과의 화해를 주선했고 이를 계기로 두 제철회사가 합병하여 새로운 연합제철회사를 세웠다. 또한 카네기는 동생 톰에게 피츠버그 기차제조회사를 창설하도록 했다. 오대호중 슈피리어호의 철광 품질이 우수한 데다 카네기 소유였기 때문에 톰을 슈피리어호 광산으로 보냈다. 이때부터 슈피리어호 광산은 카네기 재산의 보고(寶庫)가 되었다.

강철왕 카네기가 미국의 10대 인물의 하나로 손꼽히는 것은 바로 29세 때 절호의 기회를 잡았기 때문이다.

사회의 경쟁과정에는 항상 끝까지 최선을 다하고 바쁘게 뛰어다녔음에도 불구하고 큰 효과를 거두지 못하고 그저 그런 성과를 올리는 사람이 있다. 그 원인은 다른 사람 앞에서 일하는데 미숙하기 때문이다. 그는 결국 시대의 낙오자가 될 것이다.

"다른 사람이 먹다 버린 찐빵은 맛이 없다."

부자 아빠는 시대의 흐름을 잘 파악하지 못한다면 선두자리를 획득할 기회를 잡는 것은 불가능하다고 강조한다.

⦙ 속도는 기업의 생사를 결정짓는 강력한 힘

속도가 미래경영에서 가장 중요한 요소로 손꼽히는 이유는 무엇일까? 부자 아빠는 시간이 일상생활에서 차지하는 비중과 역할이 끊임없이 변화하기 때문이라고 말한다.

《월스트리트저널》의 한 조사에 따르면 미국인 전체의 5분의 2에 해당하는 사람들이 가장 싫어하는 일이 바로 상점 계산대 앞에서 줄서서 기다리는 일이라고 한다. 이런 줄서기에 대한 거부감은 시간의 중요성이 날로 커지고 있다는 것을 상징한다.

우리 사회는 휴식을 추구하는 사회이다. 노동력을 절약할 수 있는 모든 제품, 예를 들면 자동세척기, 다릴 필요 없는 옷, 컴퓨터, 전자레인지 등은 사람들에게 더 많은 휴식시간을 제공해 주었다.

SRI 인터네셔널 마켓사(International Market Co.)의 연구에 따르면 미국인 중 3분의 1이나 되는 가정이 시간에 쫓기며 산다고 한다.

이 연구에서 조사 대상의 절반 이상을 차지하는 맞벌이 가정이 "생활용품 구매와 집안 일이 많아지는 데 대해 적지 않은 스트레스를 받는다."는 대답에 동의했다. 66%의 맞벌이 가정이 5년 전과 비교해 봤을 때 생활용품 구매 시간이 더 부족하다고 느끼고 있다고 대답했다.

그 밖에 일부 가족 없이 혼자 사는 사람, 이혼한 사람, 혹은 독신남자들은 가사를 분담할 수 있는 사람이 없어서 시간이나 비용부담을 모두 혼자 져야 한다. 만일 당신이 그들을 대신해서 시간을 줄여줄 수 있다면 그들은 더욱 편리해지고 여유도 많아질 것이다.

부자 아빠는 미국 가정구조의 변화를 시간부족이라는 이유 외에도 일의 복잡화라는 또 다른 요소를 지적했다. 지식이 넘쳐나는 시대 흐름에 맞춰 살고 싶다면 더 많은 시간을 써야 한다. 기업들은 인원수를 효과적으로 줄여나갈 목표를 세우고 있다. 이렇게 되면 근로시간이 종전보다 더 길어지고 심지어 어떤 때는 업무목표를 달성하기 위해 주말에도 추가근무를 해야 하는 실정이다.

하리스(Harris)리서치협회의 조사는 미국인의 매주 근로시간은 줄곧 증가추세에 있다는 사실을 보여준다. 1973년의 40.6시간에서 1984년의 47.3시간으로 대폭 증가했고 1987년에는 48.8시간에 달했다. 그밖에도 이 협회는 소형기업은 매주 평균 근로시간이 57시간을 초과하고 있으며, 전문인력이나 연봉이 5만 달러 이상인 사람은 매주 52시간 이상을 일하고 있다는 결과를 발표했다.

속도는 이제 전혀 새로운 요소가 아니다. 미국인은 효율을 항상 중시해 왔기 때문에 패스트푸드, 한 시간 완성 드라이크리닝, 그리고 일회용 커피 등을 발명했다. 생산력이 낙후되고 과학기술이 발달하지 않은 국가의 국민들은 무슨 일을 하든 끝이 보이지 않는 줄에 서서 기다릴 수밖에 없다.

부자 아빠는 말한다.

"만일 당신이 더 많은 돈을 벌고 싶다면 속도는 경쟁력 있는 상품이 될 것이다."

고객은 그들의 시간을 중시하는 기업에게서 감동 받게 된다. 따라서 거래 속도, 수리 속도, 생활패턴 변화에 대한 반응속도, 새로운 수요에 적응하는 속도 등이 모두 고객을 끌어들이는 중요한 요소가 되었다.

⦂ 성공한 사람은 속도의 우세를 가지고 있다

현대인은 시간과 속도를 그 어떤 때보다 중요시한다. 많은 회사들도 이미 이러한 지속적인 발전추세를 받아들일 수밖에 없게 되었다. 여기 아주 좋은 예가 있다.

GE(General Electric)사는 이미 전압기 제조 및 배송의 시간을 3주일에서 3일로 단축시켰다.

모토로라(Mortorola)도 과거에는 전자호출기를 생산하는데 3주의 시간이 필요하던 것이 지금은 2시간이면 된다.

휴렛 패커드(HP사 : Hewlett Packard)는 과거에 프린터를 연구 개발하기 위해서는 3주의 시간이 필요했던 반면 지금은 2시간이면 충분하다.

주변을 관찰해 보면 속도가 어떻게 기업의 흥망성쇠에 영향을 미치는지 알 수 있다. 이것을 통해 당신은 성공한 기업들이 고객의 수요를 신속하게 만족시킨 회사라는 것을 발견할 수 있을 것이다.

먼저, 도미노피자는 가장 대표적인 예다. 도미노피자의 창시자 톰 모너건은 성공하기 위해 끝없이 노력했다. 그는 피자를 각 가정에 배달해 주는 서비스를 제공할 뿐 아니라 배달 속도를 약속했다. 만일 배송 시간이 30분을 경과하게 되면 3달러를 돌려준다고 광고했다. 이런 약속들은 속도와 편리함이 품질보다 중요시되었으며 이는 도미노피자 발전의 초석이 되었다. 다른 피자 가게가 도미노피자의 신속함의 비결이 어디 있는지 머리를 싸매고 연구할 때 이미 고객의 마음속에 깊은 인상을 남겼다. 그 결과 1980년대 초까지만 해도 거의 아는 사람이 없었던 도미노피자는 오늘날 미국 전역에서 두 번째로 큰 피자체인점으로 성장했다.

또 하나의 예는 택배산업이다.

1971년 미국 UPS는 이틀 안에 화물을 집으로 운송하는데 성공함으로써 미국 택배산업에 한 차례 혁명을 일으켰다. 28세의 스미스는 해군에서 퇴역한 후 아칸소주(州)에서 항공운송회사를 운영했다. 매일 다양한 분야의 기업들이 끊임없이 그를 찾아와 신속한 화물운송을 위해 비행기를 세내고자 했다. 스미스는 이러한 수요가 급증한다는 사실을 깨닫고 새로운 시장을 만들었다.

이야기는 여기서 끝나지 않는다. UPS는 최초로 고객들이 화물을 받아볼 수 있는 시간을 다음날 정오까지로 약속했다. 그러나 이 회사는 과거의 우세만을 고집했던 다른 회사들처럼 현실에 만족하지 않고 속도상의 우세를 개척하기 위해 스스로 부단히 노력했다.

1982년 날이 갈수록 늘어나는 경쟁상대에 대해 UPS는 화물 도착 시간을 다음날 오전 10시 30분까지로 재조정했다. 그리고 1985년에는 화물 바코드 시스템을 개발하여 다시 한 번 독창성을 발휘했다. 고객이 요구만 하면 30분 안에 화물의 실시간 운송위치를 파악할 수 있게 된 것이다. UPS는 쉬지 않고 스스로 변화를 거듭하면서 또 한편으로는 택배산업 전체를 이끌고 새로운 국면을 열어나갔다.

끊임없는 창의성

： 정보를 장악하라

"정보를 장악하는 사람이 권력을 잡는다."

새 시대, 새 관념, 그리고 새 분야는 전혀 색다른 사고와 방법이 필요하다. 이 때문에 '창의성'은 지난 그 어떤 때보다 중요하게 되었다. 인터넷을 예로 들자면 그것은 단순히 빠른 것일 뿐 아니라 온 세상이 다 들어 있는 듯하다. 어떤 사람은 인터넷이 인류의 생존 방식을 바꾸어 놓고 있다고 단언한다.

다른 정보 전송 방식과 비교해 봤을 때 인터넷의 우세는 그 무엇보다 뛰어나다. 가장 중요한 점은 바로 공간의 제한을 파괴했다는 것이다. 당신이 세상 어디에 있든지 간에 인터넷에 접속할 수 있는 조건만 갖춘다면 세계적 정보가 당신의 손 안에 쥐어질 것이다. 또한, 인터넷은 이동 공간의 제한을 받지 않아 대량이든 소량이든 상관없이 정보를 마음대로 보낼 수 있다. 인터넷은 시간의 제한 역시 파괴했다. 전통적인 전송방식을 파괴하고 실시간 업 그레이드나 즉시 인터넷에 접속하는 일이 가능해졌다. 더욱 두드러진 특징은 바로 인터넷이 상호 교환 방식으로 기존의 한 방향 교류가 쌍방향으로 전환되었다는 것이다.

인터넷 고객이 증가함에 따라 그 경제응용가치 역시 함께 증가하고 있다. 각종 산업, 금융기구, 산업부문은 서둘러 인터넷에 접속하여 비즈니스 정보를 얻거나 전달하기도 한다. 더욱이 인터넷이 만들어낸 세계적인 정보망을 충분히 이용하면 집을 나서지 않고도 전혀 새로운 다양한 경영방식을 창조할 수 있고 세계적인 비즈니스 활동을 전개해 나갈 수 있다.

예를 들면 인터넷 판매 광고, 인터넷 쇼핑몰, 인터넷 뱅킹, 전자신문, 전자잡지, 인터넷 도서관 등이 가능하다. 게다가 인터넷과 관련된 정보산업과 인터넷 응용 통신산업 등 전혀 색다른 인터넷 경제가 출현했다.

이 문제에 대해 전문가들은 이미 예리하게 지적했다. 정보 혁명은 인류사 가운데 가장 광범위하고 가장 심각한 사회 혁명이 될 것이다. 그것은 군사, 정치, 경제, 문화 등의 구조를 거시적인 안목에서 재조정하고 사람들의 생활 방식, 여가생활 및 소비 행태 또한 다시 만들어 나갈 것이다. 인터넷에서 마우스를 가볍게 클릭하면 영화 감상, 독서, 쇼핑, 대금 지불, 방문과 교류, 수업, 진찰, 회의 등이 모두 당신 뜻대로 이루어질 수 있다.

노키아(NOKIA) 회장은 1999년 샹하이에서 열린 《포춘(Fortune)》 포럼 정기회의에서 인터넷의 미래 발전 방향에 대해 힘 있는 연설을 했다.

"인터넷은 앞으로 모든 사람들의 주머니 안으로 들어갈 것이다."

같은 회의에서 소니(Sony) 회장은 간단한 비유를 들어가며 매우 심각한 상황을 설명했다.

"수천만 년 전에 운석이 지구와 충돌하면서 출현한 공룡의 멸종은 문제점을 잘 설명해 주고 있습니다. 공룡들은 운석에 직접 부딪혀서 죽은 것이 아니라 충돌이 만들어 낸 산성비와 기후급변에 의해 죽은 것입니다. 이는 두 차례의 재난이 공룡 멸종의 직접적인 원인이었음을 설명해 주고 있습니다. 현재 인터넷이 산업 전 업종에 미치는 영향이 바로 운석과 같습니다. 만일 우리가 회사의 체제와 경영구조를 개혁할 결심을 하지 않는다면 조만간 2차 3차의 재난으로 회사는 파괴되어갈 것입니다. 따라서 지금 수익 급증 시대의 새로운 방식을 창조하고 싶다면 지식집약형 사업으로 전향해야 합니다."

사람을 매혹하는 창의성

창의성 관념의 제시

창의성이 하나의 명확한 관념으로 제시되었던 것은 20세기 초의 일이었다.

1912년 미국 경제학자 슘페터는 그의 박사 논문《경제발전이론》에서 이 관념을 최초로 제시했다. 이 저서에서 저자는 창의성은 경제학의 진정한 과제라고 저명한 원리를 제시했다. 경제학적인 각도에서 봤을 때 창의성에는 5가지 유형이 존재한다.

(1) 신제품 도입이나 같은 제품에 대한 새로운 품질을 제공한다.

(2) 새로운 생산기술이나 방식을 채택한다.

(3) 새로운 시장을 개척한다.

(4) 새로운 원자재나 반제품 등 새로운 공급원을 확보한다.

(5) 새로운 기업구조나 생산조직방식 및 관리방식을 실행한다.

창의성은 사회적 가치가 큰 사물이나 형식을 최초로 만들어내는 것이다. 창의성 과정의 실제적인 모습은 바로 어떤 새로운 사물을 만들어내는 것이지 기존의 사물을 재현하는 것이 아니다. 창의성은 돌파, 비약 및 전진을 의미한다.

창의성에 해당하는 개념에는 일반적으로 창조, 발견, 발명, 혁신, 창의 그리고 혁명 등이 있다. 창의성의 최소 형식은 개인이 하는 작은 창의를 말하며 가장 높은 수준은 혁명이다. 오랫동안 축적되어온 지식과 커다란 에너지를 불러일으키게 되면 인류사회의 관념의식, 생산방식, 생활방식에 근본적인 질적 변화를 일으키기에 충분하다. 바로 이때 창의성은 혁명에 속한다. 인류 역사발전과정에서 창의성으로 생겨난 근본적인 질적 변화에는 사회혁명, 과학혁명, 기술혁명 및 산업혁명 등이 있다.

한마디로 창의성은 창조이다.

성공의 엘리베이터에 올라타라

인류 생명을 쉴 새 없이 창조하게 만드는 것은 도대체 무엇인가? 끊임없는 창의성의 원동력은 또 무엇인가?

그 해답은 수요이다. 수요는 창조의 어머니이다.

수요는 사람을 활동하게 하는 내재적인 원동력과 원천이며 사람들이 어떤 목표를 실현시키고자 행동하게 하는 내재적인 원인이기도 하다. 그것은 사람들의 활동 에너지를 만들어내고 행동방향을 규정지어 사람들의 각종 활동을 직접 유발시킨다.

인생은 크게 두 가지로 가장 근본적인 요구를 제시한다. 생존과 발전이다. 이런 수요는 사람들이 자연과 사회를 개조하는 실천적 활동에 참여하도록 만들었다. 노동에 근거한 생존이고 창의성에 의존한 발전이다.

결국 창조성의 실천 활동 과정에서 인간의 수요는 끊임없이 발전하고 아울러 새로운 수요가 끊임없이 발생한다.

기존 수요의 부단한 발전과 새로운 수요의 계속적인 발생은 또다시 인간의 창조성과 실천 활동 수준을 끊임없이 높여준다. 인간의 창조적인 실천 활동 수준이 계속 높아지게 되면 새로이 발생하는 수요에 만족할 수 있을 것이다. 따라서 인류의 물질생활과 정신생활은 더 높이 있는 새로운 경지를 향해 나아갈 것이다.

수요가 계속되면 창의성 역시 지속적이다.

창의력은 사람과 사람을 구분 짓기도 한다. 인생은 양대 지주를 가지고 있다. 생존과 발전이다. 생존은 발전의 기초이며 발전은 더 나은 생존을 위한 것이다. 그러나 경쟁이 날로 치열해지면서 발전 없이는 생존이 더욱 어렵다. 발전만이 장기적인 생존을 가능케 한다. 따라서 발전으로 생존을 모색해야 한다. 발전은 이 때문에 특히 중요하다.

사람들은 발전을 더 중요시한다. 그리고 성공은 바로 발전의 상징이자 이정표다. 개인의 입장에서 봤을 때 자신이 실현시킨 수요 및 성공에 대한 갈망과 발전은 같은 의미로, 이 세 가지는 동일한 하나라고 할 수 있다.

따라서 창의성의 원동력은 발전에 대한 의존에서 오며, 자신이 실현하는 수요나 성공에 대한 갈망에서 생겨나기도 한다. 반대로 창의력이 있어야 발전할 수 있고 자아실현이 가능하며 성공할 수 있게 되는 것이다.

⦂ 창의성의 마술

성공은 반드시 창의성에서부터 시작된다. 창의성 안에 성공이 있고 창의성을 바탕으로 해야만 성공을 지속시킬 수 있다.

창의성만이 당신의 두각을 나타낼 수 있게 하고 자신과의 싸움이나 남과의 경쟁에서 승전보를 날릴 수 있다. MS사의 성공이 바로 가장 좋은 예이다. 빌 게이츠는 가장 잠재력이 큰 신흥산업을 놓치지 않았으며 이 가운데 통제력이 가장 강한 부문을 찾아낸 후 창의력을 바탕으로 자기 제품들을 끊임없이 도태시켰다.

가장 유명한 경제학자의 한 사람인 슘페터는 "기업가의 성공을 이끄는 원동력은 바로 창의성이다."라고 말했다. 그는 기업가가 갖춰야 할 5가지 능력을 열거했다.

(1) 투자기회를 발견하라.
(2) 필요한 자원을 확보하라.
(3) 새로운 사업의 아름다운 전망을 제시하여 자본가를 설득해 투

자에 참여하도록 만들어라.

(4) 기업을 조직하라.

(5) 리스크(위험)에 대한 담력과 식견을 가져라.

모든 성공한 기업가는 이런 과정을 거쳤으며 이러한 능력을 다 갖추고 있다. 이런 능력에서 볼 수 있는 것은 창의력(창조력)이 통찰력, 예지력, 상상력, 판단력, 결단력 심지어 적극성 등으로 발현된다.

록펠러의 명언 한 마디를 인용해 보자.

"만일 당신이 성공하고 싶다면 당신은 새로운 길을 열어 나가야 한다. 그리고 과거의 성공 방법을 그대로 시행하지 말아야 한다. 설령 당신들이 내 옷을 빼앗아 간 다음 나를 사하라 사막 한가운데에 버리더라도 두 가지만 있으면 된다. 먼저 내게 시간을 조금 주고 다음으로 상인 대열이 내 옆으로 지나가도록 한다면 얼마 안 있어 나는 새로운 억만장자가 될 것이다."

《뉴욕타임즈》의 한 기자는 MS사의 빌 게이츠와 네스케이프(Nescape)사의 컴퓨터 신동이라 불리는 마크 앤드린(Mark Andelin)이 벼락부자가 된 과정을 조사해 본 결과 놀라움을 금치 못했다. 빌 게이츠 같은 인물이 믿고 의지하는 것은 오직 초인적인 상상력과 창의적인 사고방식이었다. 이것만으로 그들은 세계의 억만장자들과 어깨를 나란히 하게 되었던 것이다.

L.A. 올림픽의 성공신화

1984년 이전의 올림픽 개최국은 거의 한정되어 있었다. 개최국의 입장에서 보면 기쁨 반, 우려 반이었다. 올림픽을 개최할 수 있다는 것은 자연히 국가와 민족의 영광인 동시에 그 나라의 이미지를 널리 알릴 수 있는 기회가 생기는 것이다. 그러나 새로운 체육관을 건설하는 등의 인프라 건설에 막대한 자금을 투입해야 했기 때문에 정부는 대규모의 재정적자를 떠안게 되었다.

1976년 캐나다 몬트리올 올림픽 때 10억 달러의 적자가 났으며 이 거액의 채무는 2003년에야 비로소 모두 청산될 것으로 예측되었다. 1980년 구소련의 모스크바 올림픽에서도 총 지출은 90억 달러에 이르며 구체적인 채무액은 천문학적인 숫자였다. 올림픽은 거의 정치적 수요 때문에 열리게 되었다. 손해를 보는 것은 올림픽의 당연한 결과가 된 지 오래였다. 가장 좋은 생각은 얻는 것이 있으면 잃는 것도 있다고 생각하는 것이다.

1984년 L.A. 올림픽은 어땠을까? 미국 재계의 거장 피터 위버로스는 올림픽 개최를 맡아 그의 초인적인 창의성을 활용하여 올림픽의 새 장을 열었다. 그는 올림픽 역사상 최대 금액의 수익률을 기록했고 더욱 중요한 것은 '올림픽 경제학' 모델을 건설했다는 것이다. 그는 1984년 이후의 올림픽 개최도시를 위해 운용모델을 제공했다. 그때부터 많은 국가와 도시들이 올림픽 유치를 하겠다고 몰려들었다.

창의성은 먼저 정부에서부터 시작되었다. 올림픽을 개최했던 다른 나라의 손해 상황에 근거해서 L.A시 정부는, 올림픽을 유치한 후 이전과는 달리 제23회 올림픽은 그 어떤 공공기금도 사용하지 않겠다는 결의안을 채택했다. 이렇게 민간 올림픽의 물꼬를 튼 것이다.

피터 위버로스는 올림픽 개최권을 넘겨받은 후 올림픽조직위원회가 작은 가죽가방 공장만도 못하다는 사실을 발견했다. 비서도 전화도 사무실도 없었다. 심지어 위원회 이름으로 된 예금계좌 하나 갖고 있지 않았다. 모든 것을 전무한 상태에서 시작하게 된 피터 위버로스는 배수진을 치기로 결정했다. 그는 1,060만 달러의 자기 여행사 주식을 팔아 자금을 마련하고 직원을 채용하기 시작했다. 그런 다음 그는 과거의 그 어떤 인물들에게 없었던 창의적인 사고방식으로 새로운 올림픽 역사의 장을 열기 시작했다.

올림픽의 상업화와 시장에 의한 운영이 시작되었다.

첫 번째 단계는 수입을 늘리고 지출을 줄이는 것이다.

피터 위버로스는 1932년 L.A. 올림픽 이후부터 규모가 방대해지고 사치와 낭비가 유행처럼 번지기 시작했다고 생각했다. 그는 불필요한 비용을 절약하기 위해 모든 방법을 동원하기로 했다. 먼저 그 자신이 모범이 되어 월급을 받지 않았다. 이에 고무되어 수만 명의 직원들이 자원봉사도 마다하지 않았다. 둘째, L.A.에 있는 기존의 체육관을 활용하기로 했다. 셋째, 현지 대학 세 곳의 기숙사를 올림픽선수촌으로 쓰기로 했다. 뒤에서 말한 두 가지 조치만으로도 수십 억 달러를 절약할 수 있었다.

두 번째 단계는 성화 봉송식을 성대히 치르는 것이다.

올림픽 성화는 그리스에서 시작되어 미국 본토까지 거리만 해도 오천 킬로미터를 걸쳐 성화릴레이가 이어진다. 그는 기부금 형식으로 자금을 기부하는 사람에게 성화 횃불을 들고 한 구간을 달릴 수 있는 기회를 부여했다. 마침내 전 과정의 성화릴레이 '특허권'은 킬로미터

당 3,000달러에 팔려 나갔고 만 오천 킬로미터를 계산해 봤을 때 그 금액은 4,500만 달러에 달했다. 피터 위버로스는 사실상 백년에 걸친 올림픽 역사와 명예 등 거대한 무형자산을 판매한 것이다.

세 번째 단계는 공식후원금, 전파방송권, 입장권 등 3대 수익을 확보하는 것이다.

피터 위버로스는 공식후원금액은 500만 달러 이상이어야 한다는 뜻밖의 제안을 했다. 또한 그는 하늘을 포함한 경기장 내에서는 상업 광고를 할 수 없도록 했다. 이런 엄격한 조건은 오히려 후원업체들의 열정을 불러일으켰다. 후원대열에 참여하고 싶은 마음이 컸던 한 기업은 심지어 자신들이 후원하는 실내 자동차 경주의 절차도 잘 모른 채 계약서에 서명하는 데 바빴다. 피터 위버로스는 결국 후원을 원하는 150개의 기업 가운데 30개 기업을 선정했다. 이 활동으로 1억 1천 7백만 달러의 자금을 확보했다.

가장 큰 수익은 TV 중계권 판매에 있었다. 피터 위버로스는 미국 3대 방송사의 경매 방식을 이용했다. 그 결과 미국 광고회사는 2억 2천 5백만 달러로 TV 중계권을 사들였다. 피터 위버로스는 TV 방송국이 올림픽경기를 무료로 중계해 주던 과거의 관례를 깨고 7,000만 달러라는 거액을 받고 중계권을 미국, 유럽 및 호주의 방송사에 팔았다. 입장권 수입은 광고와 홍보 및 여론에 힘입어 역사상 최대 수익을 얻었다.

네 번째 단계는 올림픽 마스코트 '샘 아저씨'를 모델로 한 심벌 및 관련 기념품을 판매하는 것이다.

그 결과 십여 일의 짧은 기간 안에 제23회 올림픽은 5억 1천 달러의 총지출과 2억 5천 달러의 수익을 얻어 당초 계획의 10배를 달성했다.

피터 위버로스 자신 역시 47만 5천 달러의 순이익을 얻었다.

폐막식에서 국제올림픽위원회(IOC) 사마란치 위원장은 피터 위버로스에게 특별 제작한 금메달을 수여했고 언론은 이것을 '이번 올림픽에서 가장 큰 금메달'이라고 불렀다. '기획은 생산력'이라는 말을 그는 실제로 보여 주었다.

빌 게이츠의 놀라운 발견

어느 날 빌 게이츠는 시애틀 본사 부근에 있는 한 식당을 나섰다. 그때 한 노숙자가 그를 막아서서 돈을 요구했다. 잔돈을 주는 것은 아무 일 아니었지만 뒤따라 일어난 일은 박식하고 경험 많은 빌 게이츠조차 한순간 멍하게 만들었다. 그 노숙자는 묻지도 않은 자신의 홈페이지 주소를 알려주는 것이 아닌가! 그 주소는 시애틀의 한 노숙자 보호소 인터넷을 통해 만든 홈페이지로 집 없는 노숙자들을 돕기 위한 사이트였다.

그 일이 있은 후 빌 게이츠는 감격에 겨워 말했다.

"정말이지 믿기 어렵습니다. 인터넷이 큰 줄은 알았지만 노숙자까지 인터넷에서 찾을 수 있을 거라곤 생각하지 못했습니다."

오늘날 빌 게이츠의 MS사는 인터넷 세계를 표준화했고 역사상 처음으로 인터넷을 독점했다. MS Windows OS는 인터넷 접속을 위해서 꼭 거쳐야 하는 통로가 되었고 전 세계 각지의 퍼스널 컴퓨터(PC) 가운데 92%가 MS Windows OS를 사용하고 있다. 더욱 중요한 것은 지난 2년 동안 MS사는 37개 회사에 투자하거나 인수했다. 표면적으로 봤을 때는 욕심대로 자본을 확장하는 것처럼 보이지만 이 37개 회사를 분야별로 분류하게 되면 놀라운 사실을 발견할 수 있다. 왜냐하면 이 37개 회사가 대표하는 것은 놀랍게도 인터넷 경제의 3대 명맥으로, 인터넷 정보 기초 플랫홈, 인터넷 상업 서비스, 인터넷 정보 단말기가 그것이다. MS사는 현재의 PC시대를 지배할 뿐 아니라 미래의 인터넷 주도권을 잡기 위해 이미 작업에 착수했다.

그러자 미국 사법부는 MS사를 반독점법 위반 혐의로 고소했다. 그러나 빌 게이츠는 태연하게 말했다.

"MS사는 소프트웨어 산업 전체에서 차지하는 점유율이 4%에 불과한데 어떻게 독점이라 할 수 있는가?"

빌 게이츠의 말 역시 일리가 있다. 왜냐하면 소프트웨어의 형태는 산업시대의 규격이나 제품의 독점과 분명한 차이가 있기 때문이다. 사실상 MS사는 이미 단순한 독점의 의미를 벗어났다. MS사의 진실을 더욱 정확하게 묘사할 수 있는 것은 '패권'이란 두 글자뿐이다. OS는 컴퓨터 산업 전체의 기초라 할 수 있다. MS사는 핵심적인 제품에 대한 독점으로 소프트웨어산업 전체의 패권을 거머쥐게 되었다. MS사는 또 독점행각을 더 큰 범위의 패권을 이용해서 희석시키고 감췄다. 단순하게 숫자의 비율 등 독점과 관련된 융통성 없는 고정지수는 불필요하다.

소프트웨어 산업의 패권은 독특한 패권 중 하나로 '지식의 패권'이고 '창의성의 패권'이다.

일본 파나소닉(PANASONIC) 회장은 이렇게 말했다.

"미래 세계는 무력이 아닌 창의성이 지배한다."

⦙ 창의력은 성장의 원동력

미국은 1995년부터 98년까지 3년 동안 새로 등장한 백만장자 수가 대략 100만 명에 달하며 거대한 수의 신흥 귀족계층이 형성되었다고 한다. 중요한 것은 미국에서 새롭게 출현한 신흥 귀족계층에는 3가지 특징이 있다.

첫째, 전통산업 종사자가 적다는 점이다.

둘째, 부의 축적이 빠르고 재산이 몇 배, 수십 배 심지어 수백 배의 속도로 불어나는 '벼락부자형'이라는 점이다.

셋째, 자신도 모르는 사이에 아주 쉽게 부자가 된 것처럼 보인다는 점이다.

새로운 부자의 대거 출현으로 미국사회는 커다란 충격을 받았다. 가장 먼저 충격을 받은 것은 바로 근면 성실하게 일하며 부를 쌓는다는 전통적인 관념이었다. 미국의 전 노동부장관 리치는 2차 세계대전 이후 처음으로 이렇게 많은 사람들이 별 노력 없이 큰 재산을 얻게 되었으며 최소한 표면적으로 봤을 때 과거에 근면 성실한 자세로 부자가 된다는 도덕적 관념이 완전히 뒤집혔다는 것을 인정했다. 사람들은 근면성이 중요하긴 하지만 부자가 되려면 창의적인 사고방식과 능력이 있어야 한다고 느꼈다.

사람들은 왜 이런 생각을 하는 것일까? 새로 출현한 부자들이 재산을 늘리는 방식이 지금까지의 백만장자들과는 크게 다르기 때문이다. 그들은 주로 성공적인 창업으로 부를 쌓게 된 것이다.

이들 성공적인 창업주는 주로 네트워크 서비스 산업에 투자한 사람들이었다. 그들은 창업자본이 별로 없었지만 단지 몇 년 안 되는 짧은 기간 동안 운영을 하다가 일단 증시에 상장되거나 대기업에 의해 인수 합병되면 몸값이 기하급수적으로 껑충 뛰어올랐다. 이런 인터넷 거품현상은 독특하고 독립적인 또 하나의 세상을 창조하고 새로운 관념과 게임의 법칙을 만들어냈다. 성공을 바라는 마음보다 창의성이 우선되어야 하며 '성장 원동력' 의 중요성은 수익보다 크다는 점이다.

미국에 있는 한 인터넷 회사의 수입과 지출 상황을 보면 놀랍다. 1999년 1/4분기 수입이 600만 달러인데 반해 지출은 2,400만 달러로 수입의 4배에 달했다. 그러나 3월 이 회사 주식이 상장된 첫날 투자자들의 열정으로 주가는 233%까지 급등했다. 5월 중순 이 회사의 시가는 16억 달러에 이르렀다.

이 회사의 경영자는 다음과 같이 말했다.

"나는 투자자들이 우리의 진취적이고 적극적인 정신에 대해 반응하며 우리의 가치를 보여 주었다고 생각합니다. 투자자들이 한순간의 손해를 감수해 주기 때문에 우리는 다른 회사를 신속하게 인수할 수 있으며 시장을 점유할 수 있는 것입니다."

29세의 한 음악수집가는 중고판이나 희귀한 판을 기업에 판매하는 사이트를 개설했다. 그가 벤처자본가에게 편지 몇 통을 보내서 6주 동안 모은 벤처자금은 1,600만 달러였다. 그후 그는 유명한 중고 서점 사이트를 인수하여 자신의 음악 사이트 경영을 보조했다. 창업 7개월만에 아마존사는 그의 사이트를 인수하겠다고 발표했고, 400만 달러의 현금과 1억 9천 6백만 달러 가치의 주식을 지불했다. 정말이지 보통 사람으로서는 생각해 내기 어려운 일이다. 이렇게 적은 노력으로 억만장자가 될 수 있다니!

한 도메인 서비스 회사의 회장은 그들의 비결에 대해 말했다.

"우리가 투자를 시작한 지 1년 반 동안은 아무런 수입도 없었습니다. 하지만 전통적인 방법으로 그것의 가치를 평가할 수 없습니다. 무엇이 성장원동력을 높여주는지 알아야 합니다. 만일 당신이 사람들의 주목을 끌었다면 이런 관심을 돈으로 바꿀 수 있습니다."

확실히 그렇다.

야후의 주가는 3년 동안 거의 80배 상승했고 시가는 345억 달러까지 급상승했다. 반면 수십 년 동안 경영에 힘쓰고 실력이 막강한 앨라이드 시그널사(Allied Signal)의 시장 자본 가치 총액 역시 347억 달러를 넘지 못했다.

아마존사의 주가는 2년 동안 45배나 상승했고 시가는 230억 달러를 넘어섰다. 오랜 역사를 가지고 있는 알루미늄 기업인 알코아(Alcoa)의 시장 자본 가치 총액 역시 정확히 230억 달러이다.

더욱 재미있는 것은 야후, 아마존과 같은 기업들은 계속 적자를 기록한다는 사실이다. 도대체 어떻게 된 것일까? 누가 마술이라도 벌이는 것일까?

한 경험이 풍부한 은행가는 이를 분석하여 다음과 같이 말했다.

"사람들은 끊임없이 우리를 찾아옵니다. 그들은 가장 하고 싶지 않은 일이 수익을 얻는 것이라고 말합니다. 그렇게 되면 사람들이 더 이상 그의 회사를 인터넷회사로 보지 않고 회사의 가치 역시 인터넷회사보다 낮게 평가하기 때문이라고 그들은 말하곤 합니다."

인터넷회사는 손실이 있다고 해도 비난받지 않는다. 사람들은 일반 기업에 대해서는 이처럼 관대하지 않을 것이다. 바로 이 때문에 인터넷 관련 주식 시장에서 중요한 것은 성장원동력(창의력의 가능성)이다.

어떤 사람은 인터넷회사가 고객의 기대 속에서 세운 기반은 결국

모래 위에 짓는 성(城)일 가능성이 크며 인터넷 투자 물결은 곧 사라질 거품이라고 경고하기도 한다. 그러나 투자자들은 여전히 집착을 버리지 못하고 있다.

창의력은 당신을 성공시키기도 하지만 창의력이라는 이름 자체만으로도 당신에게 부를 안겨줄 수 있다. 단지 당신이 창의력을 발휘하고 있다는 사실을 다른 사람이 믿도록 하면 된다. 사람들은 이미 창의력의 매력에 푹 빠져 있다.

어떻게 창의력을 발휘할 것인가?

간단하지만 실용적이며 어떤 유형의 기업에도 응용할 수 있는 창의적인 사고방식에 대해 부자 아빠는 다음의 몇 가지를 지적한다.

1 Advice 모든 사람이 새로운 방법을 제시할 수 있도록 요구하고 기대하라

기업 안에 다른 크고 작은 일들처럼 상위급 인사만 창의력을 우선시 하면 곤란하다. 모든 직원들에게 새로운 방법을 제시할 것을 요구하고 압력을 가할 때 비로소 빠른 발전이 이루어질 수 있다. 대부분의 회사는 판매목표, 생산목표 혹은 재무목표를 가지고 있다. 창의력이 풍부한 백만장자들은 창의적인 목표를 가지고 있다.

2 Advice 자신이 잘 아는 분야에서부터 창의력을 발휘하라

대부분의 사람들은 신제품이 개인기업이나 대학의 연구 실험실에

287

서 탄생했다고 생각한다. 그러나 사실은 그렇지 않다. 연구에 따르면 80%의 제품이 문제해결을 위한 고객의 노력에 의한 것이라고 한다.

만일 고객과 손잡고 창의적인 활동을 하고 싶다면 당신은 반드시 고객과 먼저 밀접한 관계를 유지해 나가고 그들을 관찰하고 그들의 말에 귀를 기울여만 한다.

고객과 얘기하고 그들의 수요에 대해 묻는 것은 좋은 출발점이지만 부족한 면이 있다. 반드시 당신의 고객에게 더 익숙해져야만 그들의 수요와 문제를 잘 알 수 있고 해결방법을 찾을 수 있다. 1970년대 초기에는 "이 사무실에는 팩스기기가 필요합니다."라고 말하는 사람을 볼 수 없었을 것이다. 그러나 근래에 사무용품을 생산하는 회사에서 고객이 지금 중간선의 가격대에다 부피는 책상 크기 만한 새로운 시설을 급히 필요로 한다는 사실을 알게 되었다.

고객에게 무엇이 필요한지를 묻는 것만으로는 부족하다. 전자레인지, TV 리모콘, 또는 CD가 출시되기 전에 사람들은 이런 제품에 대한 수요가 없었다. 당신은 그 고객을 당신의 창의적인 파트너로 간주하고 함께 노력하며 그가 원하는 제품과 서비스를 생산해야 한다.

3 Advice 팀 구성원 하나하나의 창의력이 필요하다

일단 창의력과 관련된 얘기를 하자면 전형적인 대기업이 빠질 수 없다.

창의성이 풍부한 백만장자들은 기업의 프로젝트 팀 모델로 크고 복잡한 문제를 극복한다. 기업의 프로젝트 팀은 대략 소매부, 기술부, 제작부, 영업부 및 재정부의 인원으로 구성된다. 이 팀은 하나의 생산계획을 책임지고 설계에서 완성까지 생산과정 전반을 주도해 나간다.

288

팀 구성원이 받는 보수는 제품 성공 여부에 따라 결정된다.

 **새로운 변화를 추구하는 환경을 조성하라**

모든 성공적 창조는 좋은 방법에서 나올 수 있다. 좋은 방법의 탄생 전에는 수많은 방법들이 우선 필요하고 그 안에서 가장 좋은 것을 선택하는 과정이 있어야 한다. 이런 과정은 마치 사진작가가 좋은 사진 한 장을 찍기 위해 계속 셔터를 누르는 것과 마찬가지이다. 셔터를 많이 누를수록 좋은 작품을 얻을 수 있는 가능성이 커진다.

모든 사람은 창의성을 가지고 있다. 물론 창의성이 특별히 풍부한 사람도 있기 마련이다.

'창의적 생산'의 순환 시스템을 가동하라. 창의성을 발휘하는 과정은 예측성을 갖고 있는 순환 시스템이다. 설령 시대가 바뀌더라도 이 것은 변하지 않는다. 만일 좋은 방법을 생각해 냈다면 다음의 5가지 단계를 연습해 보기 바란다.

(1) 첫 번째 접촉 : 당신이 제품과 서비스를 개선하고 싶은 생각이 처음 들었을 때, 혹은 당신이 문제점을 해결하고 싶다고 처음으로 생각할 때를 말한다. 첫 번째 단계는 바로 이런 생각들이 당신의 머릿속에 처음으로 떠올랐을 때이다.

(2) 준비시기 : 연구하는 단계로 문제와 관련된 정보 수집과 습득을 위해 최선을 다한다. 정보를 읽고 다른 사람과 얘기하며 되도록 많은 관련자료를 수집한다.

(3) 부화시기 : 문제를 잊고 그것을 당신의 잠재의식 속에 입력한다. 이 문제는 나중에 처리하도록 한다. 이 일과 관련된 모든 일을 잊

어버린다. 다른 문제를 생각한다. 당신의 잠재의식 시간표에게 모든 기능을 발휘하도록 만든다.

(4) 테스트기 : 유쾌하고 흥미로운 시각이다. 새로운 시야가 당신의 잠재의식 속에서 튀어나온다. 이 단계는 아마도 운전할 때나 목욕할 때 혹은 꿈 꿀 때 나타날 것이다.

(5) 수정시기 : 테스트는 매우 중요한 일부분이지만 신뢰성이 떨어진다. 가장 객관적인 입장을 취할 수 있는 사람을 골라 그 사람의 의견을 구하도록 한다. 고객 한 사람에게 당신의 방법을 시험해 보라. 한두 개의 방법만으로도 이러한 판별이 가능할 수 있다. 좋은 판단능력은 경험에서 오고 경험은 끝없는 판단에서 온다. 다른 사람의 경험을 배우는 데 최선을 다하도록 한다.

창의력의 걸림돌 9가지

비록 변화를 추구하는 것이 중요한 과제가 되었지만 소수의 회사만이 창의력을 발휘하고 새로운 방법을 시행한다. 많은 신제품과 더욱 똑똑한 생산방식이 많다 하더라도 각양각색의 걸림돌이 마법처럼 끊임없이 출현하여 위대한 계획의 탄생을 방해했다. 지금부터 부자 아빠가 소개하는 창의력을 방해하는 가장 흔한 걸림돌이 무엇인지를 살펴보자.

1 Advice 변화를 거부하는 성격

최대의 걸림돌은 아마도 성격상 변화를 거부하는 성향이다. 새로운 방법을 시도한다는 것은 전통의 틀에서 벗어나고 우리가 일반적으로 생각하는 편안함과 안락한 상태에서 떠나보는 것이다. 만일 변화하고자 한다면 기존의 안전지대나 익숙한 분야를 포기하고 불확실한 미지의 세계에 투자해야 된다.

② Advice 근시안적인 재무관리

단기 수익을 지나치게 따지는 것은 또 하나의 심각한 걸림돌이 된다. 규모가 큰 개혁은 통상 긴 시간이 필요하기 때문에 개혁의 결과는 아마도 수년 후에야 눈에 보이기 시작한다. 만일 다음 분기의 수입이나 현 단계의 가치만을 계획하는 데만 급급하게 되면 장기적인 이윤은 기대하기 힘들다. 돈벌이가 안 된다는 이유 때문에 위대한 계획이 시작도 하기 전에 사라지는 경우도 종종 있다.

③ Advice 이것은 다른 사람 생각이다

"이것은 다른 사람 생각이다."라는 생각은 수많은 새로운 방법을 놓치게 하는 세 번째 걸림돌이다. 새로운 방법은 모두 기존 방법을 대신하게 된다. 따라서 기존 방법의 창시자는 아마도 이런 행위를 제품에 대한 위협으로 간주할 수도 있다. 그는 새로운 방법을 방해하기 위해 쉼 없이 노력할 것이다.

④ Advice 실업에 대한 공포

일할 때 느끼는 불안감은 창의력 탄생을 방해하곤 한다. 일반적으로 블루칼라 계층의 사람들이 생산력 제고를 위한 혁신을 거부한다. 이는 그로 인해 해고당하지 않을까 하는 두려움이 있기 때문이다. 지혜로운 사람이라면 그 누가 자신의 일을 잃고 싶겠는가? 또한 중간 관리급 인사나 화이트칼라가 자신이 직장을 잃을 가능성이 있는 계획을 지지하고 싶겠는가?

 전문가의 오류

전문가는 관련 문제에 대해 손바닥 보듯 훤히 알고 있다. 그러나 놀라운 것은 그들이 종종 혁신의 걸림돌이 된다는 사실이다. 전문가는 이 일을 하면 안 되는 모든 이유를 알고 있다. 그들은 관련 의제가 과거에 어떤 훌륭한 성공을 거두었는지 등에 대해서도 아주 잘 알고 있다. 그러나 이런 장점이 오히려 더 좋은 방법에 대한 전망을 흐려놓는 결과를 가져올 수 있다.

 모든 일을 관례에 따라한다

지나치게 보수적인 작업환경은 모든 일을 관례에 따라 할 것을 강조하며 창의성에 의한 새로운 시도가 저지를 수 있는 착오에 대해 잘못을 추궁한다. 이런 작업환경에서는 최소한의 창의성만을 발휘할 수 있다. 착오나 잘못을 저지르지 않을 수 있는 유일한 방법은 바로 새로운 일을 시도하지 않는 것이다. 그러나 부자 아빠가 말했던 것과 같이 착오 없이는 발전도 있을 수 없다.

"훌륭한 사람일수록 착오도 많다. 나는 절대 잘못을 저질러 본 적이 없는 사람에게 높은 직책을 맡기지 않는다. 그들은 평범하기 짝이 없기 때문이다."

Advice 7 관료주의적인 태도

관료체계의 특징이라 할 수 있는 지연, 병목, 절차는 수도 없이 많은 훌륭한 계획들을 사라지게 했다. 그나마 어렵게 채택된 극소수의 '창의성'도 외부 환경에 의해 왜곡되거나 지연되어 효율을 크게 저하시키는 경우를 흔하게 볼 수 있다. 관료제도는 준마를 낙타로 변화시키기도 하고 아주 날쌔고 작은 쥐를 크고 둔한 코끼리로 바꿔 놓을 수도 있다.

Advice 8 과거의 성공

'창의성'에서 가장 위험한 걸림돌 가운데 하나가 바로 성공이다. 사람이 일단 성공하게 되면 사고방식이 한쪽으로 치우치고 자신이 가장 좋은 해결방법을 찾았다고 믿게 될 것이다.

헨리 포드는 같은 모델의 자동차를 대량 판매하면서 눈부신 성공을 거뒀다. 그는 유명한 한 마디를 남겼다. "고객이 어떤 색의 자동차를 원하든지 간에 나는 그들에게 검정색상을 판다." 그러나 이런 정책이 나중에는 포드사를 망가뜨렸다. 왜냐하면 그들의 경쟁상대인 GM사는 고객들에게 자동차의 색, 디자인 등을 자유롭게 선택할 수 있는 기회를 주었기 때문이다.

당신이 기억해야 할 일이 있다. 바로 영원히 최고가 될 수 있는 방식은 없다는 것이다. 계속된 혁신과 더 좋은 방식이 생겨나게 마련이다.

Advice 9 '창의성'은 불로 뛰어드는 모험이다

끝으로 '창의성'은 본질적으로 아슬아슬 하기도 하고 실제로 많은 실패를 가져올 수도 있다. 실패를 좋아하는 사람은 없다. 그러나 새로운 계획 중에는 단지 5% 이하만이 신제품으로 이어진다. 또한 10% 이하의 신계획이 성공의 열매를 맺게 된다. '창의성'은 수많은 삼진아웃과 몇 개 안 되는 안타 그리고 아주 가끔 한 번씩 홈런을 때린다. 물론 이 홈런은 천 번의 삼진아웃을 보상하기에 충분하다. 그러나 이런 작은 확률 앞에서 열심히 뛰고 싶어 하는 사람은 많지 않다.

창조적인 뇌를 키워라

경제적으로 성공한 사람들 가운데 대다수는 스스로를 창조적인 능력을 가진 사람이라고 불렀다.

창조적인 능력을 갖춘 사람은 중요한 사업에 있어서 정확한 결정을 내릴 수 있다. 그들은 큰 수익을 볼 수 있고 자신이 좋아하는 직업을 선택한다. 만일 당신이 자신의 일을 좋아한다면 비교적 큰 성과를 얻을 수 있고 당신만의 창조적 재능을 발휘할 수 있다는 사실을 기억하기 바란다.

미국 지능연구 분야의 권위자인 로버트 J. 스텐보그는 다음과 같이 말했다.

"창조적 능력을 가진 사람들은 자신이 선택한 직업을 좋아하고 이것이 바로 그들의 인생이 성공할 수 있었던 중요한 원인 가운데 하나이다."

창조적인 능력을 가진 사람은 문이 잠겨 있을 때 어떻게 해야 하는지 알고 있다. 그들은 다른 성공의 길을 찾아 시도해 본다. 그들은 자신의 장점과 단점을 분명히 알고 있다.

세계 최초로 잘 묻어나지 않는 립스틱을 발명한 하자르비소페의 일을 예로 들어보자. 그녀는 경제적인 이유로 의대에 진학할 수 없었다. 그래서 약사라는 직업을 선택했고 우연히 피부의학계의 권위 있는 전문가 밑에서 일한 적이 있다.

실무적인 경험을 기초로 하여 그녀는 잘 묻지 않는 립스틱을 최초로 발명했다. 그 후 그녀의 브랜드는 25%의 시장점유율을 보였다. 그녀는 자신의 창조성을 바탕으로 경제적인 어려움을 이겨나갈 수 있었다. 만일 그녀가 피부의학계의 전문가가 되었다면 이처럼 경제적으로 성공한 사람은 될 수 없었을 것이다. 수준 높은 피부의학계의 전문가는 많지만 잘 묻지 않는 립스틱을 발명한 사람은 그녀 한 사람 뿐이다.

⦂ 나폴레온 힐의 성공학

성공학의 대가 나폴레온 힐은 언젠가 PMA 성공 교육을 받고 있는 학생들에게 이런 질문을 던졌다.

"여러분들 가운데 30년 안에 모든 감옥을 없애버릴 수 있다고 생각하는 사람이 있습니까?"

학생들은 자신들이 잘못 들은 게 아닐까 하고 의심했다. 한참동안 침묵이 흐른 뒤 나폴레온 힐은 같은 문제를 또 한 번 던졌다. 나폴레온 힐이 농담을 하고 있지 않다는 것을 알게 된 한 학생이 즉각 반박했다.

"살인범, 강도범 및 강간범들을 전부 석방하자는 말씀이십니까? 어떤 결과가 있을지 생각해 보신 겁니까? 그렇게 된다면 우리는 편안하고 안전한 삶을 포기해야 할 겁니다. 어쨌든 감옥은 꼭 있어야 합니다."

갑자기 교실 안은 술렁이기 시작했다.

"사회 질서가 파괴될 것입니다."

"어떤 사람의 인생이 망가지겠지요."

"가능하다면 더 많은 감옥이 필요합니다!"

"설마 신문에 난 살인미수 사건 보도를 못 보신 건 아니겠지요?"

나폴레온 힐은 계속해서 말했다.

"우리는 감옥을 없애서는 안 되는 여러 가지 이유를 얘기해 봤습니다. 이제는 감옥을 없앨 수 있다는 믿음을 가져 봅시다. 그렇다면 우리는 어떤 일부터 해야 하겠습니까?"

잠시 동안 다시 한 번 침묵이 흐른 끝에 한 학생이 머뭇거리며 말했다.

"더 많은 청년활동센터를 설립한다면 범죄율을 낮출 수 있을 것입니다."

그러자 얼마 후 반대의견을 견지하던 학생들도 적극적으로 참여하기 시작했다.

"빈곤을 없애는 것입니다. 대부분의 범죄가 저소득층에서 일어나기 때문이지요."

"범죄성향이 있는 사람을 식별하여 교육할 수 있으면 가능합니다."

"수술로 일부 범죄를 치료할 수 있습니다."

이렇게 해서 그날 모두 78가지의 새로운 생각이 나왔다.

사람들에게 부자가 되는 방법에 대해 얘기할 때, 부자 아빠는 이 유명한 나폴레온 힐의 일화를 들려주곤 한다. 부자 아빠는 나폴레온 힐이 확실한 소견을 가지고 있었으며 부자가 되는 진실한 방법을 제시해 주고 있다고 생각한다.

부자 아빠가 여기서 하고 싶은 이야기는 무엇인가?

"당신이 어떤 일이 불가능하다고 믿을 때, 당신의 뇌 역시 그 일을 할 수 없는 이유만을 찾아주려고 할 것이다. 그러나 당신이 어떤 일을 확실히 할 수 있다고 진정으로 믿는다면 당신의 뇌는 그 일을 할 수 있는 다양한 방법을 생각해 낼 것이다."

부자 아빠는 후배들에게 물었다.

"힐 박사가 말씀하신 부를 창출하는 비결을 아직 기억하고 있습니까?"

그러자 그들이 대답했다.

"모든 성공, 모든 부는 모두 하나의 생각에서 시작된다."

우리의 생각은 어디에서 오는 것일까? 힐 박사는 "생각은 모든 부의 기원이며 상상력의 산물이다."라고 말했다. 부자 아빠는 힐 박사의 관점에 동의한다. 상상력이 생각을 만들어내고 생각은 부를 만든다!

코카콜라의 성공

약 백 년 전의 이야기이다. 어느 날 한 시골 노의사가 마차를 타고 작은 마을로 향했다. 그는 말을 붙잡아 매어 두고 아무 말 없이 뒷문을 통해 한 약국으로 들어가 젊은 약사와 조용히 무슨 거래를 했다.

약품 진열대 뒤쪽에서 이 노의사와 젊은 약사는 한 시간 넘게 얘기를 나눴다. 그 후 의사는 자리를 떠났고 젊은이는 의사를 따라 좌석 하나와 바퀴가 두 개 달린 마차를 향해 걸어갔다. 그가 가지고 돌아온 것은 청동항아리였다.

젊은이는 그 청동항아리를 살펴본 다음 주머니에 손을 넣어 수표한 다발을 노의사에게 주었다. 이 돈은 젊은이의 전 재산인 500달러였다.

노의사는 젊은이에게 비밀 공식이 적힌 작은 종이를 한 장 건네주었다. 청동항아리 안에는 갈증을 풀어주는 음료수가 들어 있었다. 제조 공식은 노의사가 젊은이에게 건네준 종이 위에 적혀 있었다. 이 공식은 노의사의 창의성 즉, 상상력의 선물이었다.

젊은 약사는 노의사의 창의성에 지대한 믿음이 있었고 사람들의 사랑을 받을 수 있는 음료수가 될 수 있음을 알고 있었다. 그렇기 때문에 전 재산을 털어 이 창의성을 사들인 것이다.

얼마 안 있어 젊은 약사는 상상력을 동원하여 오래된 청동항아리에 담긴 음료수 안에 비밀성분을 첨가했다. 그의 이러한 창의성은 청동항아리 안에 있는 액체를 누구도 모방하기 어렵고 맛도 독특한 음료로 새롭게 탄생시켰다.

노의사와 젊은 약사의 상상력과 창의성 때문에 이 오래된 청동항아리는 알라딘의 요술램프처럼 끝없이 황금을 쏟아냈고 이는 백년이 흐른 뒤에도 계속되었다.

이 청동항아리 안에 담겨 있는 음료수는 젊은 약사의 비밀 배합을 통해 우리가 몇 병을 마셨을지 셀 수도 없는 코카콜라가 되었다.

미국의 국가 상징이 어떤 모양인지 모르는 사람이라 해도 코카콜라가 어떤 모양인지 모르는 사람은 없을 것이다. 사실상 코카콜라는 이미 미국의 상징이 되었다.

선견지명을 가지고 전 재산을 들여 창의성을 사들였던 그 젊은 약사가 바로 아사 캔들러(Asa Candler)이다. 그는 1851년에 미국 애틀랜타 주에서 태어났다.

그는 약사였기 때문에 이 비밀성분을 노의사 펨버턴(Dr. J.S. Pemberton)의 처방전에 포함시킬 수 있었다. 이 방법으로 청동항아리 안에 있던 액체는 전 세계 시장에서 남녀노소를 불문하고 즐겨 마시는 음료수로 탄생한 것이다. 이 오래된 청동항아리는 지난 백 년 동안 발명가와 수를 헤아릴 수 없을 만큼 많은 사람들에게 엄청난 부를 가져다주었다.

(1) 사탕수수의 최대소비자 중 하나로 사탕수수 생산에 종사하는 사람과 가공이나 판매에 종사하는 사람들을 위해 대규모 취업기회를 창출했다.

(2) 병 포장이든 캔 포장이든 상관없이 용기 제조 공장과 직원들을 위해 끊임없는 일을 가져다 주었다.

(3) 전 세계의 수많은 점원, 타이프리스트, 택배직원, 경영인 등에게 취업기회를 제공했다.

(4) 라디오 방송국, TV 방송국, 영화관, 광고회사들에게 놀랄 만한 수입을 가져다 주었다.

(5) 코카콜라 CM송을 부른 마이클 잭슨, 휘트니 휴스턴 등의 가수들을 세계적인 가수로 만들어주었고 코카콜라 자체는 미국이 다른

나라에 자유무역을 알릴 수 있는 가장 좋은 '갈증 해소'의 광고가 되었다.

　아사 캔들러는 엄청난 부자가 된 이후에도 여전히 '자신만의 부자 되는 법'을 창조 했다. 그는 자선사업가가 되었다. 그의 자선사업 가운데 사람들에게 가장 많은 칭찬을 받는 것이 바로 미국의 많은 젊은 인재를 배출해 내는 대학을 설립한 것이다.

　코카콜라는 상상력이 부를 창출한 실례이다. 부자 아빠는 말한다.

　"당신이 누구이든 간에, 당신이 어디 살든지 간에, 또 당신이 어떤 직업에 종사하고 있든지 간에, 당신은 앞으로 '코카콜라'라는 이 네 글자를 볼 때마다 성공은 단순한 창의적 사고의 산물이었음을 떠올려라. 아사 캔들러가 청동항아리에 비밀성분을 첨가한 것이 바로 상상력의 결정체였기 때문이다!"

: 포드자동차의 성공

　코카콜라라는 '마술항아리'가 상상력의 산물이라면 문명사회를 상징하는 자동차 역시 창의성이 만들어냈다. 이런 창의성은 '보물차'를 만들어 핸리 포드와 그 자손들에게 엄청난 부를 안겨 주었다.

　포드는 1863년 7월 미국 미시간주에서 태어났다. 그의 아버지는 농부였으며 아이가 공부하는 것을 낭비라고 생각한 사람이었다. 포드의 아버지는 아들이 농장에 남아 일을 거들어야지 공부하러 가서는 안 된다고 생각했다.

어릴 적부터 농장에서 일을 했기 때문에 포드는 자연스럽게 기계에 흥미를 갖기 시작했고 기계를 이용하여 인력과 가축을 대신하겠다는 꿈을 가지게 되었다.

포드는 12살에 이미 길 위에서 달릴 수 있는 기계를 만들겠다는 구상을 가졌다. 이 생각은 그의 뇌리 속에 깊이 자리 잡았고 밤낮으로 그를 사로잡았다.

가족이나 친구들은 모두 포드에게 그런 기괴한 생각을 포기하라고 설득했다. 모두들 그의 구상이 실현 불가능하다고 생각했다. 포드의 아버지는 아들이 농장 조수로 일하기를 바랐지만 포드는 엔지니어가 되기를 희망했다. 마침내 포드는 강한 의지로 다른 사람들은 3년의 시간이 필요한 엔지니어교육을 1년 여 만에 끝냈다. 이때부터 포드 아버지의 농장에는 조수 한 명이 줄었지만 미국에는 위대한 사업가 한 사람이 늘어나게 되었다.

포드는 이 세상에 불가능이란 없다고 생각했다. 그는 구상 속에 있는 기계를 증기를 이용해 움직여 보려고 했다. 2년이 넘는 시간을 투자했지만 기계는 움직일 생각을 안 했다. 그 후 그는 잡지에서 가솔린이 산화된 후에 형성된 연료가 조명 가스를 대신할 수 있다는 글을 읽고 창조적인 상상력을 발동했다. 그는 디젤엔진 연구에 전력을 다 쏟아부었다.

포드는 매일 자동차를 만들고 싶어했다. 그의 창의성은 발명왕 에디슨의 주목을 받게 되었고 디트로이트 에디슨 회사의 엔지니어로 초빙되었다. 그의 꿈이 이루어진 것이다.

1892년 포드는 29세가 되던 해에 마침내 자동차 엔진을 만드는 데 성공했다. 1896년 포드가 33세가 되던 해 세계 최초의 엔진 자동차가 세상 빛을 보게 되었다.

　1908년부터 포드는 엔진 자동차 마케팅에 심혈을 기울였고 최저의 가격으로 점점 더 많은 소비자를 매혹시켰다. 오늘날 미국에서는 한 가정 당 1대 이상의 자동차를 보유하고 있고 디트로이트는 일약 미국의 대표적인 공업도시로 성장했으며 포드가 만든 부의 도시가 되었다.

　"상상력은 영혼을 만드는 공장이며 인류의 모든 성공은 모두 이 공장에서 만들어진다."라고 부자 아빠는 말한다. 12살의 구상이 33세에 실현될 때까지 포드는 21년 동안 '꿈의 공장'에서 지내며 자동차를 만들어냈다. 이후 포드의 상상력은 '황금 공장'으로 변했고 그와 수만 명의 사람들을 위해 천문학적인 재산을 불려주었다.

나이키의 성공

　'운동으로 건강 찾기'라는 세계적인 흐름이 있었다. 이 흐름을 타고 발전한 회사가 바로 아디다스(ADIDAS)와 퓨마(PUMA) 사이다. 그러다가 1980년대 중반기 세계 최고로 손꼽히던 아디다스사는 나이키(NIKE) 운동화에게 선두자리를 내주었다. 이 때부터 나이키의 창업주 필 나이트(Phill Night)는 운동화 대왕이 되었다. 필 나이트가 일본 운동화를 수입하는 작은 수입상에서 시작하여 엄청난 부자로 탈바꿈할 수 있었던 비결은 '창의성'이었다.

　필 나이트의 나이키는 1980년부터 고성능 운동화 시장을 개발하는 데 자원을 총 투입했다. 나이키는 고가의 러닝화를 출시했다. 나이키의 러닝화가 겨냥한 주요 고객은 건강한 삶을 원하면서 연간 수입이 3만~6만 달러인 가정이었다. 이는 건강을 위해 하루도 빼놓지 않고 달리는 중산층 가정이다. 미국에서 이런 가정은 가장 흔하고 미국 소비시장의 핵심 세력이다. 나이키 브랜드의 러닝화는 디자인이 독특하고 달리기에 열중하는 사람들 사이에서 품질이 우수하며 발이 편안한 고급 제품이라는 호평을 받았다.

나이키는 마케팅 부문에도 창의력이 있었다. 나이키는 운동선수들의 의견에 귀를 기울여 그들이 환영할 만한 운동화를 설계하고 운동선수들과 마케팅 협약을 체결했다. 이런 방법을 채택하기 위해서는 거액의 현금, 협찬, 홍보능력, 마케팅 활동 등을 두루 갖춰야 했다. 여기에 나이키는 또 하나의 묘책을 가지고 있었다. 나이키는 일류 대학의 운동 팀에 운동화를 협찬함으로써 매출액이 대폭 증가했다. 또한 나이키는 달리기 동호회, 프로 팀, 여자 테니스 선수 팀 등에게도 협찬을 제공했다. 나이키가 1981년 한 해 동안 사용한 광고비만 해도, 1800만 달러에 이르며 광고 예산의 75%를 협찬에 사용했다.

끝으로 나이키는 경영부문에서도 창의성이 있었다. 필 나이트는 1979년 이미 홍콩을 경유해서 중국 대륙으로 진출하여 생산 공장을 설립할 계획을 세웠다. 2년간의 노력을 통해 1981년 11월 나이키는 이미 중국 텐진(天津)에 두 곳, 상하이(上海)에 두 곳의 공장을 가지게 되었다. 대륙의 생산비용과 미국의 생산비용은 비교할 수 없을 정도로 차이가 났다. 나이키는 생산원가를 절감하는 방법을 알고 있었고 자연히 경쟁력이 크게 향상될 수밖에 없었다.

오늘날 나이키는 연간 매출 2억 달러의 회사로 성장했고 필 나이트는 국제사회에서 운동화 대왕으로 불리고 있다.

⠶ 값비싼 창의성

이 세상에서 가장 비싼 창의성의 대가는 3,000만 달러이다. 이 금액은 얼마나 놀라운 수치인가! 구매자는 통조림을 만드는 세계적인 기업 제너럴(General) 식품회사이며, 이 엄청난 대가의 수혜자는 미국 피혁제품 상인 이었다.

고온에 견딜 수 있는 수지를 생각해 내서 미국 나사(Nasa)에 우주선 외장 자재로 판 대가는 350만 달러에 달했다. 코카콜라 병 모양을 개발해 코카콜라 사에 판매한 대가는 300만 달러였다. 이들과 비교해 봤을 때도 그 특허권은 확실히 훨씬 비싸다.

바즈의 창의성은 낚시를 하면서 떠오른 영감에서 비롯되었다. 그는 뉴파운드랜드 해에 가서 얼음낚시를 즐기곤 했다.

바즈는 해변에서 자주 낚시를 했다. 낚아 올린 물고기는 얼음 위에서 즉각 냉동되었다. 한 번에 다 먹지 못하고 남은 물고기를 바즈는 집으로 가지고 돌아왔다. 며칠 후 그 물고기를 다시 먹으려고 했을 때 얼음이 녹아 물고기 맛이 변해 있었다. 그래서 그는 고기와 채소를 냉동시키는 실험을 해 봤다. 그 결과 냉동생선처럼 신선도를 유지할 수 있는 뜻밖의 방법을 발견했다.

나중에 그가 실험에 실험을 거듭하여 더 알아낸 것은 음식물의 냉동 속도와 방법에 따라 냉동 후의 맛과 신선도에 크고 작은 차이가 발생한다는 사실이었다. 수개월 동안의 연구와 실험 끝에 원래의 신선도를 잃지 않게 하는 냉동방법을 찾아냈다.

틀에 박힌 관념에서 벗어나야 새로운 창의성이 생겨나고 나아가 새로운 사업을 시작할 수 있다. 이런 이치는 누구나 다 알고 있지만 행동하기는 어렵다. 간단하고 쉬운 방법은 바로 원래의 생각을 거꾸로 생각해 보는 것이다.

건축자재 및 조립부품을 운반할 때는 트럭을 사용한다. 공사장에 도착한 후 운전기사는 그곳에서 할 일 없이 기다리고 있거나 빈차를 몰고 돌아온 다음 기중기를 공사장에 다시 보내서 작업을 하게 한다. 어느 날 한 산업 운송 개발회사 사장은 이런 작업방식이 시간과 인력을 낭비하고 있음을 발견했다. 그래서 그는 '트럭이 물건을 운반하기 위해서만 존재하는 것이 아니라 작업에 직접 참여할 수 있어야 한다.'라고 생각했다. 그 후 그는 연구에 몰두했고 결국 트럭과 기중기를 겸용할 수 있는 '초장축 카고 트럭기'를 개발해 냈다. 이런 차량은 화물을 운반할 수 있을 뿐 아니라 무거운 물건을 들어올릴 수도 있었다. 몸체 하나에 두 개의 기능을 갖추고 있기 때문에 운전기사와 직원의 노동력과 많은 시간을 절약할 수 있었다.

당신도 전통적인 생각에 구속받지 않고 머리를 많이 회전한 다음 심혈을 기울이기만 하면 성공의 열매를 수확할 수 있다.

부자 아빠는 창조력을 매우 중시한다.

"우리는 잠재적 창조력을 충분히 인식하고 우리 몸속에 소중한 창조적 자원이 존재하고 있다는 사실을 다시 한 번 깨달아야 한다. 우리는 생활 속에서 창조력을 실천해야 한다. 여기에서 말하는 창조는 바로 사람이 표현해 내는 일종의 탐색정신이며 적극적인 혁신 방법을 가리킨다. 또한, 새로운 방식으로 일상적인 사물과 일 등을 처리하는 행위이기도 하다. 우리는 사회적 성과를 제공할 수 있는 행위나 활동 및 창조정신을 끊임없이 추구해야 한다."

창조는 인간의 위대한 유산이다. 과학기술이 날로 발전하고 물질적 풍요로움과 사회문명의 발달은 모두 창조의 결과이다. 창조는 인류의 정신적 발전이 가져온 가장 큰 성과이며 정신문명의 가장 대표적인 상징이다. 창조는 인류의 활동 중에서 가장 힘 있고 가장 큰 희망과 가치가 있는 사고활동이다. 창조형 인재가 된다는 것은 현대사회의 지식인들이라면 모두 동경하는 목표이다. 당연히 부자가 되려는 사람들의 필수과목이기도 하다.

부자 아빠는 스스로의 창조력을 개발하고 배양할 것을 거듭 강조한다. 창조는 당신에게 기적을 일으켜 줄 수도 있다.

시간관리를 잘 해라

시간은 유한자원이다

부자 아빠는 "현재의 돈은 미래의 돈보다 더 큰 가치가 있다."라고 말한다. 왜냐하면 그것은 저장이 가능하고 투자를 통해 이윤을 얻을 수 있기 때문이다. 따라서 저축을 빨리 시작할수록 더 큰 복리효과를 얻을 수 있을 뿐 아니라 시간의 금전가치를 함께 누릴 수 있게 된다.

부자 아빠는 투자를 결정하기 전에 반드시 두 가지 일을 잘 고려해야 한다고 당신을 일깨워 주고 있다. 하나는 당신의 위험 감당 능력이고 또 다른 한 가지는 특정 투자상품에 대한 이해이다. 만일 당신이 투자상품을 이해하지 못하여 부적합하다고 느끼거나 약간의 걱정이 남아 있다면 돈을 투자하기에는 부적당한 것이다.

또한, 당신은 부자가 되는 목표의 기한을 생각해야 한다. 만일 목표를 앞으로 10년 후나 더 길게 잡는다면 투자자는 충분한 증자나, 손실에서 이익으로 전환될 기회를 얻을 수도 있다.

다양한 연구 결과를 보면 한 제품에 투자했을 때 보유 시간이 길면 길수록 위험부담은 감소하게 된다.

시간은 투자의 위험을 경감시킨다. 여기에 체계 있는 저축습관과 투자 회수율 등 인플레이션 비율보다 높은 항목을 결합하게 되면 고도의 성장이 이루어질 수 있다. 특히 돈은 10년 또는 20년 동안 복리 계산을 통해 시간과 돈이 합쳐지면 신기한 힘이 발생하게 된다. 시간을 얻게 되면 일반적인 수입수준이었던 사람이 돈 있는 사람으로 바뀌게 된다.

부자 아빠는 말한다.

"시간은 자본이며 바꿀 수 없는 수입이다."

당신이 생활하면서 보내는 시간은 현재 끊임없이 감소하고 있고, 그것을 보충할 만한 방법은 아무것도 없다. 한번 가 버린 시간은 다시 돌아오지 않는 법이다. 가령 시간이 낭비된다면 당신 자신뿐 아니라 다른 사람에게도 좋은 점이 하나도 없다. 그렇다면 당신이 낭비한 것은 바로 자신의 자본인 것이다. 자본은 당신 자신이다. 당신이 원하면 그것을 다 써 버릴 권리가 있다. 그러나 당신은 무의미하게 버린 시간을 다른 사람이 잘못해서 그런 것이라고 탓한다.

중요한 것은 시간을 효율적으로 분배한 그 어떤 계획도, 당신이 시간의 소중함에 대한 인식이 높아진 다음 착수해야 한다는 것이다. 이렇게 해야 당신이 돈을 쓰는 것과 같이 이 유한한 자본(시간)을 신중하게 사용하게 될 것이다. 계획이 얼마나 주도면밀한지, 결심이 얼마나 확고한지와는 상관없이, 만일 시간의 소중함을 간과한다면 그 어떤 계획이라도 효력이 그리 오래 가지 못할 것이다.

당신이 좋은 시작을 할 수는 있을 것이다. 그러나 며칠 혹은 조금 더 있다가 과거의 나쁜 습관으로 돌아가는 것을 막을 힘이 없을 것이다. 한 마디로 말해서 얼마 안 있어 그럭저럭 살아나가게 되는 것이다.

나이가 들어감에 따라 사람들은 시간이 너무 빨리 흘러가는 것 같다는 말을 자주 한다. 그들은 과거에 낭비한 시간을 아까워하고 있다. 그러나 당신은 문제를 제대로 직시할 용기가 있다. 일단 시간을 배정하고 싶은 동기가 생기거나 시간에 대한 적당한 긴박감이 들면, 당신이든 아니면 다른 사람과 함께 하든 간에 시간 관리 방법을 확보할 수 있다. 부자 아빠는 다음의 몇 가지 예를 들었다.

(1) 효용과 효율을 높였다.

(2) 생산력을 제고시켰다.

(3) 여가 시간을 늘렸다. 더욱 효과적인 작업은 당신 자신만의 시간을 더 많이 갖게 되는 것을 의미한다.

(4) 스트레스를 감소시켰다. 효과적인 시간 관리는 스트레스를 많이 감소시킬 것이다.

(5) 더 많은 휴식기회를 얻어라. 낮에 더 많은 임무를 완성해야 밤에 당신의 머리가 편안히 쉴 수 있다.

(6) 앞으로의 계획과 장기적인 문제 해결을 위해 더 큰 공간을 확보하라. 만일 당신의 노력이 자신이 한 말을 지키기 위한 것에서 그치지 않는다면 당신은 앞을 향해 새로운 공간을 확보하게 된다.

(7) 창조력을 증진시켰다. 만일 당신이 가만히 앉아 생각하고 상상의 나래를 한 번 더 펼 시간을 낼 수 있다면 창조력은 가장 잘 발휘될 것이다.

⋮ 시간관리의 11가지 법칙

부자 아빠는 다음의 시간관리 규칙을 제시했다. 이것을 참고하여 당신의 시간을 효율적으로 관리할 수 있기를 바란다.

 **명확한 목표를 세워라**

효과적인 시간 관리를 위해서 당신은 정확한 인생 목표를 가지고 있어야 한다. 목표는 시간을 포함한 당신의 자원을 최대한 모을 수 있다. 따라서 정확한 목표만이 시간을 최대한 절약할 수 있다.

부자 아빠는 말한다.

"사업할 때 쓰는 시간은 절대 손실이 아니다."

인생의 여정에는 시간과 가치의 대응관계가 존재하고 있다. 목표가 있으면 일분일초가 성공의 기록이고 목표가 없으면 실패의 기록이다.

 **경중완급을 분명히 구분하라**

부자 아빠는 항상 가장 중요한 일을 했다. 사람들은 흔히 일의 중요성이 아닌 긴박함에 따라 일의 순서를 정한다. 이런 방법은 수동적인 것이지 능동적인 것은 아니다. 성공한 사람들은 이렇게 하지 않는다.

시간관리의 핵심은 바로 경중완급을 분명히 구분하여 우선 순위를 결정하는 데 있다.

성공한 사람들은 모두 가장 중요한 일과 그 다음으로 중요한 일을 잘 구분하는 방법으로 시간을 관리하고 생산력이 가장 높은 곳에 시간을 쓴다.

매일 크고 작은 일과 복잡한 문제 앞에서 그 중요도를 구분하고 생산력이 가장 높은 곳에 시간을 쓰는 방법에는 다음의 세 가지 판단기준이 있다.

(1) 나는 무엇을 해야 하는가?

이는 두 가지 의미를 갖는다. 그 일을 반드시 해야 하는지와 반드시 내가 해야 하느냐하는 것이다. 꼭 당신이 직접 하지 않아도 되는 일은 다른 사람에게 대신 하도록 시키고 자신은 관리 감독만 하면 된다.

(2) 무엇이 나에게 가장 큰 수익을 가져다 줄 것인가?

80%의 시간을 수익률이 가장 높은 일에 쓰고 나머지 20%는 다른 일에 써야 한다.

소위 말하는 수익률이 가장 높은 일이란 목표에 부합하거나 다른 사람보다 더 높은 효율로 할 수 있는 일을 말한다.

몇 년 전까지만 해도 일본 기업가 대다수가 퇴근 후에 추가근무하는 사람을 가장 훌륭한 직원이라며 칭찬했지만 지금은 아니다. 그들은 추가근무까지 하면서 임무를 완성하는 것은 그가 규정된 시간 안에 임무를 완성할 능력이 없거나 작업 효율이 저하된 것을 보여주는 것이라고 생각한다. 사회는 효과적인 근로만을 인정한다.

따라서 '근면 ＝ 실적 ÷ 시간'이란 공식이 성립된다.

근면은 이미 긴 시간의 대명사가 아니며 가장 짧은 시간 안에 가장 많은 목표를 완성하는 것이다.

(3) 내게 가장 큰 만족감을 주는 것은 무엇인가?

수익이 가장 높은 일이 가장 큰 만족감을 주지는 않는다. 이 두 가지가 균형을 이루어야 만족할 수 있게 된다. 따라서 당신의 위치가 어떻든지 간에 항상 만족할 수 있고 즐거운 일에 시간을 투자할 필요가 있다. 이렇게 해야만 일이 재미 있고 일에 대한 열정을 유지할 수 있다.

베들레헴 철도회사의 찰스 스와프 회장은 효율전문가 아이비 리에게 자기 계획을 더 높은 효율로 이행할 수 있는 방법에 대해 자문을 구했다.

아이비 리는 스와프 회장에게 회사 실적을 50% 제고할 수 있는 방법을 알려주겠다고 말했다. 그는 스와프에게 하얀 백지 한 장을 건네주며 말했다.

"이 종이 위에 당신이 내일 할 일 가운데 가장 중요한 일 여섯 가지를 적어 주십시오."

스와프는 5분 만에 아이비 리가 말한 내용을 다 적었다.

"이제 당신과 회사의 입장에서 볼 때 중요도가 높은 일부터 숫자로 표기해 보십시오."

이것 역시 5분 만에 끝냈다. 그러자 아이비 리가 말했다.

"좋습니다. 이 종이를 주머니에 넣으세요. 내일 아침 첫 번째 할 일은 그 종이를 꺼내 보고 가장 중요한 일부터 하시는 겁니다. 다른 것은 보지 마시고 첫 번째 항목만 보세요. 첫 번째 일을 모두 완성할 때까지는 그 일만 하셔야 됩니다. 그런 다음 같은 방식으로 퇴근하실 때까지 두 번째, 세 번째 일을 차례로 하십시오. 만약 첫 번째 일을 다 끝내셨다면 서두르실 것 없습니다. 당신은 항상 가장 중요한 일을 하시기 때문이지요."

아이비 리는 끝으로 이렇게 덧붙였다.

"매일 이렇게 하시면 됩니다. 10분 만에 완성하는 걸 방금 보셨지 않습니까? 이런 방법에 대해 당신이 흔들리지 않는 믿음을 갖게 되면 회사 직원들도 똑같이 할 겁니다. 이 방법은 당신이 쓰고 싶은 만큼 쓰셔도 좋습니다. 그러다가 그만 써야겠다는 생각이 드시는 날 제게 그만큼의 대금을 보내주시면 됩니다.”

한 달 후 스와프는 아이비 리에게 2만 5천 달러의 수표를 한 장 보내왔고 편지도 있었다. 편지는 아이비 리와 함께 했던 그 시간이 바로 그의 일생 동안 가장 가치 있는 수업이었다는 내용이었다.

5년 후, 무명이었던 이 작은 제철공장이 일약 세계 최대의 독립적인 철강공장으로 떠올랐다.

 **계획을 수립하고 리스트를 작성하라**

기억력을 믿지 말고 당신의 노트를 믿어라.

부자 아빠는 말한다.

“매일 저녁 다음 날 해야 할 중요한 일들을 노트에 적어라. 그 중에 급선무를 선택하여 먼저 진행해 나가면, 불필요한 일을 하느라 시간을 낭비하는 일은 없을 것이다.”

중요한 것은 의미없는 진도표가 아니라 실질적인 ‘작업표’를 만드는 것이다. 이 때 명확하고 구체적으로 기록하고 비교적 크고 장기적인 일은 작은 일 몇 개로 나누어 기록하라.

 **일이 있으면 지금 즉시 하라**

일을 미루게 되면 반드시 더 큰 대가를 치르게 된다. 일을 자주 미루는 사람은 마음이 항상 불쾌하고 뭔가 허전하다는 생각을 하게 된다. 꼭 해야 할 일을 하지 않으면 압박감에 짓눌리는 것을 느끼기 때문이다. 자꾸 미루다 보면 머리가 복잡해지고 시간에 쫓기는 듯한 느낌을

갖게 된다. 미룬다고 해서 시간이나 정력이 절약되는 것은 아니다. 오히려 그 정반대이다. 자꾸 미루게 되면 당신은 몸과 마음의 기력이 쇠해서 더 피곤할 수 있다. 미루게 되면 일에 도움이 되지 않고 오히려 귀중한 시간을 헛되이 낭비할 수 있다.

부자 아빠는 말한다.

"시간의 최대 손실은 일을 미루고 다른 것을 기대하거나 미래에 의지하는 것이다."

미루는 습관은 마음 속 깊은 곳에 있는 두려움으로부터 잠시나마 벗어나기 위한 행동이라고 볼 수 있다. 따라서 일이 생기면 지금 당장 시작하는 습관을 가져라. 미루는 습관을 고치면 남들보다 먼저 시작하여 기회를 선점할 수 있다. 그리고 결단력 있는 용기와 지혜를 길러 낼 수 있을 것이다.

⑤ Advice 첫 번째 일을 먼저 완성한 다음 차례대로 완성하라

당신의 성실함과 시간을 100% 일하는 데 투자해라. 첫 번째 일을 완성하지 않으면 그 만큼 시간을 낭비하게 된다. 다시 시작할 때의 낭비가 생기기 때문이다.

⑥ Advice 전심전력을 다하되 용두사미는 되지 마라

일할 때 간헐적인 행동 방식에 의해 가장 많은 시간이 낭비된다. 스스로 일을 잠깐 멈췄다가 다시 일을 시작할 때 정서, 사고방식 및 상태를 조정하는 시간이 있어야 한다. 그래야 멈춘 그 시점에서 다시 일을 시작할 수 있기 때문이다. 용두사미는 더욱 명확한 낭비다.

⑦ Advice 정리 정돈하는 습관을 갖자

통계에 따르면 일반 회사의 직원은 어지럽게 섞인 물건 더미 속에서 무언가를 찾는데 매년 6주의 시간을 사용한다고 한다. 이는 매년 정리 정돈하지 않는 습관 때문에 20%에 가까운 시간을 잃어버리는 것이다.

정리 정돈하는 습관을 기르게 되면 자신의 바이오리듬을 찾을 수 있다. 바이오리듬은 바로 당신이 한 달, 하루 가운데 언제가 체력이 풍부하고 머리는 언제 가장 맑은지 등을 이해하는 방법이다. 이때 '참새형'과 '올빼미형'으로 나눌 수 있다. 참새형은 새벽에 가장 활력 있는 사람인 반면 올빼미형은 밤이 되어야 기력이 회복되는 사람이다.

체력이 가장 풍부한 시간을 이용해서 가장 좋은 일과 더 중요한 일을 하고 체력이 뒷받침되지 않는 시간에는 비교적 가벼운 일을 하는 것이다. 이렇게 해야 높은 효율을 가능하게 하고 에너지를 유지시키며 체력과 시간을 절약할 수 있게 된다.

⑧ Advice 빠른 리듬감을 길러라

일을 미루는 습관을 고치고 당신의 발걸음이나 행동을 조정하라. 빠른 리듬을 기르게 되면 효율을 높이고 시간을 절약함으로써 사람들에게 유쾌하고 건강한 인상을 남기게 된다.

일본인은 빨리 먹고, 빨리 자고, 빨리 일하고, 빨리 생각하고, 빨리 말하는 사람들을 대가라고 불렀다.

⑨ Advice 완성시기를 결정하라

기한이 정해 있으면 긴박감이 들고 시간을 소중하게 여기게 될 것이다. 기한을 설정하는 것은 시간관리의 중요한 상징이다.

10 Advice 자투리 시간을 잘 활용하라

부자 아빠는 시간을 확보하는 유일한 방법은 시간을 잘 활용하는 것이라고 말한다.

자투리 시간을 잘 활용하면 업무능률을 최대한으로 끌어올릴 수 있다. 예를 들어 차에서 기다리는 시간에 공부, 생각, 간단한 계획 등을 하면 된다. 자투리 시간을 이용하면 단기간 내에는 아마도 별 느낌이 없을 것이다. 그러나 그런 시간과 나날들이 축적되면 놀랄 만한 성과를 만나게 된다.

다윈은 "나는 30분이 짧은 시간이라고 생각해 본 적이 없다. 일을 완성하는 방법은 매 1분 1초를 소중하게 생각하고 아껴 쓰는 것이다."라고 강조했다.

작은 물방울이 모여 강물이 된다. '분' 단위로 시간을 계산하는 사람은 '시' 단위로 계산하는 사람에 비해 59배나 많은 시간을 가지고 있는 셈이다.

11 Advice 성공일기를 적어라

위대한 사람들은 대부분 생각을 기록하는 습관이 있었다. 일기는 성공한 사람들의 필수 도구였다. 그들은 일기를 통해 그날의 중요한 사건과 그날 얻은 교훈 등을 기록한다.

일기로 경험을 종합해 보고 착오나 잘못은 없었나 반성해 보게 된다. 또한 일기를 쓰면서 내일을 계획하고 목표를 명확히 하는 것이다. 시간을 관리하고 좋은 기회나 일을 놓치지 않을 수 있도록 도와준다.

만일 당신이 새로운 사업을 시작하려고 계획하고 있다면 일기는 사업 진행 일지도 겸하게 될 것이다. 좋은 아이디어나 진행상황에 커다란 도움을 준다.

일기를 쓰는 것은 바로 인생을 설계하고 잘 꾸려나가는 일이다.

The POWER of HABIT

미국 〈아마존 비즈니스 도서〉 베스트셀러

습관의 힘

한국어판 국내 독점 발간!!

성공하는 사람과 보통 사람의 궁극적인 차이는 무엇일까?

성공하는 사람의 공통분모는 좋은 습관을 가진 일상생활을 하고 있다는 것이다.
어떤 분야이든지 성공한 사람들, 운동가, 변호사, 정치가, 의사, 사업가, 음악가,
세일즈맨 등은 그들만이 갖고 있는 가장 뛰어난 것이 하나 있다.
-그것은 좋은 습관이다.

잭 D. 핫지 지음 | 김세중 옮김